湖北省人口老龄化
对区域经济的影响

························· 徐艳兰 著

武汉大学出版社

图书在版编目(CIP)数据

湖北省人口老龄化对区域经济的影响/徐艳兰著.—武汉：武汉大学出版社,2018.7
ISBN 978-7-307-20379-2

Ⅰ.湖…　Ⅱ.徐…　Ⅲ.人口老龄化—影响—区域经济发展—研究—湖北　Ⅳ.F127.63

中国版本图书馆 CIP 数据核字(2018)第 164562 号

责任编辑：谢文涛　　　责任校对：汪欣怡　　　版式设计：汪冰滢

出版发行：武汉大学出版社　（430072　武昌　珞珈山）
（电子邮件：cbs22@whu.edu.cn　网址：www.wdp.com.cn）
印刷：北京虎彩文化传播有限公司
开本：720×1000　1/16　印张：16.25　字数：289 千字　插页：1
版次：2018 年 7 月第 1 版　　2018 年 7 月第 1 次印刷
ISBN 978-7-307-20379-2　　定价：49.00 元

版权所有，不得翻印；凡购我社的图书，如有质量问题，请与当地图书销售部门联系调换。

内 容 简 介

本书研究湖北省人口老龄化对区域经济增长的影响。首先,探讨湖北省人口老龄化的历史演变、区域分布及成因,通过人口预测模型的梳理比较,选取 Leslie 矩阵模型对湖北省人口老龄化趋势进行预测。其次,系统介绍人口年龄结构与经济增长相关理论,借鉴国内外学者的相关研究,定量和定性分析湖北省人口老龄化对消费水平及消费结构、劳动力供给和老年社会保障体系的影响。最后,借鉴国内外应对老龄化的经验,选取普通高校(武汉大学)、成熟社区(武汉市武昌区东亭社区)、偏远乡村(麻城市乘马岗镇)三个典型单位进行深入调研,试图找出应对人口老龄化对区域经济影响的相关对策。

本书除了大量理论文献研究之外,还收集整理了大量的统计数据,并进行了典型的问卷调查及实地走访获取第一手资料。研究中运用了统计软件 EVIEWS、MATLAB 等工具,运用 Leslie 矩阵、灰色关联分析等方法分析人口老龄化趋势及其对区域经济的影响,增强了说服力和解释力。

本书为政府应对人口老龄化的不断加剧问题提供了较为准确的参数,确保湖北省政府能提前布局,完善老龄产业与社会养老保障体系,推出一些应对湖北省人口老龄化有实践指导意义、有针对性的措施和政策建议。

前　言

人口老龄化是世界各国共同面临的挑战，而中国尤为严峻。与西方国家不同的是，"未富先老"成为中国越来越突出的问题，中国所走的是世界前所未有的"在低收入阶段进入老龄化"的道路，人口老龄化正广泛而深刻地影响着中国经济社会生活的各个方面，日益成为政府高度关注的重大问题。人口发展战略研究成为众多"十九大"代表的共同话题。

湖北省是我国中部的人口大省。随着湖北经济的快速发展，大量劳动力的流入给湖北省带来了丰富的劳动力资源，使湖北省各产业的发展获得了大量的人口红利，促进了劳动密集型产业的发展。然而，自2002年以来，人口老龄化逐渐成为未来影响湖北省社会经济发展的重大问题，随着人口出生率的大幅度下降，湖北省正在迅速步入老龄型社会。

本书选取湖北省人口老龄化作为研究对象，以人口预测模型和经济增长理论为基础，运用理论与实证分析相结合、定性与定量分析相结合、计量与GIS空间分析相结合等方法，对湖北省人口老龄化趋势及其对区域经济的影响进行深入系统的实证研究，具有较强的理论价值和实践意义。

本书共分为九章，第一章探究湖北省人口老龄化的历史演变；分析湖北省人口老龄化的区域分布及影响因素；归纳湖北省人口老龄化的特点及成因。第二章首先对人口预测理论相关文献进行梳理，然后对人口预测模型做简要介绍和比较，最后选定Leslie矩阵模型，基于2010年第六次人口普查等数据，在对总和生育率预测设定的基础上，设定了三种方案分析湖北省人口老龄化趋势。第三章系统介绍人口年龄结构与经济增长相关理论，包括人口转变理论、消费储蓄理论、经济增长理论、人口红利理论与人口迁移理论等。第四、第五、第六章分别分析了湖北省人口老龄化对消费、劳动力供给及养老保障体系的影响。第七章介绍了国际国内应对人口老龄化的经验借鉴。第八章选取了普通高校(武汉大学)、成熟社区(武汉市武昌区东亭社区)、偏远乡村(麻城市乘马岗镇)三个典型单位进行深入调研。第九章提出应对湖北省人口老龄化对经济影响的对策。

前言

  本书在撰写的过程中参考了许多专家、学者的已有论著和研究成果,未能一一注明,在此表示由衷的歉意。由于人口老龄化的研究是一项复杂的系统工程,鉴于作者的学识有限,书中难免存在疏漏,在此,真诚地希望各位专家学者和读者朋友给予批评和建议,不胜感激。

作　者

2018 年 3 月

目 录

第一章　湖北省人口老龄化的相关问题 ……………………………………… 1
第一节　湖北省人口老龄化的历史演变 ………………………………… 1
第二节　湖北省人口老龄化的区域分布及比较分析 …………………… 8
第三节　湖北省人口老龄化的特点及成因分析 ………………………… 14

第二章　湖北省人口老龄化趋势预测 ………………………………………… 21
第一节　人口预测模型的研究述评 ……………………………………… 21
第二节　几种主要的人口预测模型及比较 ……………………………… 25
第三节　基于 Leslie 模型的湖北省人口老龄化趋势预测 ……………… 34

第三章　人口年龄结构与经济增长相关理论 ………………………………… 46
第一节　人口转变理论 …………………………………………………… 46
第二节　消费储蓄理论 …………………………………………………… 51
第三节　经济增长理论 …………………………………………………… 56
第四节　人口红利理论与人口迁移理论 ………………………………… 66

第四章　湖北省人口老龄化对消费的影响 …………………………………… 74
第一节　人口老龄化对消费和储蓄影响的研究述评 …………………… 74
第二节　湖北省人口老龄化对消费水平的影响 ………………………… 76

第五章　湖北省人口老龄化对劳动力供给的影响 …………………………… 109
第一节　人口老龄化对劳动力供给影响的研究述评 …………………… 109
第二节　相关概念界定及湖北省劳动力供给现状 ……………………… 113
第三节　人口老龄化对湖北省劳动力供给的影响 ……………………… 121

第六章　湖北省人口老龄化对老年社会保障体系的影响 129
- 第一节　人口老龄化对老年社会保障的影响的研究述评 129
- 第二节　湖北省人口老龄化对养老保险的影响 134
- 第三节　湖北省人口老龄化对医疗保险的影响 144

第七章　应对人口老龄化的国际与国内经验借鉴 155
- 第一节　应对人口老龄化的国际经验借鉴 155
- 第二节　应对人口老龄化的国内经验借鉴 175

第八章　湖北省应对人口老龄化的典型调查 189
- 第一节　武汉大学退休教师教学科研创业养老活动调查 189
- 第二节　武汉市武昌区东亭社区创建老年宜居社区调查 196
- 第三节　麻城市乘马岗镇人口老龄化状况与对策调查 203

第九章　应对湖北省人口老龄化对区域经济影响的对策 208
- 第一节　全面落实"两孩政策"，提高人口出生率 208
- 第二节　加强城镇化进程，促进区际间人口流动 215
- 第三节　实施创新驱动发展战略，提高全员劳动生产率 219
- 第四节　逐步延迟退休年龄，发挥低龄退休老人的积极作用 227
- 第五节　开发老龄产业，完善老年人服务体系 233

参考文献 241

附录 248
- 麻城市乘马岗镇人口老龄化及经济情况现状调查问卷 248
- 麻城市王福店村人口老龄化及经济情况现状调查问卷 250

第一章 湖北省人口老龄化的相关问题

湖北省是我国中部的人口大省。随着湖北经济的快速发展，大量劳动力的流入给湖北省带来了丰富的劳动力资源，使湖北省各产业的发展获得了大量的人口红利，促进了劳动密集型产业的发展。然而，自2002年以来，人口老龄化逐渐成为未来影响湖北省社会经济发展的重大问题，随着人口出生率的大幅度下降，湖北省正在迅速步入老龄型社会。

第一节 湖北省人口老龄化的历史演变

一、湖北省人口的现状

(一) 湖北省人口总量及占比

湖北省有着"九省通衢"、"千湖之省"的美誉，是承东启西、连南接北的交通枢纽，也是我国人口数量较多的省区。全省人口总量占全国人口4%以上（表1-1），2016年最新统计，湖北省人口总量达5885万人，占全国总人口比重为4.26%，居全国不含港、澳、台的31个省(市、区)第九位。

表1-1　　　　　湖北省人口总量及其在全国人口中的比重

年份	全国年末人口数(万人)	湖北省年末人口数(万人)	比重(%)
1953	58796	2751	4.68
1964	70499	3418	4.85
1982	101654	4801	4.72
1990	114333	5439	4.76
2000	126743	5646	4.45

续表

年份	全国年末人口数(万人)	湖北省年末人口数(万人)	比重(%)
2001	127627	5658	4.43
2002	128453	5672	4.42
2003	129227	5685	4.40
2004	129988	5698	4.38
2005	130756	5710	4.37
2006	131448	5693	4.33
2007	132129	5699	4.31
2008	132802	5711	4.30
2009	133450	5720	4.29
2010	134091	5724	4.27
2011	134735	5758	4.27
2012	135404	5779	4.27
2013	136072	5799	4.26
2014	136782	5816	4.25
2015	137462	5852	4.26
2016	138271	5885	4.26

数据来源：由中国统计年鉴(2017)及湖北统计年鉴整理计算而得，1981年以前统计的是户籍人口，1982年以后为湖北省常住人口数。

(二)全国65岁及以上人口比重排名

第五次和第六次人口普查全国65岁及以上人口比重分别为6.96%和8.87%，相较于2000年而言，全国65岁及以上人口十年增长了1.91个百分点，增速为27.4%；湖北省65岁及以上人口比重分别为6.31%和9.09%，十年增长了2.78%，增速为44.06%。说明湖北省人口老龄化的速度要快于全国平均水平。且从全国老年人口比重排名看，湖北省65岁及以上老年人口比重在全国除港、澳、台之外的31个省市中由2000年的全国第16位上升为2010年的第11位(表1-2)。

表1-2　　　第五次和第六次人口普查期间我国部分省市65岁
及以上人口所占比重比较　　　　　　　　　　%

地区	2000年比重	排名	地区	2010年比重	排名
全国	6.96		全国	8.87	
上海	11.53	1	重庆	11.56	1
浙江	8.84	2	四川	10.95	2
江苏	8.76	3	江苏	10.89	3
北京	8.36	4	辽宁	10.31	4
天津	8.33	5	安徽	10.18	5
山东	8.03	6	上海	10.12	6
重庆	7.9	7	山东	9.84	7
辽宁	7.83	8	湖南	9.78	8
安徽/四川	7.45	9	浙江	9.34	9
湖南	7.29	10	广西	9.24	10
广西	7.12	11	湖北	9.09	11
河南	6.96	12			
河北	6.86	13			
海南	6.58	14			
福建	6.54	15			
湖北	6.31	16			

数据来源：由中国统计年鉴整理而得。

二、湖北省人口年龄结构变化

中华人民共和国成立后到20世纪70年代实行计划生育前，湖北省人口结构一直呈年轻化趋势。在1953年第一次人口普查至1964年第二次人口普查的11年间，全省0~14岁年龄组人口比重上升了5.95个百分点，65岁及以上人口比重则下降了0.50个百分点。但是，自从20世纪70年代我国推行计划生育政策后，湖北省人口年龄结构在较短的时间内出现反向变动的趋势。从1982年第三次人口普查以来的统计数据中，我们可以清楚地看到这一趋势。

2010 年湖北省 0~14 岁年龄组人口比重为 13.91%, 同 1982 年相比下降了 18.8 个百分点; 65 岁及以上人口比重为 9.09%, 比 1982 年上升了 4.09 个百分点。

2016 年, 湖北省统计局开展了湖北省 2015 年全国 1% 人口抽样调查工作, 这次调查以全省为总体, 以各市(州)为子总体, 采取分层、二阶段、概率比例、整群抽样方法, 最终样本量为 64.5 万人, 占全省总人口的 1.11%。统计结果表明: 截至 2015 年 11 月 1 日零时, 全省常住人口为 5851.5 万人, 同 2010 年第六次人口普查的 5723.77 万人相比, 五年共增加 127.73 万人, 增长 2.23%, 年平均增长率为 0.45%。0~14 岁人口为 879.5 万人, 占总人口的 15.03%; 15~64 岁人口为 4326 万人, 占总人口的 73.93%; 65 岁及以上人口为 646 万人, 占总人口的 11.04%。同 2010 年第六次全国人口普查相比, 0~14 岁人口比重上升 1.12 个百分点, 15~64 岁人口比重下降 3.07 个百分点, 65 岁及以上人口比重上升 1.95 个百分点。2010—2016 年老龄人口比重年均增速达 3.5%, 远高于总人口增长速度 0.4%(见表 1-3 和图 1-1)。

表 1-3　　　　　　　湖北省人口总量及年龄结构变化趋势

年份	总人口(万人)	0~14 岁(%)	15~64 岁(%)	65 岁及以上(%)
1953	2779	34.17	61.86	3.97
1964	3371	40.12	56.41	3.47
1982	4782	32.71	62.29	5.00
1990	5397	28.45	66.05	5.50
2000	5949	22.87	70.82	6.31
2010	5724	13.91	77.00	9.09
2011	5758	14.31	75.58	10.11
2012	5779	14.09	75.15	10.76
2013	5799	14.94	75.15	9.91
2014	5816	15.97	73.77	10.25
2015	5852	15.18	73.58	11.23
2016	5885	15.48	72.94	11.57

说明: 2011—2016 年为《中国统计年鉴》抽样数据推算, 其余年份为人口普查数据, 普查数据与表 1-1 统计口径不一致, 故本表前五年与表 1-1 前五年数据有出入。

第一节　湖北省人口老龄化的历史演变

图 1-1　65 岁及以上老年人口比重及其变化

由表 1-3 和图 1-1 可知，湖北省 2000 年以后逐渐进入人口老龄化社会，2000—2016 年的 17 年间，湖北省老龄人口比重增加了 5.26 个百分点，年均增速为 3.79%；而在此期间，湖北省少年儿童比重下降了 7.39 个百分点，年均降幅为 2.87%。可见，湖北省老龄人口增加得相当迅速。

三、相关概念界定及湖北省人口老龄化统计结果分析

国际上通常把 60 岁及以上老年人口占总人口比例达 10% 或 65 岁及以上老年人口占总人口比重达 7% 作为一个国家或地区进入老龄化社会的标准；将 65 岁及以上人口占总人口比例达 14% 和 20%，分别作为国家或地区进入高龄化社会、超高龄社会的标准。本书老年人的年龄范畴，采纳国际通用的 65 岁为标准，联合国 1956 年提出的人口年龄结构类型划分标准如表 1-4 所示。

表 1-4　　　　　　国际通用人口年龄结构类型划分标准

指标	年轻型	成年型	老龄型
65 岁及以上人口比重	4% 以下	4%~7%	7% 以上
0~14 岁少年儿童比重	40% 以上	30%~40%	30% 以下
老少比	15% 以下	15%~30%	30% 以上

老龄化社会是指老年人口增多、少年儿童减少，导致老年人口在总人口中

所占比例不断上升，社会人口结构逐渐呈现出老年化的状态。通常通过老龄人口系数、老少比、抚养系数等指标来判断一个社会的人口年龄结构状况。

1. 老龄人口系数

老龄人口系数指的是一个社会中老年人口所占的比例，本文中指65岁及以上的老龄人口数占总人口数的比例。其计算公式为

$$老年系数 = \frac{65\ 岁及以上人口数}{总人口数} \times 100\%$$

2. 老少比

老少比指的是一个社会中，老龄人口数量与14岁以下的少年儿童人口数量之比。其计算公式为

$$老少比 = \frac{65\ 岁及以上人口数}{0\sim14\ 岁人口数} \times 100\%$$

通过老少比，我们可以判断一个社会人口结构类型。按照国际惯例，我们一般把老少比大于30%时的人口结构称为老年型人口社会，把老少比小于15%的人口结构称为青年型人口社会，把老少比介于两者之间的人口结构称为成年型人口社会。

3. 抚养系数

抚养系数又称为抚养比，可分为少儿人口抚养比、老年人口抚养比和总抚养比。

少儿人口抚养比也称少年儿童抚养系数，指人口中少年儿童人口数与劳动年龄人口数（即14~64岁人口数）之比，反映每100名劳动年龄人口要负担多少名少年儿童。老年人口抚养比是指人口中老年人口对劳动年龄人口数之比，用以表明每100名劳动年龄人口要负担多少名老年人。老年人口抚养比是从经济角度反映人口老化社会后果的指标之一，也称为老龄人口抚养系数，简称老年系数。社会总抚养比是少儿人口抚养比与老年人口抚养比之和，总抚养比越低，人口红利越高。

$$少儿人口抚养比 = \frac{0\sim14\ 岁人口数}{15\sim64\ 岁人口数} \times 100\%$$

$$老年人口抚养比 = \frac{65\ 岁及以上老年人口数}{15\sim64\ 岁人口数} \times 100\%$$

$$总抚养比 = \frac{0\sim14\ 岁人口数+65\ 岁及以上人口数}{15\sim64\ 岁人口数} \times 100\%$$

依据上述指标，计算得到湖北省关键年份的相关指标如表1-5所示：

第一节　湖北省人口老龄化的历史演变

表 1-5　　　　　　湖北省关键年份人口老龄化统计结果

指标	1964	1982	1990	2000	2010	2011	2012	2013	2014	2015	2016
老年系数	3.47	5.0	5.5	6.31	9.09	10.11	10.76	9.91	10.25	11.23	11.57
老少比	8.67	15.29	19.37	27.56	65.32	70.68	76.40	66.28	64.18	74.01	74.77
少儿人口抚养比	71.12	52.49	42.97	32.3	18.06	18.93	18.74	19.89	21.66	20.63	21.22
老年人口抚养比	6.15	8.03	8.32	8.90	11.80	13.38	14.32	13.18	13.90	15.27	15.87
总抚养比	77.27	60.43	51.29	41.2	29.8	32.30	33.06	33.07	35.56	35.89	37.09

说明：2011—2016 年为抽样数据推算，其余年份为人口普查数据。

由图 1-2 可知，1964—2000 年，老少比呈较快上升趋势，原因是老年系数呈缓步上升，而少儿人口抚养比呈急速下降；老年人口抚养比也呈稳步上升，但由于少儿人口抚养比呈急速下降趋势，故总抚养比也呈急速下降趋势。2000 年以后，虽然可观察时间不长，但可以看出老年系数和老年人口抚养比上升的速度加快了，少儿人口抚养比呈缓慢上升，总抚养比呈上升趋势。老少比于 2012 年左右达到峰值，之后略有下降，究其原因是因为我国 2013 年以后逐步放开单独二胎政策和 2015 年实行全面二胎，少儿出生率上升所致。但 2015 年以后老少比又呈现出上升趋势，从具体数据看，主要是

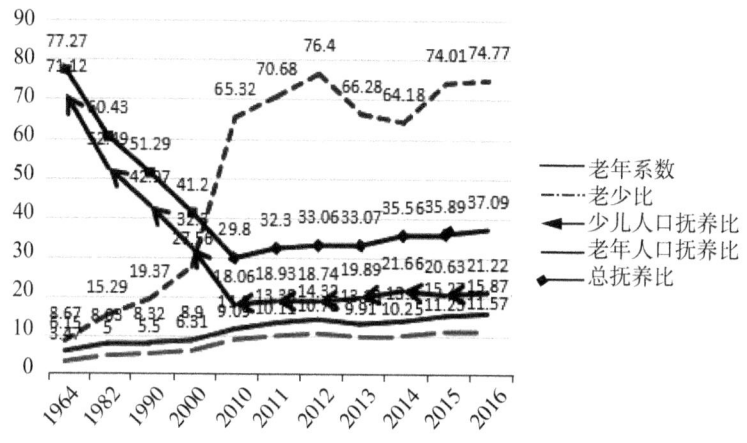

图 1-2　湖北省关键年份人口老龄化相关指标

老年人口比重 2015 为 11.23%，相对于 2014 年 10.25% 几乎增加了 1 个百分点所致。

第二节 湖北省人口老龄化的区域分布及比较分析

一、湖北省各地区人口分布及演变

相对于户籍人口，常住人口更能反映目前湖北省人口总量状况。因为随着人口迁移的逐渐放开，户籍人口与常住人口差异增大，常住人口数量下降，但更能体现区域人口总量的真实情况。由于统计口径的变化，2005 年以前以户籍人口统计，2005 年以后以常住人口统计，因此这里 2000 年的数据是户籍人口。

湖北省各地区人口分布情况统计见表 1-6。

表 1-6　　　　　　湖北省各地区人口分布情况统计

地 区	2015 年		2010 年		2000 年	
	人口(万人)	比重(%)	人口(万人)	比重(%)	人口(万人)	比重(%)
全省合计	5851.5	100	5723.77	100	5949	100
武汉市	1060.77	18.13	978.54	17.1	831.26	13.97
黄石市	245.8	4.2	242.93	4.24	247.64	4.16
十堰市	338.3	5.78	334.08	5.84	341.7	5.74
宜昌市	411.5	7.03	405.97	7.09	414.93	6.97
襄阳市	561.4	9.59	550.03	9.61	565.67	9.51
鄂州市	105.95	1.81	104.87	1.83	102.33	1.72
荆门市	289.63	4.95	287.37	5.02	296.92	4.99
孝感市	487.8	8.34	481.45	8.41	499.25	8.39
荆州市	570.59	9.75	569.17	9.94	627.97	10.56
黄冈市	629.1	10.75	616.21	10.77	710.41	11.94
咸宁市	250.7	4.28	246.26	4.3	270.06	4.54

续表

地 区	2015 年		2010 年		2000 年	
	人口(万人)	比重(%)	人口(万人)	比重(%)	人口(万人)	比重(%)
随州市	219.08	3.74	216.22	3.78	248.43	4.18
恩施自治州	332.7	5.69	329.03	5.75	377.53	6.35
仙桃市	115.5	1.97	117.51	2.05	147.41	2.48
潜江市	95.8	1.64	94.63	1.65	99.15	1.67
天门市	129.2	2.21	141.89	2.48	161.34	2.71
神农架林区	7.68	0.13	7.61	0.13	7.8	0.13

数据来源：由湖北统计年鉴搜集数据计算整理而得。

湖北省各地区总人口分布如图 1-3 所示。

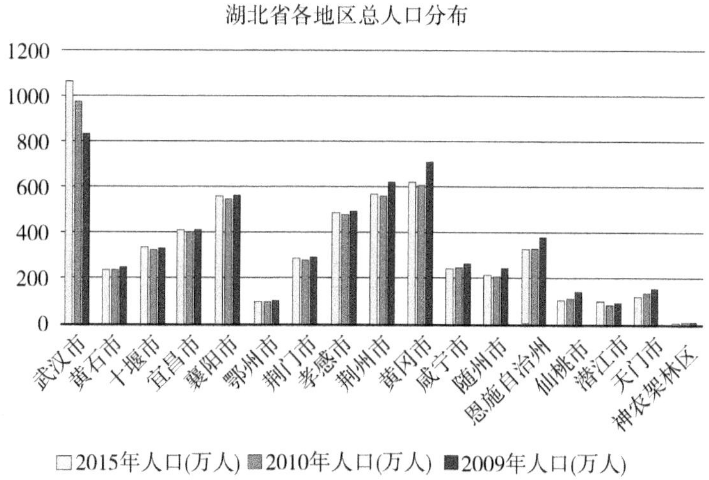

图 1-3　湖北省各地区总人口变化趋势

由图 1-3 可以看出，近年来武汉市总人口呈明显上升趋势，黄冈市总人口呈明显下降趋势，荆州、天门、随州、仙桃及恩施地区人口也是略有下降，其他地区人口变化不明显。

二、湖北省各地区不同年龄结构人口的分布状况

由于数据的可获得性限制，本文仅查找到全国第五次和第六次人口普查湖北省分地区各年龄段人口数据及比重，如表1-7和表1-8所示。

表1-7　　　　　　　　湖北省2000年不同年龄人口数量及构成

地区	2000年						
	常住人口	0~14岁人口	0~14岁人口比重	15~64岁人口	15~64岁人口比重	65岁及以上人口数	65岁及以上人口比重
全省合计	59498163	13607444	22.87	42139382	70.82	3751337	6.31
武汉市	8312645	1519392	18.28	6235528	75.01	557725	6.71
黄石市	2476439	645754	26.08	1703947	68.81	126738	5.12
十堰市	3416986	784741	22.97	2417554	70.75	214691	6.28
宜昌市	4149266	758054	18.27	3041417	73.30	349795	8.43
襄阳市	5656664	1267069	22.40	4041177	71.44	348418	6.16
鄂州市	1023307	269204	26.31	695849	68.00	58254	5.69
荆门市	2969171	628489	21.17	2147450	72.32	193232	6.51
孝感市	4992492	1289948	25.84	3418897	68.48	283647	5.68
荆州市	6279668	1397354	22.25	4479829	71.34	402485	6.41
黄冈市	7104132	1837634	25.87	4853460	68.32	413038	5.81
咸宁市	2700640	722699	26.76	1833605	67.90	144336	5.34
随州市	2484320	601016	24.19	1732482	69.74	150822	6.07
恩施自治州	3775308	873462	23.14	2642381	69.99	259465	6.87
仙桃市	1474057	378756	25.69	1005277	68.20	90024	6.11
潜江市	991450	224237	22.62	708921	71.50	58292	5.88
天门市	1613376	394188	24.43	1124406	69.69	94782	5.87
神农架林区	78242	15447	19.74	57202	73.11	5593	7.15

数据来源：来自湖北统计年鉴2001。

表 1-8　　　　　　湖北省 2010 年不同年龄人口数量及构成

地区	2010 年						
	常住人口	0~14 岁人口	0~14 岁人口比重	15~64 岁人口	15~64 岁人口比重	65 岁及以上人口数	65 岁及以上人口比重
全省合计	57237740	7963523	13.91	44070111	77.00	5204106	9.09
武汉市	9785392	976947	9.98	8013317	81.89	795128	8.13
黄石市	2429318	422413	17.39	1817352	74.81	189553	7.80
十堰市	3340843	503558	15.07	2552029	76.39	285256	8.54
宜昌市	4059686	441349	10.87	3183622	78.42	434715	10.71
襄阳市	5500307	824860	15.00	4208288	76.51	467159	8.49
鄂州市	1048672	161405	15.39	804830	76.75	82437	7.86
荆门市	2873687	341162	11.87	2282177	79.42	250348	8.71
孝感市	4814542	696674	14.47	3683369	76.51	434499	9.02
荆州市	5691707	751729	13.21	4376852	76.90	563126	9.89
黄冈市	6162072	1004783	16.31	4550778	73.85	606511	9.84
咸宁市	2462583	434855	17.66	1840118	74.72	187610	7.62
随州市	2162222	298967	13.83	1664910	77.00	198345	9.17
恩施自治州	3290294	614655	18.68	2315443	70.37	360196	10.95
仙桃市	1175085	167102	14.22	885258	75.34	122725	10.44
潜江市	946277	122796	12.98	734816	77.65	88665	9.37
天门市	1418913	190953	13.46	1098398	77.41	129562	9.13
神农架林区	76140	9213	12.10	58628	77.00	8299	10.90

数据来源：由湖北省统计局官方网站 http：//www.stats-hb.gov.cn/汇总而得。

湖北省 2000 年、2010 年人口结构变化如图 1-4 所示。

由图 1-4 可知，湖北省各地区少年儿童人口比重和老年人口比重均分布很不均衡且发展速度不一。其中 2000 年少年儿童人口占比较大的前五个地区依次为咸宁、鄂州、黄石、黄冈、孝感；2010 年居前五位的依次是恩施自治州、咸宁、黄石、黄冈、鄂州。2000 年老年人口占比较大的前五个地区依次为宜昌、神农架林区、恩施自治州、武汉、荆门；2010 年居前五位的依次是恩施自治州、神农架林区、宜昌、仙桃、荆州。

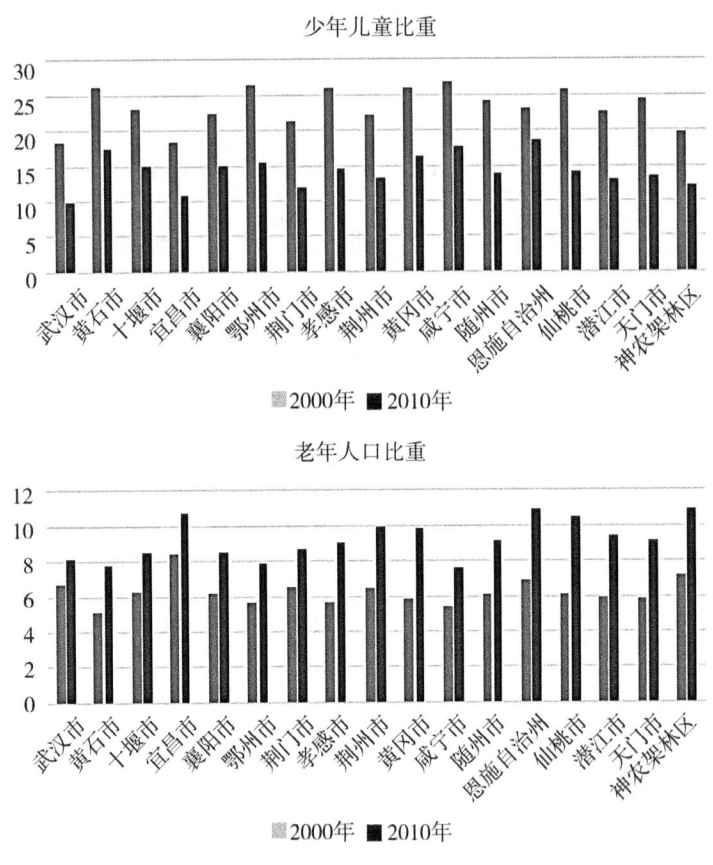

图 1-4 2000 年、2010 年人口结构变化

湖北省第五次和第六次人口普查老龄人口的地区分布比较如表 1-9 和图 1-5 所示。由图 1-5 可以看出，2010 年出现人口老龄化的地区分布明显多于左图 2000 年(深色区域)，2000 年仅宜昌和神农架林区进入老年社会结构，而 2010 年所有地区均进入老年社会结构，而且老年人口比重达到 10%以上的地区有恩施自治州、神农架林区、宜昌市、仙桃市。

三、湖北省老年人口构成的城乡比较

湖北省人口老龄化的程度在城镇与农村之间差异较大。我们将湖北省 2000 年与 2010 年市、镇、乡村的老年人口情况进行比较(表 1-10)，分析发现,相比于2000年,2010年的人口老龄化都进一步加剧了,农村的老龄化程度大于城镇。

表1-9 湖北省第五次和第六次人口普查老龄人口的地区分布比较

地 区	2010年		2000年	
	人口(人)	比重(%)	人口(人)	比重(%)
全省合计	5204106	9.09	3751337	6.31
武汉市	795128	8.13	557725	6.71
黄石市	189553	7.80	126738	5.12
十堰市	285256	8.54	214691	6.28
宜昌市	434715	10.71	349795	8.43
襄阳市	467159	8.49	348418	6.16
鄂州市	82437	7.86	58254	5.69
荆门市	250348	8.71	193232	6.51
孝感市	434499	9.02	283647	5.68
荆州市	563126	9.89	402485	6.41
黄冈市	606511	9.84	413038	5.81
咸宁市	187610	7.62	144336	5.34
随州市	198345	9.17	150822	6.07
恩施自治州	360196	10.95	259465	6.87
仙桃市	122725	10.44	90024	6.11
潜江市	88665	9.37	58292	5.88
天门市	129562	9.13	94782	5.87
神农架林区	8299	10.90	5593	7.15

数据来源:2000年数据来自湖北统计年鉴2001;2010年数据由湖北省统计局官方网站http://www.stats-hb.gov.cn/汇总而得。

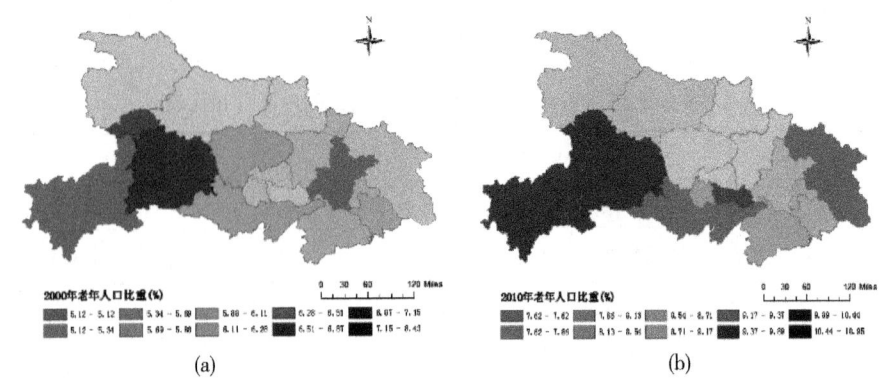

图 1-5 湖北省第五次和第六次人口普查老龄人口的地区分布比较

表 1-10 湖北省老年人口城乡对比

指标	2000年			2010年		
	总人口（万人）	老龄人口（万人）	老年人口系数(%)	总人口（万人）	老龄人口（万人）	老年人口系数(%)
市	1658.67	146.84	8.85	1792.81	189.38	10.56
镇	749.82	59.52	7.94	1051.69	130.11	12.37
乡村	3542.4	358.61	10.12	2879.26	453.35	15.74

资料来源：湖北省统计局官方网站 http://www.stats-hb.gov.cn/。

第三节 湖北省人口老龄化的特点及成因分析

一、湖北省人口老龄化的特点

湖北省人口老龄化与全国人口老龄化既有共性也有其自身特点，主要表现在以下五个方面。

（一）由成年型过渡到老年型

一般情况下依据总人口中 0~14 岁人口比重、65 岁以上人口比重、老少比

第三节 湖北省人口老龄化的特点及成因分析

等指标将总人口的年龄结构划分为年轻型、成年型、老年型三种基本类型。从第六次人口普查结果来看,各项指标都已突破老年型人口的界限,这说明湖北省已经步入了老年型社会。湖北人口的年龄构成类型如表1-11所示。

表1-11　　　　　　　　　湖北省人口年龄结构构成比

指标	国际通用标准			湖北省			
	年轻型	成年型	老龄型	1982年	1990年	2000年	2010年
0~14岁少年儿童比重	40%以上	30%~40%	30%以下	32.71%	28.45%	22.87%	13.91%
65岁及以上人口比重	4%以下	4%~7%	7%以上	5%	5.50%	6.31%	9.09%
老少比	15%以下	15%~30%	30%以上	15.29%	19.37%	27.56%	65.32%

(二)老龄化速度快

2000年第五次人口普查时,65岁及以上老年人口为375.13万人,而2010年第六次人口普查时达到520.41万人,比2000年第五次人口普查时增加了145.28万人,年均增速达3.33%;65岁及以上老年人口占总人口的比重为9.09%,比2000年上升了2.78个百分点。10年间,全省的总人口增长了1.36%,而同期65岁及以上的老年人口增长38.73%,老年人口的增长幅度远远高于总人口的增长幅度,由此可见湖北省人口老龄化势头发展迅速。另外,2000年湖北省老年人口比重在全国31个省市中居第16位,老年人口比重低于全国平均水平0.65个百分点,2010年上升为全国第11位,老年人口比重达到9.09%,高于全国平均水平8.87%,湖北省老年人口增长速度明显快于全国平均水平。

(三)老年人口分布不平衡

2000年,湖北农村65岁及以上人口占其总人口的10.12%,城市为8.85%,集镇为7.94%,全省为6.31%,2010年农村老年人口占比达15.74%,城市为10.56%,集镇为12.37%(表1-10)。说明老年人口在农村的比重远高于城镇。另外,从全省17个地区分布看,2010年,老年人口占比较大的地区有神农架林区、恩施自治州、宜昌、仙桃、荆州、黄冈、潜江、天门、随州,这九个地区老年人口比重高于全省平均水平9.09%,2000年,老年人口占比较大的地区有宜昌、神农架林区、恩施自治州、武汉、荆门、荆州等六个地区,这些地区当年老年人口高于全省平均水平6.31%。从动态发展看,仙桃、恩施自治州、黄冈地区十年来老年人口比重增长达4个百分点以上,而武汉老年人口比重增速明显低于其他地区。

湖北省各地区老年人口比重比较如图1-6所示,湖北省各地区老年人口比重增长速度比较如图1-7所示。

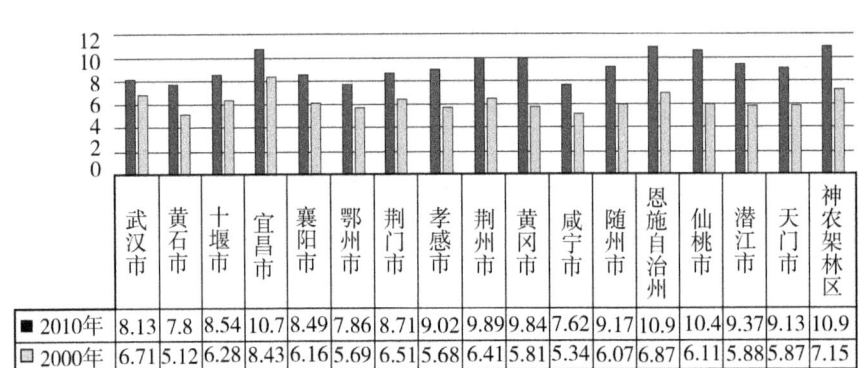

图1-6 湖北省各地区老年人口比重比较

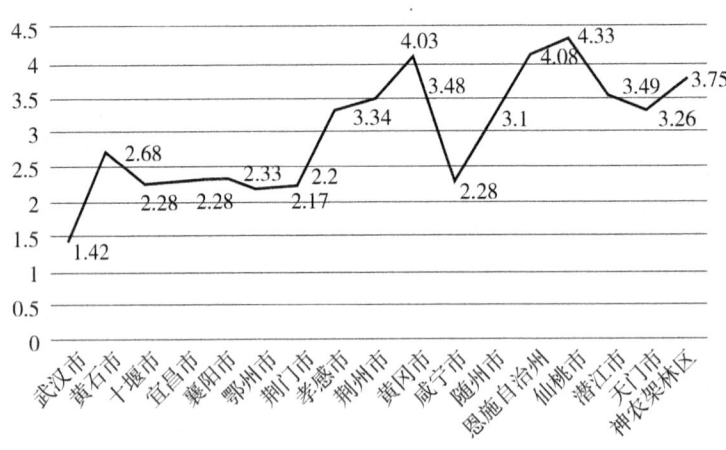

图1-7 湖北省各地区老年人口比重增长速度比较

(四)老年抚养比大

随着湖北省人口年龄结构的不断老化,少儿抚养比从1964年的71.12%下降到2016年的21.22%,下降了近50%;而老年抚养比从1964年的6.15%提高到2016年的15.87%,总体提高了9.12个百分点。从动态看老年抚养比,其中"五普"比"四普"只增加了0.58个百分点,但"六普"比"五普"却增加了2.9个百分点,2010年至2015年仅五年更是增加了4.07个百分点,可见近年来湖北省老年抚养比迅速加剧。到2016年,湖北省老年抚养比高出全国平均水平0.91个百分点。从图1-8可以看出,自2010年以来湖北省老年抚养比均高于全国平均水平。

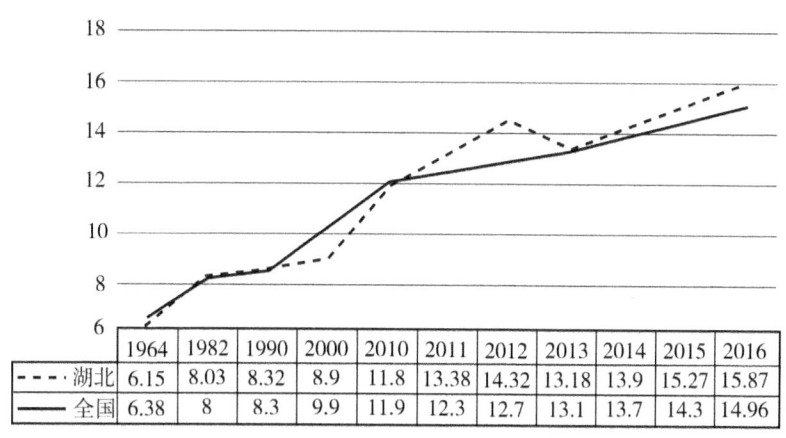

图1-8 湖北省老年抚养比与全国平均水平比较

(五)未富先老现象严重

尽管我国近三十年来经济发展速度相当快,经济发展水平也极大提高,但从前面的分析可以看出湖北省老龄化速度高于全国平均水平,人口老龄化超前于经济发展水平,呈现出"未富先老"的特征。这是因为,发达国家在其老年人口比例达到老年型人口标准下限时已经处于发达的社会,人均GDP基本能够达到5000~10000美元甚至更高。从世界范围看,德国、法国、英国等发达国家进入老龄化时,人均GDP超过1万美元的占36%。我国于2000年进入老龄化社会时的人均GDP只有950美元,而湖北省进入老年社会的2002年人均GDP只有8295元人民币,医疗、教育等资源供给以及社会保障缺乏必要的资金支持，城市化程度、医疗教育资源条件以及社会保障等诸多因素与国际标准还相差甚远。

二、湖北省人口老龄化的成因分析

从人口学上讲，人口老龄化是人口转变的必然结果，其直接原因是生育率的下降和预期寿命的延长。另外，人口迁移和城镇化进程也影响着老年人口的分布及不同地区老龄化程度。

(一)生育率下降

生育率下降是人口老龄化的决定性因素。生育率是指一个国家(或地区)总出生人数与相应人口中育龄妇女人数之比。20世纪五六十年代，湖北省的人口呈现出快速增长的态势，湖北省的妇女总生育率为6.23%。到了20世纪70年代末，计划生育政策的实施使得生育率逐年下降，1980年降到2.12%，人口增长的趋势得到了初步控制。在计划生育政策的干预下，中国只用30年时间就将生育率降低到了发达国家需要一两百年才能达到的人口低生育率水平，这极大地缩短了生育率转变的进程，也极大地推动了人口老龄化的进程。[1]

另外，随着改革开放的进程，人们生育观念逐渐转变，生育成本逐渐上升。据第六次人口普查资料显示，湖北省女性具有大专以上受教育程度的占9.03%，比2000年提高了大约6个百分点。随着受教育水平的提高，湖北省妇女的就业机会也逐渐增多，就业层次也在提高。据统计，2010年湖北省女性就业结构变化较大，女性从事第二、三产业的人数占女性从业人口的比例与2000年比较分别提高了5.1和7.5个百分点。这一就业层次的改变导致妇女的生活方式和生育观念的改变，从而降低了妇女的生育水平。[2]

(二)预期寿命的延长

近三十年来，我国经济发展速度惊人，发展水平猛增，生活质量、医疗水平、公共卫生事业等也得到了普遍提高，人们的预期寿命也不断增加，这也一定程度上加剧了人口老龄化，尤其是增加了高龄老人的比重。

---

[1] 沈飞.人口老龄化对中国劳动力供给的影响预测分析[D].南京:南京财经大学,2014:30.

[2] 童莎莎.湖北省人口老龄化对其居民消费影响研究[D].武汉:华中师范大学,2014:15.

表 1-12　　　　　　　全国及湖北省人口预期寿命变化

年份	全国			湖北省		
	合计	男	女	合计	男	女
1990	68.55	66.84	70.47	67.25	65.51	69.23
2000	71.4	69.63	73.33	71.08	69.31	73.02
2010	74.83	72.38	77.37	74.87	72.68	77.35
2015	76.34	73.64	79.43	76.5	74.34	78.75

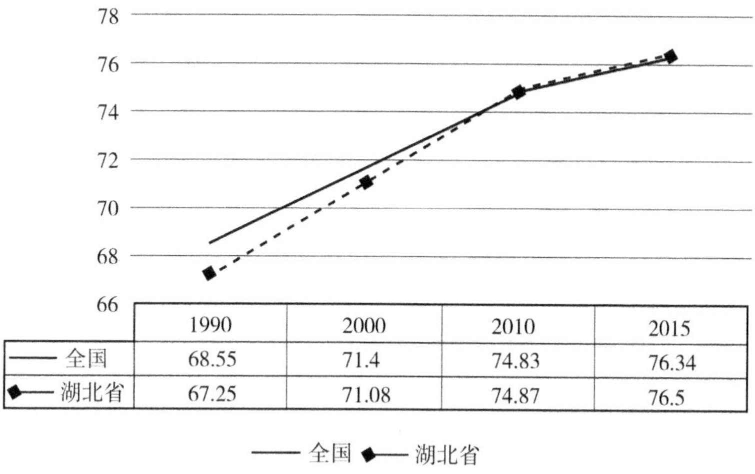

	1990	2000	2010	2015
全国	68.55	71.4	74.83	76.34
湖北省	67.25	71.08	74.87	76.5

图 1-9　全国及湖北省平均预期寿命比较

由表 1-12 和图 1-9 可知，无论是全国还是湖北省，平均预期寿命均呈增加趋势，女性预期寿命高于男性。湖北省预期寿命自 2010 年以后高于全国平均水平，自 1990 年至 2015 年，男性和女性年均增速均为 0.51%，高于全国男性增速 0.39% 和女性增速 0.48%。湖北平均预期寿命高于全国水平既是湖北人民生活水平和医疗卫生保障水平提高的结果，反映了人类社会的最终福祉和追求，是社会和谐健康的标志，同时也提高了湖北省人口老龄化的速度，加重了湖北省人口负担。

(三)人口迁移和城镇化进程的影响

乡村地区人口结构迅速老化是乡村劳动年龄人口往城镇地区大量迁移和流

动的结果。随着城镇化步伐的加快,大量农村劳动力,尤其农村青壮年劳动力流向城市工作,造成农村人口在年龄结构上的分布极不合理,不仅产生了社会普遍关注的"留守儿童"问题,而且留守老人问题也十分突出。尤其是中心城市,对周边农村和乡镇产生了巨大的虹吸效应,导致城乡老年人口的比重产生变化,从上述湖北省人口老龄化的区域分布变化趋势可以很清楚地看到这一点。这种人口流动降低了城镇人口老龄化的程度,提高了农村人口老龄化的程度,在一定程度上解释了我国城乡之间老龄化程度不均衡的现象。

另外,湖北省是教育大省,高校众多,城市相对较高的物质生活水平、教育、医疗、卫生等条件吸引了大批的学子毕业后选择留在城市发展,在城里结婚生子。特别是最近湖北省推行的"百万大学生留汉工程""大学生留汉创业就业计划""人才20条""我选湖北"等措施,使留汉创业的青年学子增加。而且"高校校友总会联盟"的成立、"百万校友回汉创新创业"等活动的开展,也吸引了部分外流人才的回流。据统计,2017年,湖北省流动人口为660万人,其中流入人口为157万人,比上年增加8万人;流出人口为491万人,比上年减少6万人。这些流动人口绝大部分是青壮年,而且主要注入城镇。这些都是城乡老龄人口分布不均衡的原因。从长期发展趋势来看,随着经济的发展、城市化进程加快,城镇老年人口比例将会不断提高。有专家指出,全国城乡老龄人口分布不均的这种状况将一直持续到2040年,到21世纪中后期,城镇老龄化水平才将超过农村,并将逐渐拉开差距。①

---

① 刘金玲. 湖南省人口老龄化对消费、劳动力供给及储蓄的影响研究[D]. 湖南大学,2008:18.

第二章 湖北省人口老龄化趋势预测

人口是影响一个国家或地区经济社会发展的重要因素，是制定一个国家或地区相关经济政策的重要依据。人口预测是指根据一个国家或地区现有人口状况，综合考虑社会政治经济条件对未来人口再生产和转变的影响，分析未来一段时期内该区域人口发展趋势，提出合理的人口变动控制要求和假设条件，运用科学的方法测算未来某个时期区域人口的发展状况。人口预测可以科学地把握人口发展态势，是人口研究领域中的重要课题，其预测内容通常包括总人口数预测、人口结构预测（包括性别结构、年龄结构等）、人口要素预测（包括出生率、死亡率、自然增长率等）、人口迁移预测（包括迁入、迁出）等。

对人口数据进行预测是一项复杂的系统工程，它不仅有助于全面掌握我国人口的基本信息，而且可以获得人口空间分布、流动迁徙、就业状况等对社会和经济具有重要意义的国情状况，为辅助政府制定发展规划和产业政策、教育政策、就业政策及完善社会保障体制提供决策支持，因此，对人口数据预测模型进行研究具有重要的现实意义。

本章首先对人口预测理论相关文献进行梳理，然后对人口预测模型做简要介绍和比较，最后选定Leslie矩阵模型，基于2010年第六次人口普查等数据资料，在对总和生育率预测设定的基础上，设定了三种方案：①每对夫妇只生育1个孩子；②每对夫妇生育1~2个孩子；③每对夫妇生育2个孩子。进而得到2015—2060年湖北省65岁及以上人口数量以及占总人口比例、80岁及以上人口数量以及占总人口比例等人口老龄化有关指标预测值，借此分析湖北省人口老龄化趋势。

第一节 人口预测模型的研究述评

一、国外人口预测模型研究述评

人口预测研究的方法始于国外。早在1697年，英国社会学家、人口学家

G. King 教授对英国的人口发展状况进行了未来 600 年的宏观预测。虽然当时所使用的数学方法相对简单，但是这种预测人口的思想对后人研究人口预测领域有着很大的启迪作用，为以后人口预测模型的发展奠定了基础。之后，随着人口预测研究的不断拓展，关于人口预测的各种数学模型也逐渐涌现，预测方法归纳起来有两大类：一种是偏微分方程或偏微分方程组，属于连续模型；另一种是差分方程组，属于离散模型。

连续型模型主要指函数型数据模型。2007 年，Hyndman 和 Ullah 首次将函数型数据分析方法应用到人口学的研究中，之后，该方法在人口统计学领域得到越来越广泛的关注。Hyndman 等还构建了函数型死亡率和函数型生育率模型（Hyndman 和 Booth, 2008；Hyndman 和 Shang, 2009；Hyndman 等，2013）①，并取得了很好的模拟效果。

离散型模型中较为著名的有 Malthus 模型、Logistic 模型、Leslie 模型。Malthus 模型是 1798 年由英国统计学家马尔萨斯在《人口原理》一书中提出的一种的指数增长模型。后来，荷兰著名的数学家维哈斯特在 Malthus 模型中引入环境因素，在研究人口的增长规律时提出了同时被称为生长理论曲线的 Logistic 模型，Logistic 模型不但考虑了人口增长的有限性这一特性，而且提出人口增长率随人口总量的增长而表现为不断下降的增长规律。它考虑到了环境的约束，所以称之为阻滞增长模型。

Leslie 模型是由 E. G. Lewis（1942）和 P. H. Leslie（1945）提出的一种以年龄和性别分组的离散化数学矩阵模型，该模型在人口预测和生物种群的分析等各方面都发挥着十分重要的作用。以前一直应用于研究动物数量的发展变化，之后才被应用于人口的预测研究领域，逐渐演化为一种用于人口规模与年龄结构预测的离散数学随机模型。Lutz 和 Sanderson（2001）又提出了一种新的带有随机项的 Leslie 模型，运用时间序列分析方法对 Leslie 模型中死亡率、生育率、性别比进行了估计，对未来世界人口进行了预测，模拟效果良好。Yoichi Okita（2011）应用 Leslie 矩阵建立随机预测模型，对日本人口进行预测，得出在未来日本人口状况将发生很大变化，面对老龄化问题政策制定者应注意政策制定的灵活性。W. Webb Sprague（2012）提出了一种新算法，在 Leslie 的矩阵中引入数据自动处理功能，能进行二次优化，直接加入生育率、死亡率、转移矩阵预测，得到了成功的应用。目前，人口预测研究领域都是以以上三种数学

---

① 薄文. 中国人口年龄结构预测[D]. 大连：东北财经大学，2016.

模型为基础，进行多重发展演化，进行分区域、分层次、分时期的预测。①

二、国内人口预测模型研究述评

国内的人口预测模型研究发展较晚，但近些年来对我国人口发展趋势状况的预测研究却是硕果累累。如我国著名学者宋健于20世纪80年代依据概率论创立宋健人口发展方程模型，随后我国人口学家蒋正华运用矩阵和迭代法创立JPOP人口预测模型。同时期，我国著名学者华中科技大学教授邓聚龙提出灰色系统理论，引起国内外不少学者的关注。随着我国人口政策的变化和老龄化的来临，近年来对人口预测的研究如雨后春笋般涌现。

赵进文（2003）利用国内生产总值、出生率、人口规模、死亡率等数据，基于回归分析原理，采用多项式分布滞后模型，很好的揭示了国内生产总值与人口规模的依存关系，同时还指出人口政策的制定也会对这种关系造成影响②。罗荣桂等（2004）以Matlab软件建立一维时间序列的BP神经网络模型用于预测长江流域人口数量，显示了很好的预测精度③。尹春华等（2005）基于数据挖掘中神经网络原理进行人口预测建模，实证结果表明：BP神经网路能对人口系统进行较为准确的动态预测④。赖红松等（2004）提出了一种基于灰色预测和神经网络的人口预测方法。首先对人口规模的$NARMA(p,q)$递归网络模型进行一步预测及其灰色预测$GM(1,1)$等维信息模型预测，然后再用前馈神经网络对$GM(1,1)$模型和递归网络模型的预测值进行组合预测以作为其最终的预测值。以温州市为例，对其总人口进行了试验预测。结果表明：$NARMA(p,q)$递归网络模型比$GM(1,1)$模型具有更高的预测精度，而组合预测效果优于其他单一预测模型⑤。虞丽萍（2007）和方建卫（2008）以离散形式的人口发展方程为主模型，构建了死亡率、生育率和迁移率的时间序列模型用于对我国未来的人口年龄结构进行了预测，效果较好。阎慧臻（2008）利用

---

① 韩晓庆.基于Leslie模型中国未来人口策略模拟研究[D].东北财经大学，2012.
② 赵进文.中国人口总量与GDP总量关系模型研究[J].中国人口科学，2003(3)：25-31.
③ 罗荣桂，黄敏镁.基于BP神经网络的长江流域人口预测研究[J].武汉理工大学学报，2004，26(10)：90-93.
④ 尹春华，陈雷.基于BP神经网络人口预测模型的研究与应用[J].人口学刊，2005(2)：44-48.
⑤ 赖红松，祝国瑞，董品杰.基于灰色预测和神经网络的人口预测[J].经济地理，2004，24(2)：197-201.

Logistic 模型建立人口预测回归方程预测中国人口时,通过与现实人口进行比较,证明该预测方法较符合实际,推测我国人口到 2050 年为 14.2 亿[1]。王艳萍(2008)对模型进行了扩展,对老龄化指数、男女性别比、城镇人口率进行了曲线拟合,灰色系统预测,研究这些相关因素对人口增长率的影响,进而应用 Logistic 模型对中国未来人口进行了 15 年预测,预测结果较为精确[2]。巩永丽(2007)应用非参数自回归模型,对人口增长率进行了预测,弥补了传统人口增长模型不能反映人口非线性特征的缺陷。实证分析证明:非参数回归模型相比参数回归模型在人口预测精度上有了很大的提高[3]。蒋远营等(2011)使用宋健人口发展方程模型对我国人口的短期、中期和长期增长趋势做出预测,同时对总和生育率进行高、中、低不同水平的预测,其结果具有参考价值[4]。李菲雅等(2012)基于主成分分析模型和支持向量机模型以 SPSS 和 Matlab 软件建模,预测我国未来人口总量的峰值不会超过 14.5 亿[5]。于潇、黄敦平(2014)建立了一种引入迁移人口的人口预测模型,根据此模型可预测人口总数、各年龄段人口总数、劳动人口总数、老少比变动情况及各年龄段女性人口数等指标[6]。陈剑飞(2015)首先运用因子分析与回归分析相结合的方法进行人口老龄化的短期预测,其次用灰色系统 GM(1,1)模型对老龄化人口做长期预测,并对该模型进行两种改进:一种是增加序列长度,叫做新信息模型;另一种是改变序列的初始条件,用到了最新的信息而舍弃了最老的信息,叫做新陈代谢模型。分别用这三个模型作长期预测,对这三种模型的精度进行比较发现新陈代谢模型的精度是最高的,从而用该模型对我国老龄化人口进行长期预

---

[1] 阎慧臻. Logistic 模型在人口预测中的应用[J]. 大连工业大学学报,2008,27(4):333-335.

[2] 王艳萍. 人口增长率经典模型多元回归分析研究[J]. 太原师范学院学报(自然科学版),2008,7(3):76-79.

[3] 巩永丽,张德生,武新乾,等. 人口增长率的非参数自回归预测模型[J]. 山西师范大学学报(自然科学版),2007,26(1):38-42.

[4] 蒋远营,王想. 人口发展方程模型在我国人口预测中的应用[J]. 统计与决策,2011(15):52-54.

[5] 李菲雅,蒋若凡. 基于主成分和支持向量机模型在人口预测中的应用[J]. 西北人口,2012,33(1):29-32.

[6] 于潇,黄敦平. 引入迁移人口的人口预测模型构建[J]. 西北人口,2014(5):19-22.

测[1]。薄文(2016)以离散的队列要素人口预测模型为主模型,结合非参数平滑的思想,将函数型数据分析方法应用在该模型中,在对我国人口年龄结构的研究中取得了很好的预测效果[2]。吕俊兴,徐天琛等(2017)引入遗传学思想,依托当下生育意愿数据,建立了适用于"全面两孩"政策的Leslie模型,并得出预测结果[3]。

回顾国内以往研究成果可以发现,人口预测模型的理论与实证研究既有对国外人口预测研究领域分析、归纳、总结,又有自己创新性的跟踪性研究成果。

第二节 几种主要的人口预测模型及比较

人口预测模型的选择是实现科学预测的基础和保证。因此,预测模型的选择在人口预测实践中显得尤为重要。本节将介绍几种具有代表性、且又在人口预测实践中常被应用的人口预测模型,并对各模型的使用场景及特点作简要的比较。

一、年龄移算模型

年龄移算模型,又称年龄移算法,是指以各个年龄组的实际人口数为基数,按照一定的存活率进行逐年递推来预测人口的方法。其基本理论基础是:人口年龄是用时间年(岁)来描述的,随着时间的推移,人口年龄发生转组,当在一定死亡率水平条件下,人口的年龄在其转组过程中会引起人口数的变动,即人口随年龄变动而变动。

年龄移算模型的一般表达式为:

$$p_{x+1(t+1)} = P_{x(t)} \cdot S_x \tag{2.1}$$

当 $x=0,1,2,\cdots,w-1$ 时,模型可描述为:

---

[1] 陈剑飞. 我国人口老龄化的预测[D]. 昆明:云南大学,2015.
[2] 薄文. 中国人口年龄结构预测——基于函数型数据分析方法的实证研究[D]. 大连:东北财经大学,2016.
[3] 吕俊兴,徐天琛,王辉,等. 新二胎政策下基于Leslie矩阵等数学模型的山东省人口预测[J]. 青岛大学学报(自然科学版),2017,30(1):14-20.

$$\begin{cases} P_{1(t+1)} = P_{0(t)} \cdot S_0 \\ P_{2(t+1)} = P_{1(t)} \cdot S_1 \\ P_{3(t+1)} = P_{2(t)} \cdot S_2 \\ \cdots\cdots \\ P_{w-1(t+1)} = P_{w-2(t)} \cdot S_{w-2} \end{cases} \quad (2.2)$$

式中，$P_{x+1(t+1)}$ 为预测年度 $x+1$ 岁人口数；$P_{x(t)}$ 为预测基年 x 岁的实际人口数；$P_{w-1(t+1)}$ 为预测年度最高年龄组的预测值；S_x 为 x 岁人口的存活率，$S_x = 1 - m_x$，m_x 为 x 岁之死亡率。

年龄移算法可以把由某一年度或者某一年龄组的人口数在其相应年龄组的死亡率水平条件下，通过转移到下一个年度或者下一个年龄组，而将下一个年度或者下一个年龄组的人口数测算出来，而且具有相当高的准确性。年龄移算法的主要优点是移算原理严谨、方法简便易行，在人口预测研究上应用十分广泛。

二、Keyfitz 矩阵方程模型

美国人口统计学家内森·凯菲茨（Nathan Keyfitz）首次提出将 Keyfitz 矩阵方程模型并应用于人口预测中，他是把矩阵方法应用于人口预测的第一位学者。

该模型的基本特点为：矩阵预测是对年龄移算模型的科学概括，但相较于年龄移算模型具有数理含量更高、预测变量的描述更加规范、预测参数的定义更加严格等特点。该方法通过把人口预测变量，包括人口生存变量、人口生育变量和人口基数变量处理成矩阵乘法关系来实现。其一般表达式为：

$$I = M \cdot K \quad (2.3)$$

式中，M 为依据预测的年龄组数为阶数，并由可变生育率和人口生存率所构成的方阵，$M = m \times m$；K 为以方阵 M 的阶数为阶数，并由分年龄人口预测基数所组成的列矢量矩阵，$K = m \times 1$；I 为预测期望所得到的新矩阵。

三、回归方程模型

回归分析中常用的模型有线性模型与非线性模型两种。由于一般事物的发展变化并非单一趋势，人口预测也是如此。人口规模变化受多种因素影响，要对人口发展趋势进行相对合理的预测，就要综合采用多种回归模型，赋予各个模型所得预测结果以不同的权重，最终得到人口规模的修正值。下面主要介绍多元回归和非参数自回归两种模型。

(一) 多元回归模型

影响人口的发展的因素很多,除了人口本身,还与政策因素、环境因素、经济因素、教育因素等相关,是多个自变量的函数。人口发展是人口与各影响因素之间相互作用的结果。所以可以依据人口与相关因素之间的确切关系来进行未来人口预测。模型为

$$Y = \beta_0 + \beta_1 X_1 + \beta_2 X_2 + \beta_3 X_3 + \cdots + \beta_N X_N \tag{2.4}$$

式中,Y 为人口规模;X_1,X_2,$\cdots$,X_N 为因变量,通过最小二乘法估计参数 β_0,β_1,β_2,$\cdots$,β_N,这便是多元回归模型。

(二) 非参数自回归预测模型

由于多元回归模型的参数是固定的,这样该模型的长期预测效果不是很好,而非参数回归模型可以使参数灵活多变,有效的弥补了这个缺陷。

非参数回归预测模型 NAR(4) 建模思路如下:

$$Y_T = m(X_T) + R_T \tag{2.5}$$

式中,自变量 $X_T \in R^P$(P 为正整数),因变量 $Y_T \in R$。X_T 为影响因变量变化的相关因素;随机误差序列 $\{R_T\}$ 独立同分布,$E(R_T)=0$,$E(R_t^2)=R^2$ 并且 R_T 与 X_T 相互独立;未知函数 $m(\cdot)$ 称为自回归函数。常用 Nadaraya-Watson 核估计和局部线性估计方法来确定自回归函数 $m(\cdot)$ 的形式。

多元回归模型通俗易懂,将影响人口发展的各种因素考虑进来,对人口总量作线性或非线性回归,这给人口预测模型的建立带来了一个全新的视角。但是,回归模型的难点是如何将影响人口系统发展变化的各种因素全面列举出来并进行定量分析研究,以及这些指标又该如何选取。另外,回归模型主要侧重于横向定量分析,不大适合于中长期人口预测。[①]

四、人口发展方程模型

我国学者宋健等于 20 世纪 80 年代初提出了著名的人口预测模型——人口发展方程,其模型的基本表达式为

$$B_{(t)} = TFR \sum_{\alpha_1}^{\alpha_2} P_{x(t)}^F \cdot H_x \tag{2.6}$$

---

① 韩晓庆. 基于 Leslie 模型中国未来人口策略模拟研究[D]. 东北财经大学,2012.

$$\begin{cases} P_0(t+1) = S_{00} \cdot \delta_F \cdot B_{(t)} + g_{00} \\ P_1(t+1) = P_0(t) \cdot S_0 + g_0 \\ P_2(t+1) = P_1(t) \cdot S_1 + g_1 \\ P_3(t+1) = P_2(t) \cdot S_2 + g_2 \\ \cdots\cdots \\ P_{\omega-1}(t+1) = P_{\omega-2} + g_{\omega-2} \end{cases} \quad (2.7)$$

式中，α_1 为妇女最低生育年龄，一般为 15 岁；$P_{x+1}(t+1)$ 为预测年度 $x+1$ 岁的人口数；$P_x(t)$ 为预测基年 x 岁的实际人口数；S_{00} 为出生当年人口存活率，$S_{00} = 1 - m_{00}(\text{IMR})$；$S_x$ 为 x 岁人口的存活率，$S_x = 1 - m_x$；g_{00} 为出生当年的净迁移人数；g_x 为 x 岁的净迁移人数；B 为出生人数；H_x 为 x 岁妇女生育模式函数，是宋健等人经过对大量的年龄别生育率资料的标准化处理，并对 n 个标准化生育模式 $h_{(x)}$ 分布在计算机上拟合，发现无数多的 $h_{(x)}$ 分布都服从于 x^2 分布，于是得出了生育模式的新概念——卡方分布生育模式，相应的数据处理描述为

$$H_x = \begin{cases} H_1(X) = 0 & (r \leqslant r_1) \\ H_1(X) = \dfrac{1}{\lambda^{\frac{n}{2}} \cdot \tau^{\frac{n}{2}}} (r - r_1)^{\frac{n}{2}-1} e^{-\frac{r-r_1}{\lambda}} & (r > r_1) \end{cases} \quad (2.8)$$

式中，λ、n 为可调参数；r 为育龄妇女的任一年龄；r_1 为育龄妇女年龄下限值；$\tau(X)$ 为 τ 函数；n 为生育峰值年龄的对应值。①

五、BP 神经网络模型

BP 神经网络最早由 Rumelhart、McCelland 等科学家于 1986 年提出。随着时代的迁移，BP 神经网络理论不断地得到改进、更新，现在已成为应用最为广泛的神经网络模型之一(图 2-1)。

BP 神经网络是人工神经网络的一种，主要是利用神经网络的基本原理，通过编写一定的算法来解决复杂的实际问题。而社会人口系统就具有复杂的非线性特征，BP 神经网络可以从大量的、不明确的、随机的数据中发现潜在规律，能够很好地解决一些人口预测模型中的随机因素。BP 神经网络主要通过 3 层网络结构来实现，其原理是把原始序列作为输入值，把预测结果作为输出

---

① 李晓梅. 人口预测模型研究及应用[M]. 成都：西南财经大学出版社，2011.

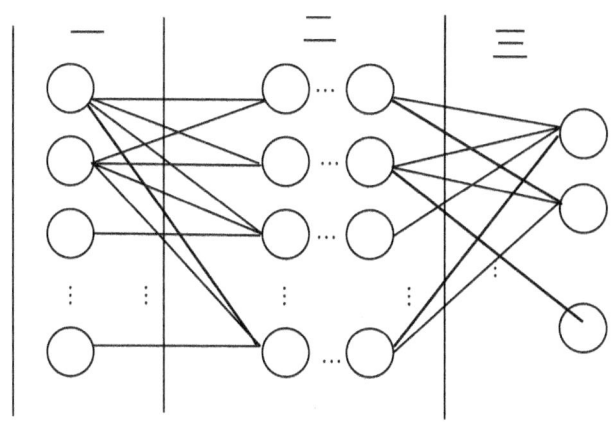

图 2-1　BP 神经网络基本模型

值,对输入变量作为状态响应而进行逐次误差修正,采取逼近的方式获得最终的实际变化规律。

神经网络是一种具有拓扑结构的有向图动态系统(图 2-2),由多个神经元通过某种非定性规则连接而成,通过向外界学习获得新知识并逐步提高自身能力。3 层的神经网络预测模型由输入层、隐含层、输出层构成,每层有多个节点,用于存储数据信息。BP 神经网络的运作包括两个部分:数据的正向输出与反复的误差反向输入修正权值。在不断的训练学习过程中建立了两者之间的非线性转换关系。

BP 神经网络模型是从仿生学的视角对生物系统的真实世界进行模拟预测,具有人脑的记忆功能、推理综合能力、并行信息处理功能和非线性映射能力,不需要利用任何先验规律。拥有良好的拟人脑特性是 BP 神经网络模型的优势。所以,它适用于从大量的、非确定性的、相互关系复杂的数据中进行分析、判断、推理、预测的问题进行研究,发现潜在的规律。但是,BP 神经网络模型法要利用大量的历史数据,这些数据的获得比较困难,操作过程也比较繁琐,故其长期预测效果并不是很好。[①]

[①] 韩晓庆. 基于 Leslie 模型中国未来人口策略模拟研究[D]. 东北财经大学,2012:18.

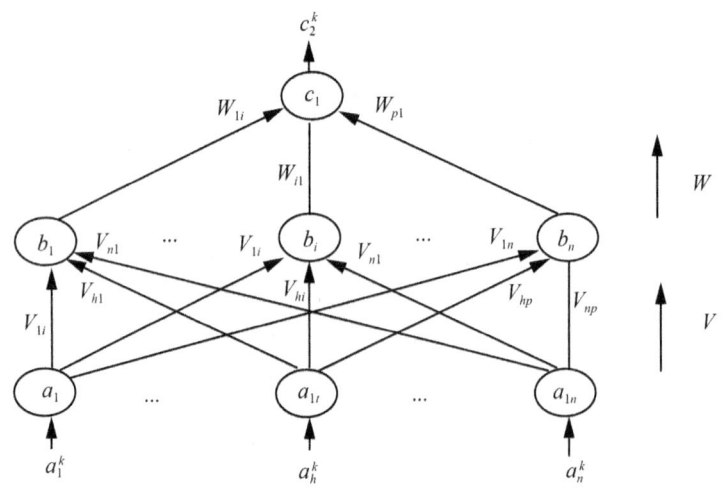

图 2-2　3 层 BP 神经网络拓扑图

六、Leslie 矩阵方程模型

Leslie 模型的基本出发点是：引起人口变动的三个基本因素主要是生育、死亡和迁移，从人口年龄分布角度看，人口数随年龄变动而变动，而人口年龄又随时间推移而改变，因此，人口数亦随着时间变动而变动；从未来人口的构成看，其人口数由现存人口和新增人口两部分组成。其模型的基本表达式为

$$P_{(t+1)} = A \cdot P_{(t)} + G_{(t)} \tag{2.9}$$

式中，$P_{(t+1)}$ 为预测年度的人口数；P_t 为预测基年的实际人口数；A 为存活率；$G_{(t)}$ 为预测基年净迁入人口数。

Leslie 矩阵模型的基本构造为

$$\begin{bmatrix} P_{0(t+1)} \\ P_{1(t+1)} \\ P_{2(t+1)} \\ P_{3(t+1)} \\ \vdots \\ P_{w-1(t+1)} \end{bmatrix} = \begin{bmatrix} B_0 & B_1 & B_2 & \cdots & B_{w-1} & B_{w-2} \\ S_0 & 0 & 0 & \cdots & 0 & 0 \\ 0 & S_1 & 0 & \cdots & 0 & 0 \\ 0 & 0 & S_2 & \cdots & 0 & 0 \\ \vdots & \vdots & \vdots & & \vdots & \vdots \\ 0 & 0 & 0 & \cdots & S_{w-2} & 0 \end{bmatrix} \cdot \begin{bmatrix} P_{0(t)} \\ P_{1(t)} \\ P_{2(t)} \\ P_{3(t)} \\ \vdots \\ P_{w-1(t)} \end{bmatrix} + \begin{bmatrix} g_{00} \\ g_0 \\ g_1 \\ g_2 \\ \vdots \\ P_{w-2} \end{bmatrix} \tag{2.10}$$

式中，B_x 为 x 岁妇女生育的小孩数，

$$B_x = S_{00} \cdot \delta f_x, \quad x = 0, 1, 2, \cdots, \omega - 1 \tag{2.11}$$

S_x 为 x 岁人口的存活率，

$$S_x = 1 - m_x, \quad x = 0, 1, 2, \cdots, \omega - 1 \tag{2.12}$$

P_x 为 x 岁的人口数，$x = 0, 1, 2, \cdots, \omega - 1$；$g_x$ 为 x 岁的净迁移人口数，$x = 00, 0, 1, \cdots, \omega - 2$；式(2.11)中 δ 为婴儿出生比，f_x 为 x 岁妇女之生育率。式(2.12)中 m_x 分布为体现预测期人口总死亡率水平条件下的按年龄分布。

式中，f_x 分布为控制目标要求下体现 TFR 水平的按年龄分布，即对 TFR 所含的 f_x 分布进行修正，也即修正生育率法：

$$某年龄目标生育率 = \frac{f_x \times \text{TFR}'}{\text{TFR}} \tag{2.13}$$

式中，f_X 为实际年龄别生育率；TFR′为目标总和生育率(即控制条件要求下的生育率水平)；TFR 为实际总和生育率。

七、Logistic 模型

Logistic 模型是在 Malthus 模型的基础上进行改进的，人口总量的长期变动趋势并非呈现直线增长，往往趋势线的变动区间以某一渐近点为极限，因此 Logistic 曲线在图形变化上表现为一条以某一水平横线为渐近线的指数曲线，类似横卧的英文字母"S"。Logistic 模型的基本方程如下：

$$P_t = \frac{p_m}{1 + Ae^{bt}} \tag{2.14}$$

式中，P_t 为 t 时刻的人口总量；P_m 为环境可承载的最大人口数；A、b 为参数。

对式(2-14)中议程各系统的估算方法为：首先将观察的数据平均分为三组，确定三个等距离的点，然后设起始时期的点为 x_0，中间的点为 x_1，接近末期的点为 x_2；令 y_0、y_1 和 y_2 分别为这三个相应时间点的对应值，则方程中的三个常数 A、b、P_m 可以通过下列公式求出：

$$p_m = \frac{2y_0 y_1 y_2 - y_1^2 (y_0 + y_2)}{y_0 y_2 - y_1^2} \tag{2.15}$$

$$A = \ln \frac{p_m - y_0}{y_0} \tag{2.16}$$

$$b = \frac{1}{n} \left(\ln \frac{y_0 (p_m - y_1)}{y_1 (p_m - y_0)} \right) \tag{2.17}$$

式中：n 为从 x_0 到 x_1，x_1 到 x_2 的年数；起始年 $x_0=0$；所有观察年份的时间 x 的间隔时间均相等。

Logistic 模型的拟合比上述其他几个方程都要复杂，而且需要获得相当长一段时期的人口数据才能求出系数值。由于这种曲线到后期呈现饱和状，其形状与长期人口的变化趋势接近，它能克服几何方程在长期预测时无抑制地增长下去的缺点，因此适宜用于长期预测。但部分学者认为逻辑斯蒂曲线不适宜移植用于人口预测，他们认为，由于逻辑斯蒂曲线所描述的数理变化过程是一条典型的"S"形曲线，其变化过程是："慢速变化—急速上升—再慢速变化"的过程。并不适宜于反映人口的发展变化过程。因为统计表明，人口的变化过程并不服从于逻辑斯蒂曲线所反映的变化规律。

八、灰色系统模型

灰色系统（Grey System）是邓聚龙先生于 20 世纪 80 年代初提出的数学理论。灰色系统介于白色系统与黑色系统之间，即该类系统既含有已知信息又含有未知信息。在社会经济生活中，有许多系统都属于灰色系统，人口经济系统就是一个典型的灰色系统。

从灰色系统中抽象出来的模型即灰色模型（Grey Model）。利用灰色模型进行预测即是通过鉴别系统各因素间发展趋势的相异程度，利用代表系统灰色特性的原始数值进行生成处理，寻找系统内部变化发展规律，然后建立相应的微分方程进行求解，预测出事物未来的发展趋势。

区域人口规模变动受多个要素的影响，很难在一般预测中囊括所有的影响因素，而灰色模型所需的信息较少，精度较高，因而在人口预测方面有其独特的优势。①

常用的灰色动态模型 GM(1, 1)模型虽然可以作为长期预测模型，但因为数据变化较大、统计年限不长等原因，真正具有实际意义、精度较高的预测值仅仅是最近的一两个数据，而其他更远的数据则只反映趋势值或称规划值，不具有很大的参考价值，因此采用修正了的"等维灰数递补动态预测"模型，其数学原理是：用已知数列建立的 GM(1, 1)模型预测得到第一个预测值（灰数），将其补充在已知数列之后，同时去掉其第一个已知数据，保持数据序列的等维，然后再建立 GM(1, 1)模型预测下一个值。如此进行，逐个预测，依

---

① 甘蓉蓉，陈娜姿. 人口预测的方法比较——以生态足迹法、灰色模型法及回归分析法为例[J]. 西北人口，2010，31(1)：57-60.

次递补,直至完成预测目的或达到一定的精度要求为止。建立模型步骤如下:

1. 给定原始数据序列

$$X^{(0)} = [X^{(0)}(1), X^{(0)}(2), \cdots, X^{(0)}(m)] \quad (2.18)$$

分别从 $X^{(0)}$ 序列中选取不同长度的连续数据作为子序列,确定任一子数据序列:

$$X_i^{(0)} = [X^{(0)}(1), X^{(0)}(2), \cdots, X^{(0)}(n)] \quad (2.19)$$

2. 对子数据序列作一次累加生成

$$X_t^{(1)} = [X^{(1)}(1), X^{(1)}(2), \cdots, X^{(1)}(n)]$$

$$X^{(1)}(t) = \sum_{k=1}^{t} X^{(0)}(k), \quad t = 1, 2, \cdots, n \quad (2.20)$$

3. 构造矩阵 B 与 Y

$$B = \begin{bmatrix} -\frac{1}{2}(X^{(1)}(2) + X^{(1)}(1)) & 1 \\ -\frac{1}{2}(X^{(1)}(3) + X^{(1)}(2)) & 1 \\ \vdots & \vdots \\ -\frac{1}{2}(X^{(1)}(n) + X^{(1)}(n-1)) & 1 \end{bmatrix} \quad (2.21)$$

$$Y_n = (X^{(0)}(2), X^{(0)}(3), \cdots, X^{(0)}(n)) \quad (2.22)$$

4. 用最小二乘法求解 $\hat{a}$

$$\hat{a} = \begin{bmatrix} a \\ u \end{bmatrix} = (B^T B)^{-1} B^T Y_n \quad (2.23)$$

5. 建立 $GM(1,1)$ 模型

$$\hat{X}^{(1)}(K+1) = \left[X^{(0)}(1) - \frac{u}{a} \right] e^{-ak} + \frac{u}{a} \quad (2.24)$$

6. 将 $\hat{X}^{(1)}$ 还原,得到人口预测模型

$$\hat{X}^{(0)}(k) = \hat{X}^{(1)}(k+1) - \hat{X}^{(1)}(k) \quad (2.25)$$

灰色模型建立后一般还需要采用残差检验或后验差检验。一般采用残差检验,通过检验判断误差变动是否平稳或均匀。

综上所述,目前常用的人口预测模型虽然较多,但不同的模型有不同的特点,各自的适用范围也不相同。例如,Logistic 模型(阻滞增长模型)主要用于描述人口的增长规律,考虑自然资源、环境条件等因素对人口连续增长的阻滞作用;灰色预测模型主要适用于信息量较少的人口预测;BP 神经网络人口预

测模型有很强的自学习、自适应能力，能够很好地表达出人口增长的非线性特性。上述模型均是针对人口总量进行预测，并不适用于对分年龄人口数量的预测。而 Leslie 模型则考虑人口学的相关参数，即人口的年龄结构以及出生率和死亡率等因素，并可以预测出各年龄段人口数量，而人口预测软件（CPPS）当中的生育模式是在最初就设定好的，中途不能改变。为此，本文选择使用 Leslie 矩阵模型进行湖北省人口老龄化趋势预测。

第三节　基于 Leslie 模型的湖北省人口老龄化趋势预测

一、人口预测方法的选择

Leslie 模型在未来人口年龄结构预测方面具有绝对的优势，应用 Leslie 模型对中国未来人口策略进行模拟研究，从未来人口规模和年龄结构预测的角度出发，模拟不同人口政策的方案，不但可以充实人口预测与拟定人口政策相结合这部分研究领域，还可以科学地预测未来中国人口的发展。另外，较其他预测方法而言，Leslie 矩阵方程预测方法的准确性较高，特别是对人口增长趋势做预测时精度较高，预测变量的描述也更加规范；同时该方法能够从现有少量的数据中发现和认识内在规律，做出较准确的预测。因此，本文选用 Leslie 矩阵方程预测方法对湖北省人口有关情况进行预测。

根据第六次人口普查结果，2010 年湖北省人口总数为 5723.77 万人，按照每五岁为一个年龄组，把 0~99 岁划分为 20 个年龄组，即 0~4 岁为第一组，5~9 岁为第二组，10~14 岁为第三组，100 岁以上为第 21 个年龄组。并设各年龄组人口构成的初始人口列向量为 $X(0) = [x_1(0), x_2(0), \cdots, x_{21}(0)]^T$，第 5t 年各年龄组人口构成的人口列向量为 $X(t) = [x_1(t), x_2(t), \cdots, x_{21}(t)]^T$，称 $x(t)$ 为人口状态向量，如果设所有年龄组女性人口占同一组总人口比例的系数向量为 $C = [c_1, c_2, \cdots, c_{21}]^T$，在 5t 年时，女性人口的列向量为 $CX(t) = [cx_1(t), cx_2(t), \cdots, cx_{21}(t)]^T$，在满足基本假设的前提下，各年龄组妇女在五年内的平均生育率向量为 $B = [b_1, b_2, \cdots, b_{21}]^T$。2010 年的总和生育率为 1340.75‰，设总生育率 R 范围为 $1 < R < 2.5$，按总和生育率的 a 倍进行计算，$a \in (0.8, 1.9)$，取 $B' = a[b_1, b_2, \cdots, b_{21}]^T$。把 t 阶段存活的全部新生儿划分到第 $t+1$ 阶段的第一龄组，并设各年龄组人口在五年期内的自然存活率向量为 $S = [s_1, s_2, \cdots, s_{21}]^T$。由于第 t 阶段 $k-1$ 年龄组的人存活到

第 $t+1$ 阶段就是 k 年龄组的人($k=2, 3, \cdots, 20$),且第21年龄组的人五年后存活下来的仍然属于第21年龄组。由此建立人口系统状态 $X(t)$ 关于离散时间变量 $t=1, 2, 3, \cdots, n$ 的状态方程组模型为

$$\begin{cases} x_1(t+1) = a\sum_{k=1}^{21} b_k c_k(t) x_k(t) \\ x_k(t+1) = s_{k-1} x_{k-1}(t) \\ x_{21}(t+1) = s_{20} x_{20}(t) + s_{21} x_{21}(t) \end{cases} \quad (2.26)$$

若引进系数矩阵

$$L(t) = \begin{bmatrix} ab_1c_1(t) & ab_2c_2(t) & \cdots & ab_{20}c_{20}(t) & ab_{21}c_{21}(t) \\ s_1 & & & & \\ & s_2 & & & \\ & & \ddots & & \\ & & & s_{20} & s_{21} \end{bmatrix}$$

则方程(2.26)可用矩阵形式表示成

$$X(t+1) = L(t)X(t), \quad t=1, 2, \cdots, n \quad (2.27)$$

式中,$L(t)$ 为 Leslie 矩阵。若以 2010 年的人口向量为初始向量 $X(0)$,把 $X(0)$ 代入方程(2.27)可依次求得 2020 年、2025 年等以后第 $5t$ 年的人口向量 $X(t)$ 的预测值。

二、湖北省各年龄段人口预测

根据湖北省第六次人口普查资料,人口总数 $X(0)$,人口年均死亡率,女性人口总数,女性在人口中所占比例 C,女性年生育率等数据如表2-1所示。

表2-1　湖北省2010年各年龄组人口、死亡率与育龄妇女生育率

编号	年龄组	年均死亡率‰	人口总数 $X(0)$	女性人口	女性比重 C	年生育率‰
1	0~4 岁	1.16	2980050	1333275	0.4474	0
2	5~9 岁	0.25	2461063	1099219	0.4466	0
3	10~14 岁	0.27	2522695	1115999	0.4424	0
4	15~19 岁	0.31	4806737	2246474	0.4674	5.75

续表

编号	年龄组	年均死亡率‰	人口总数 $X(0)$	女性人口	女性比重 C	年生育率‰
5	20~24岁	0.46	5584166	2789862	0.4996	80.31
6	25~29岁	0.56	4019964	2035461	0.5063	91.88
7	30~34岁	0.7	3918104	1941852	0.4956	48.32
8	35~39岁	1.07	4857877	2392046	0.4924	21.62
9	40~44岁	1.59	5616356	2753667	0.4903	10.72
10	45~49岁	2.41	5108599	2497632	0.4889	9.55
11	50~54岁	3.85	3699126	1805725	0.4881	0
12	55~59岁	5.64	3689032	1806642	0.4897	0
13	60~64岁	9.72	2772064	1343797	0.4848	0
14	65~69岁	16.6	1923354	941145	0.4893	0
15	70~74岁	30.99	1428361	717804	0.5025	0
16	75~79岁	50.46	1043510	550248	0.5273	0
17	80~84岁	87	516297	290166	0.5620	0
18	85~89岁	125.17	222701	139688	0.6272	0
19	90~94岁	176.1	53062	35940	0.6773	0
20	95~99岁	164.6	13783	9209	0.6681	0
21	100岁及以上	494.2	826	629	0.7615	0

设第 k 组人口年平均死亡率为 μ_k，单位时间 dt 内的死亡人数与人口总数 $x_k(t)$ 成正比，则有 $dx_k(t)/dt = -\mu_k x_k(t)$，解此常微分方程易得到五年的人口存活率为 $s_k = e^{-5\mu k}$。当第 k 组育龄妇女的年平均生育率为 f_k 时，五年的平均生育率就是 $b_k = 5f_k$。计算可得以五年为一个单位时间的人口存活率和平均生育率向量：S = [0.9942, 0.9988, 0.9987, 0.9985, 0.9977, 0.9972, 0.9965, 0.9947, 0.9921, 0.9880, 0.9809, 0.9722, 0.9526, 0.9204, 0.8565, 0.7770, 0.6473, 0.5348, 0.4146, 0.4391, 0.0845]；B = [0, 0, 0, 0.4016, 0.4594, 0.2416, 0.1081, 0.0536, 0.0478, 0, 0, 0, 0, 0, 0, 0, 0]。把向量 S，B 和向量 C 的值全部带入方程(2.26)中，按不同的总生育率水平运用

Matlab 软件编程,应用式(2.27)不断迭代,就可以得到 2015,2020,…,2060 年的湖北省总人口及分年龄人口的预测值。

(1)方案一,在 $a=0.8$,即 $R=0.8\times1340.75‰$,每对夫妇只生一个孩子时,得到湖北省总人口及分年龄人口的预测值,见表 2-2。

表 2-2　　　　　　$a=0.8$ 时湖北省分年龄人口预测结果　　　　　　万人

年份	2015	2020	2025	2030	2035	2040	2045	2050	2055	2060
总人口	5830.90	5907.44	5900.58	5800.70	5636.12	5414.11	5140.27	4823.11	4476.27	4117.32
0~4 岁	249.19	259.02	219.48	174.10	158.72	151.30	141.79	130.02	115.18	100.90
5~9 岁	296.28	247.74	257.52	218.21	173.09	157.80	150.42	140.97	129.26	114.51
10~14 岁	245.81	295.92	247.44	257.21	217.95	172.88	157.61	150.24	140.80	129.11
15~19 岁	251.94	245.49	295.54	247.12	256.88	217.66	172.66	157.40	150.05	140.61
20~24 岁	479.95	251.56	245.12	295.09	246.75	256.49	217.34	172.40	157.17	149.82
25~29 岁	557.13	478.85	250.99	244.56	294.41	246.18	255.90	216.84	172.00	156.81
30~34 岁	400.87	555.57	477.51	250.28	243.87	293.59	245.49	255.18	216.23	171.52
35~39 岁	390.44	399.47	553.63	475.84	249.41	243.02	292.56	244.64	254.29	215.47
40~44 岁	483.21	388.37	397.35	550.69	473.31	248.08	241.73	291.01	243.34	252.94
45~49 岁	557.20	479.40	385.30	394.21	546.34	469.58	246.12	239.82	288.71	241.42
50~54 岁	504.73	550.51	473.64	380.68	389.48	539.79	463.94	243.17	236.95	285.25
55~59 岁	362.85	495.09	540.00	464.60	373.41	382.04	529.48	455.08	238.53	232.42
60~64 岁	358.65	352.76	481.33	524.99	451.68	363.03	371.42	514.76	442.43	231.90
65~69 岁	264.07	341.65	336.04	458.51	500.10	430.27	345.82	353.82	490.36	421.46
70~74 岁	177.03	243.05	314.45	309.29	422.01	460.29	396.02	318.29	325.65	451.33
75~79 岁	122.34	151.62	208.17	269.33	264.91	361.45	394.24	339.19	272.62	278.92
80~84 岁	81.08	95.06	117.81	161.75	209.27	205.83	280.85	306.33	263.55	211.82

续表

年份	2015	2020	2025	2030	2035	2040	2045	2050	2055	2060
85~89岁	33.42	52.48	61.53	76.26	104.70	135.46	133.24	181.79	198.28	170.60
90~94岁	11.91	17.87	28.07	32.91	40.78	55.99	72.44	71.25	97.22	106.04
95~99岁	2.20	4.94	7.41	11.64	13.64	16.91	23.21	30.04	29.54	40.31
100岁以上	0.61	1.02	2.25	3.44	5.40	6.45	7.97	10.87	14.11	14.16

根据以上预测结果，计算出相应的人口老龄化的有关指标值，见表 2-3 及图 2-3。

表 2-3 　　湖北省老龄化有关指标预测结果（$a=0.8$）

指标	2015	2020	2025	2030	2035	2040	2045	2050	2055	2060
人口总数(万人)	5830.90	5907.44	5900.58	5800.70	5636.12	5414.11	5140.27	4823.11	4476.27	4117.32
60岁以上人口(万人)	1051.30	1260.45	1557.06	1848.11	2012.50	2035.69	2025.22	2126.33	2133.76	1926.54
65岁以上人口(万人)	692.65	907.69	1075.74	1323.12	1560.82	1672.66	1653.80	1611.58	1691.34	1694.64
80岁以上人口(万人)	129.22	171.37	217.07	285.99	373.80	420.64	517.71	600.28	602.71	542.94
0~14岁所占比例(%)	13.57	13.59	12.28	11.20	9.75	8.90	8.75	8.73	8.61	8.37
60岁以上所占比例(%)	18.03	21.34	26.39	31.86	35.71	37.60	39.40	44.09	47.67	46.79
65岁以上所占比例(%)	11.88	15.37	18.23	22.81	27.69	30.89	32.17	33.41	37.78	41.16
80岁以上所占比例(%)	2.22	2.90	3.68	4.93	6.63	7.77	10.07	12.45	13.46	13.19
老年人口负担系数(%)	15.93	21.64	26.23	34.56	44.27	51.32	54.46	57.76	70.48	81.55

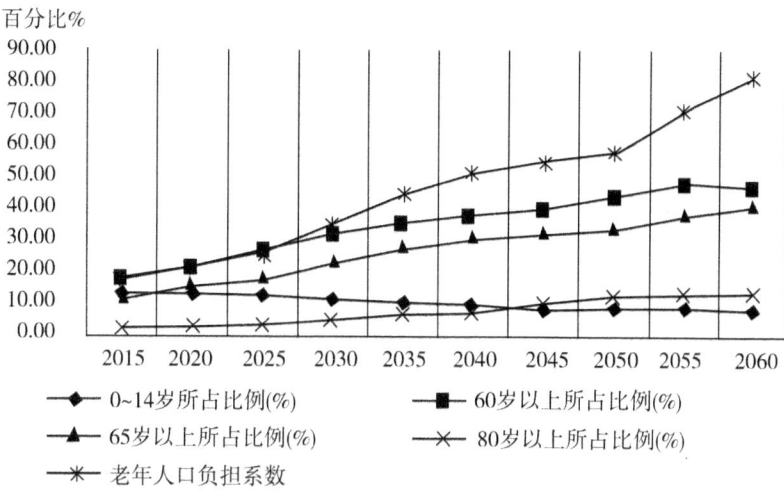

图 2-3 湖北省人口老龄化有关指标预测情况（$a=0.8$）

（2）方案二，在 $a=1.2$，即 $R=1.2\times1340.75‰$，每对夫妇生 1~2 个孩子时，得到湖北省总人口及分年龄人口的预测值，见表 2-4。

表 2-4　　　　　　　　$a=1.2$ 时湖北省分年龄人口预测结果　　　　　　　　万人

年份	2015	2020	2025	2030	2035	2040	2045	2050	2055	2060
总人口	5955.49	6160.82	6262.80	6249.02	6164.81	6049.03	5911.44	5738.00	5524.35	5284.73
0~4 岁	373.78	388.53	329.22	261.15	240.07	258.73	279.67	275.94	251.23	223.97
5~9 岁	296.28	371.61	386.28	327.31	259.64	238.68	257.23	278.05	274.34	249.77
10~14 岁	245.81	295.92	371.17	385.81	326.92	259.33	238.39	256.92	277.72	274.01
15~19 岁	251.94	245.49	295.54	370.68	385.31	326.49	258.99	238.08	256.59	277.36
20~24 岁	479.95	251.56	245.12	295.09	370.13	384.74	326.00	258.60	237.73	256.20
25~29 岁	557.13	478.85	250.99	244.56	294.41	369.28	383.85	325.25	258.01	237.18
30~34 岁	400.87	555.57	477.51	250.28	243.87	293.59	368.24	382.78	324.34	257.28
35~39 岁	390.44	399.47	553.63	475.84	249.41	243.02	292.56	366.95	381.44	323.21
40~44 岁	483.21	388.37	397.35	550.69	473.31	248.08	241.73	291.01	365.01	379.41
45~49 岁	557.20	479.40	385.30	394.21	546.34	469.58	246.12	239.82	288.71	362.12

续表

年份	2015	2020	2025	2030	2035	2040	2045	2050	2055	2060
50~54岁	504.73	550.51	473.64	380.68	389.48	539.79	463.94	243.17	236.95	285.25
55~59岁	362.85	495.09	540.00	464.60	373.41	382.04	529.48	455.08	238.53	232.42
60~64岁	358.65	352.76	481.33	524.99	451.68	363.03	371.42	514.76	442.43	231.90
65~69岁	264.07	341.65	336.04	458.51	500.10	430.27	345.82	353.82	490.36	421.46
70~74岁	177.03	243.05	314.45	309.29	422.01	460.29	396.02	318.29	325.65	451.33
75~79岁	122.34	151.62	208.17	269.33	264.91	361.45	394.24	339.19	272.62	278.92
80~84岁	81.08	95.06	117.81	161.75	209.27	205.83	280.85	306.33	263.55	211.82
85~89岁	33.42	52.48	61.53	76.26	104.70	135.46	133.24	181.79	198.28	170.60
90~94岁	11.91	17.87	28.07	32.91	40.78	55.99	72.44	71.25	97.22	106.04
95~99岁	2.20	4.94	7.41	11.64	13.64	16.91	23.21	30.04	29.54	40.31
100岁以上	0.61	1.02	2.25	3.44	5.40	6.45	7.97	10.87	14.11	14.16

根据以上预测结果，计算出相应的人口老龄化的有关指标值，见表2-5及图2-4。

表2-5　　湖北省老龄化有关指标预测结果（$a=1.2$）

年份	2015	2020	2025	2030	2035	2040	2045	2050	2055	2060
人口总数（万人）	5955.49	6160.82	6262.80	6249.02	6164.81	6049.03	5911.44	5738.00	5524.35	5284.73
60岁以上人口（万人）	1051.30	1260.45	1557.06	1848.11	2012.50	2035.69	2025.22	2126.33	2133.76	1926.54
65岁以上人口（万人）	692.65	907.69	1075.74	1323.12	1560.82	1672.66	1653.80	1611.58	1691.34	1694.64
80岁以上人口（万人）	129.22	171.37	217.07	285.99	373.80	420.64	517.71	600.28	602.71	542.94
0~14岁所占比例(%)	15.38	17.14	17.35	15.59	13.41	12.51	13.12	14.13	14.54	14.15
60岁以上所占比例(%)	17.65	20.46	24.86	29.57	32.64	33.65	34.26	37.06	38.62	36.45

续表

年份	2015	2020	2025	2030	2035	2040	2045	2050	2055	2060
65岁以上所占比例(%)	11.63	14.73	17.18	21.17	25.32	27.65	27.98	28.09	30.62	32.07
80岁以上所占比例(%)	2.17	2.78	3.47	4.58	6.06	6.95	8.76	10.46	10.91	10.27
老年人口负担系数(%)	15.93	21.62	26.24	33.48	41.32	46.21	47.49	48.61	55.82	59.62

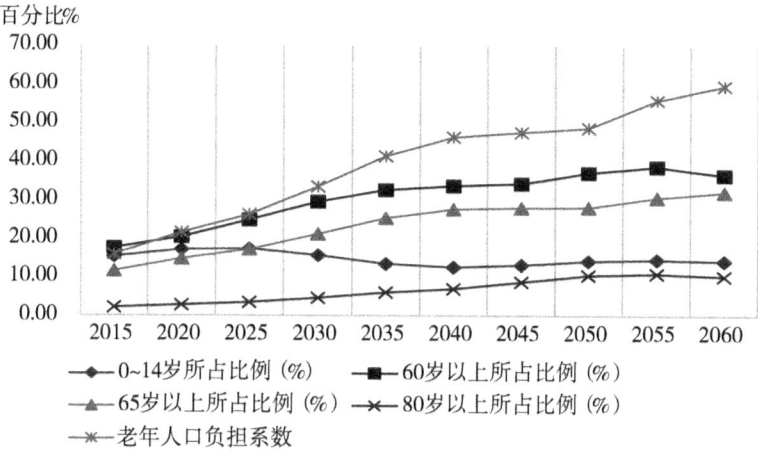

图 2-4　湖北省人口老龄化有关指标预测情况（$a = 1.2$）

（3）方案三，在 $a = 1.6$，即 $R = 1.6 \times 1340.75‰$，每对夫妇生两个孩子时，得到湖北省总人口及分年龄人口的预测值，见表2-6。

表2-6　　　　　　　　$a=1.6$ 时湖北省分年龄人口预测结果　　　　　　　万人

年份	2015	2020	2025	2030	2035	2040	2045	2050	2055	2060
总人口	6080.09	6414.20	6625.02	6697.35	6694.83	6706.47	6673.60	6612.70	6597.90	6631.26
0~4岁	498.37	518.04	438.96	348.20	322.76	387.35	396.32	393.42	426.33	460.87
5~9岁	296.28	495.48	515.04	436.42	346.19	320.89	437.07	394.02	391.14	423.86

续表

年份	2015	2020	2025	2030	2035	2040	2045	2050	2055	2060
10~14 岁	245.81	295.92	494.89	514.42	435.89	345.77	472.46	436.55	393.55	390.67
15~19 岁	251.94	245.49	295.54	494.24	513.75	435.32	458.39	471.85	435.98	393.04
20~24 岁	479.95	251.56	245.12	295.09	493.50	512.98	383.56	457.70	471.14	435.33
25~29 岁	557.13	478.85	250.99	244.56	294.41	492.37	318.87	382.68	456.65	470.06
30~34 岁	400.87	555.57	477.51	250.28	243.87	293.59	343.05	317.98	381.61	455.37
35~39 岁	390.44	399.47	553.63	475.84	249.41	243.02	430.94	341.85	316.86	380.28
40~44 岁	483.21	388.37	397.35	550.69	473.31	248.08	505.89	428.66	340.03	315.18
45~49 岁	557.20	479.40	385.30	394.21	546.34	469.58	482.83	501.89	425.27	337.35
50~54 岁	504.73	550.51	473.64	380.68	389.48	539.79	285.25	477.04	495.87	420.17
55~59 岁	362.85	495.09	540.00	464.60	373.41	382.04	232.42	279.80	467.93	486.40
60~64 岁	358.65	352.76	481.33	524.99	451.68	363.03	231.90	225.96	272.02	454.92
65~69 岁	264.07	341.65	336.04	458.51	500.10	430.27	421.46	220.90	215.25	259.13
70~74 岁	177.03	243.05	314.45	309.29	422.01	460.29	451.33	387.91	203.32	198.11
75~79 岁	122.34	151.62	208.17	269.33	264.91	361.45	278.92	386.56	332.24	174.14
80~84 岁	81.08	95.06	117.81	161.75	209.27	205.83	211.82	216.72	300.36	258.15
85~89 岁	33.42	52.48	61.53	76.26	104.70	135.46	170.60	137.11	140.28	194.42
90~94 岁	11.91	17.87	28.07	32.91	40.78	55.99	106.04	91.24	73.33	75.02
95~99 岁	2.20	4.94	7.41	11.64	13.64	16.91	40.31	43.97	37.83	30.40
100 岁以上	0.61	1.02	2.25	3.44	5.40	6.45	14.16	18.90	20.90	18.38

根据以上预测结果，计算出相应的人口老龄化的有关指标值，见表2-7及图2-5。

表 2-7　　　　　　湖北省老龄化有关指标预测结果($a=1.6$)

年份	2015	2020	2025	2030	2035	2040	2045	2050	2055	2060
人口总数(万人)	6080.09	6414.20	6625.02	6697.35	6694.83	6706.47	6673.60	6612.70	6597.90	6631.26
60岁以上人口(万人)	1051.30	1260.45	1557.06	1848.11	2012.50	2035.69	1926.54	1729.26	1595.53	1662.68
65岁以上人口(万人)	692.65	907.69	1075.74	1323.12	1560.82	1672.66	1694.64	1503.31	1323.51	1207.76
80岁以上人口(万人)	129.22	171.37	217.07	285.99	373.80	420.64	542.94	507.93	572.70	576.38
0~14岁所占比例(%)	17.11	20.41	21.87	19.40	16.50	15.72	19.57	18.51	18.35	19.23
60岁以上所占比例(%)	17.29	19.65	23.50	27.59	30.06	30.35	28.87	26.15	24.18	25.07
65岁以上所占比例(%)	11.39	14.15	16.24	19.76	23.31	24.94	25.39	22.73	20.06	18.21
80岁以上所占比例(%)	2.13	2.67	3.28	4.27	5.58	6.27	8.14	7.68	8.68	8.69
老年人口负担系数(%)	15.93	21.62	26.24	32.47	38.74	42.03	46.14	38.69	32.57	29.12

三、湖北省人口老龄化趋势预测结果的比较

比较三种方案预测结果可以发现，在 2015 年至 2060 年期间，方案一和方案二中老龄化人口比例呈上升趋势，但方案二中后期上升趋势渐缓，而方案三中老龄化人口比例先上升后下降，老龄化率在 2045 年达到峰值 25.39%，2060年降低至 18.21%。其中，80 岁以上人口所占比例出现增长，从 2015 年的 2.13%增长到 2060 年的 8.69%，增加了 3 倍左右。老年抚养比与老龄化率具有相同变化趋势，但变化程度更大，在 2045 年达到峰值 46.14%，2060 年降低至 29.12%，2045 年之后得到一定控制，且可能会继续降低，社会老龄化压力有所缓解。这给予我们一定的政策启示，即应抓紧落实全面二胎政策，未来还可以全面放开生育，以减轻社会老龄化压力。关于这个问题留在本书最后一章对策中讨论。

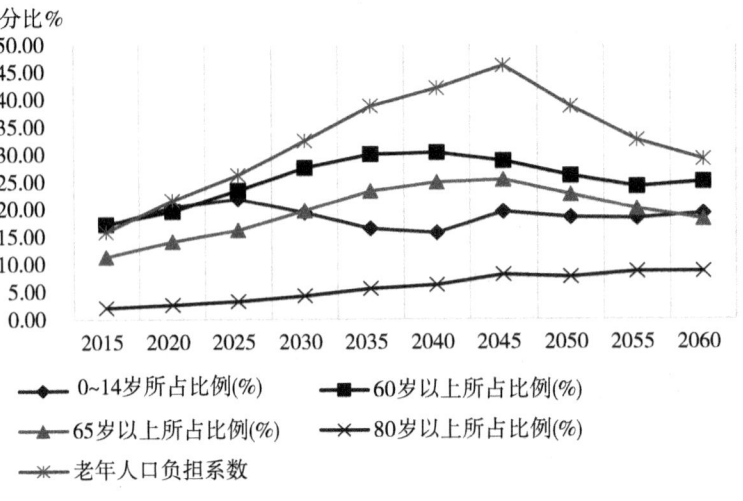

图 2-5　湖北省人口老龄化有关指标预测情况（$a = 1.6$）

根据方案二，即每个夫妇生 1~2 个孩子，在未来 45 年中老龄化率和老年抚养尽管均趋于上升，但 2055 年后增速明显放缓。老龄化率在 2035 年达到 25.32%，相当于方案三老龄化率在 2045 年达到的峰值。2060 年达到 32.07%，进入超老龄化社会。老年抚养比 2060 年达到 59.62%，意味着每 10 个 15~64 岁的劳动力需要负担接近 6 个 65 岁以上的老年人，此时社会发展会受到老龄化压力的严重制约。而且 80 岁以上人口所占比例从 2015 年的 2.17%增长到 2060 年的 10.27%，提高了接近 4 倍，人口高龄化问题也非常严重。而在方案三中，老龄化率和老年抚养比均在 2045 年达到峰值，峰值分别为 25.39%和 46.14%，之后开始下降，至 2060 年分别为 18.21%和 29.12%，不仅各老龄化指标数值比方案二要小，而且老龄化率和老年抚养比达到峰值之后均开始下降。其次，80 岁及以上人口比例总体上增长，2060 年达到 8.69%，但增长幅度比方案二小得多。

尽管从预测结果初步可以判断实施全面二胎政策，推进积极鼓励生育的方案是缓解人口老龄化的良好措施，但近年来国家虽然全面放开了二胎政策，促进了生育率的提升；但同时存在计划生育政策造成的生育年龄人口因赡养压力大而选择不生育或者只生一胎的情况，再加上人们生育观念的转变、养育孩子的机会成本的上升等因素，并非大多数夫妇选择生育二胎。从预测结合客观分析，也可以得出此结论，如表 2-8 所示。

表 2-8　　　　　　　　　**2015 年实际值与预测值的比较**

指标	人口数（万人）	人口绝对差	0~14 岁人口比例	65 岁及以上人口比例	老年人口负担系数
2015 年实际	5851.5	0	15.18	11.23	15.26
方案一预测	5830.9	-20.6	13.57	11.88	15.93
方案二预测	5955.49	103.99	15.38	11.63	15.93
方案三预测	6080.09	228.59	17.11	11.39	15.93

从表 2-8 可知，将三种方案对 2015 年预测值与 2015 年实际值比较，就总人口而言，尽管方案一与实际值 5851.5 万人绝对差值比较接近，但 0~14 岁人口比重和 65 岁及以上人口比例的预测结果明显逊色于方案二。就湖北省社会实际来看，选择生育二胎的家庭并不太多，再加上方案三的预测结果与实际相差较远，因此本文认为方案二的预测结果较为可信，故在后面相关章节的数据运用时以方案二的预测结果为参考。

第三章　人口年龄结构与经济增长相关理论

　　人口与经济发展之间关系的研究成果浩如烟海。威廉·配第有"劳动是财富之父，土地是财富之母"的人口与财富关系的著名论断；魁奈从人口总量与消费的关系出发，论述了人口增长有超过生活资料增长倾向的观点；亚当·斯密在其1776年的《国民财富的性质和原因的研究》中阐述了关于人口增长与社会财富增长关系的思想；大卫·李嘉图在其代表作《政治经济学及赋税原理》中也论述了资本与人口之间关系的思想；而马尔萨斯更是以"论人口原理和它对于社会将来的影响"为题，集中讨论了人口数量与生活资料之间的关系。

　　自20世纪末起，人们不但关心人口总量对经济总量的影响，而且开始注意到人口年龄结构的变化、人口红利、人口迁移等理论及其对经济增长的影响。这方面的理论主要有人口转变理论、人口红利理论、人口迁移理论、消费储蓄理论及经济增长理论等。

第一节　人口转变理论

　　人口转变理论（Demography Transition Theory）亦称为人口过渡论或人口演变论，20世纪初产生于西欧，盛行于20世纪60年代。在这个理论的研究中，最具有代表性的有法国学者阿道夫·兰德里（Adolph Landry）、美国学者沃伦·汤普森（Warren Thompson）和英国人口学家布莱克（Charles Blacker）、金德尔伯格和赫里克（C. P. Kindleberger & B. Herrick，1958）等。1953年美国人口经济学家诺特斯坦（Frank Notestein）在前人研究的基础上提出了人口转变的四阶段理论模型，标志着人口转变理论体系的成熟。

一、兰德里的三阶段模型

　　兰德里早在1909年就提出了人口转变三阶段的思想。1934年，在其《人口革命》中系统阐述了这种想法，他依据西欧国家的人口统计数据，纵向对比分析了各个国家人口出生率和死亡率的变动,得出了人口经历了一个从高出生率、高死亡率到低出生率、低死亡率的转变过程的结论,并对这个过程的不同阶段进行了分类和系统描述。这也是以后人口转变理论研究的核心问题。

兰德里将这个人口转变过程主要划分为三个阶段(图3-1):①生育没有节制的自然生育阶段:这一阶段人口变化的主要特征就是高出生率、高死亡率。这一时期生产力水平低下、经济增长缓慢。这时候的生育率是自然的、不受人的思想或其他方面影响的,生活资料匮乏,医疗条件不足,决定了人口处于高出生率、高死亡率、低自然增长率。②婚姻限制的中期阶段:这一阶段人口变化的主要特征就是生育率大于死亡率,但生育率和死亡率都有降低的现象。这一时期社会经济逐步发展,人们的生活水平逐渐提高,医疗水平逐渐改善,人们更多地开始考虑如何提高自己的生活水平,越来越多的人开始晚婚晚育或者不婚,所以这一阶段的出生率较第一阶段有所降低,死亡率也逐渐降低,从而影响这一时期的人口增长。③限制婚姻内生育阶段:这一阶段的人口转变的主要特征是低生育率、低死亡率。这一时期社会经济发展到一个较高阶段,医疗服务水平完备,人们追求更高的生活水平,生育观念也发生了根本的变化,因此这一阶段出生率低下,死亡率也低下。综合分析这三个阶段,前两个阶段被称为均衡化阶段,最后一阶段被称为人口的不均衡阶段,这一时期,人口甚至会出现负增长。①

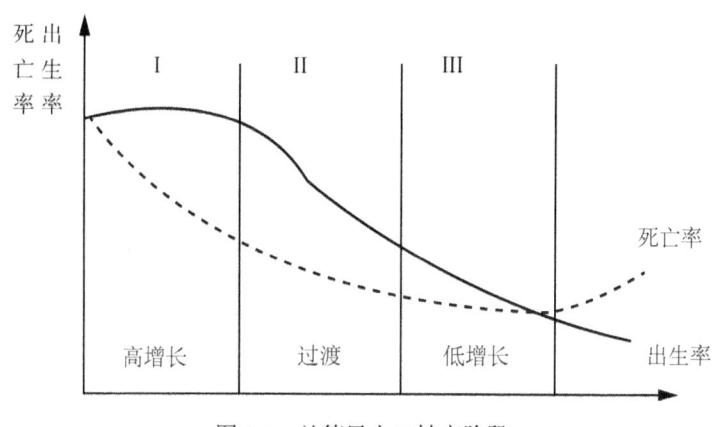

图3-1 兰德里人口转变阶段

---

① 黄玉敏.湖北省人口年龄结构对经济增长的影响及对策研究[D].武汉理工大学,2014.

但是，值得注意的是，兰德里的理论是以法国的实际统计资料为出发点进行统计描述的，他描述和区分这三个阶段并不一定适用于所有的国家和地区，于是在兰德里的基础上，美国学者汤普森（Warren Thompson）将这个描述推广到世界各国的人口转变规律研究中。

二、汤普森的人口增长三类模型

1929年，美国社会学家、人口学家汤普森在其著作《人口问题》一书中，将兰德里的人口转变论应用到欧洲以外的地区。在整理、研究了世界各国20年左右的人口数据之后，从世界人口出生率、死亡率、经济发展和生活水平等变化中，将世界人口发展划分为三类地区，体现了人口发展的三个阶段。①第一类国家是高出生率、高死亡率国家，这类国家的主要就是经济社会发展缓慢、生产力水平比较低下的国家，比如亚洲、非洲、南美洲等地区；②第二类是出生率、死亡率均下降，但是出生率下降低于死亡率下降的国家，这些国家主要是经济社会逐步发展，人们对生活的要求逐步提高，医疗水平逐步提高的国家，比如西班牙、意大利和中欧等国家；③第三类是低出生率、低死亡率、低人口增长率的国家，这些国家主要是经济社会已经发展到比较高的阶段，人们对生活水平提出了更高的标准，医疗服务水平已经逐步完善的国家。汤普森（Warren Thompson）的研究成果把只适用于法国的人口转变理论推广到了世界各国。

三、诺特斯坦的四阶段模型

系统地论述了人口转变的条件、原因和理论，明确提出"人口转变理论"的是美国人口学家诺特斯坦，他将汤普森理论中的三类空间性增长模式重新进行了时间上的定义，在他1945年发表的《人口——长远观点》中，系统归纳了不同经济发展水平的人口转变"三阶段说"。①第一阶段是人口的出生率以及死亡率均较高，但是由于人口死亡率的变动幅度更大，导致人口的自然增长更多地受到人口死亡率的影响；②第二阶段是处于转变中的人口，出生率和死亡率都已开始下降，但死亡率下降的速度更快，造成人口的自然增长率上升，且人口的年龄结构也相继发生了变化；③第三阶段是出生率和死亡率都保持在较低水平，但是生育率波动幅度要大于死亡率，甚至出现出生率已经下降至更替水平或低于更替水平，人口的自然增长处于较低的水平。且第二阶段出生的孩子相继进入老年，老年比重上升，伴随而来的老龄化问题也变得越发严重。后续大量研究均是建立在上述理论的基础之上的，比较有代表性的如布莱克

(Charles Blacker)的五阶段理论、金德尔伯格和赫里克(C. P. Kindleberger & B. Herrick，1958)的人口转变的四阶段理论等。

图3-2为诺特斯坦的三阶段人口转变图。在第二阶段，由于出生率下降滞后于死亡率，人口自然增长率也提高较快，形成一个"婴儿潮"，少儿抚养比快速提升。而随后生育率持续下降，人口年龄结构逐渐发生变化。在第三阶段中，死亡率逐渐下降并保持在较低水平，生育率下降至更替水平以下甚至更低水平。"婴儿潮"出生孩子进入老年，社会中的老年人比重上升，老年抚养比不断提高。人口老龄化现象越来越严重。

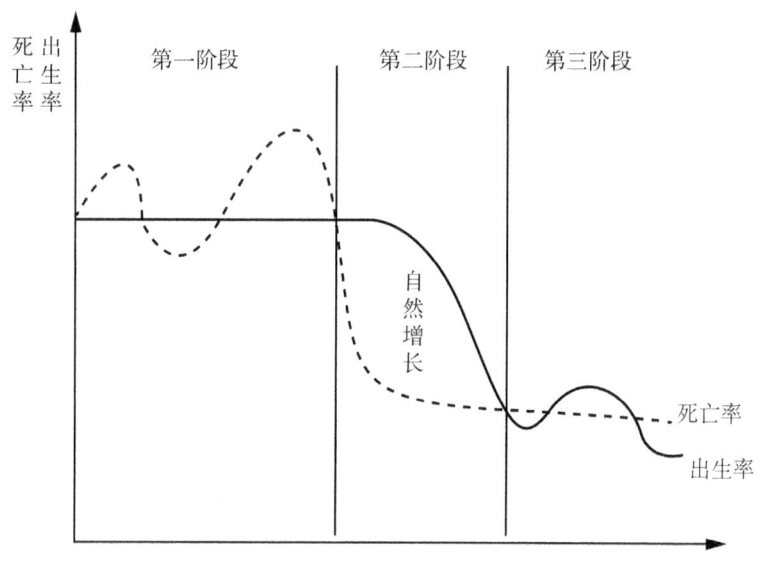

图3-2 诺特斯坦的人口转变三阶段模型

1953年，诺特斯坦在其著作《人口变动的经济问题》中将人口转变分为四个阶段：①第一阶段为前工业化阶段，高出生率、高死亡率，但死亡率上下波动，人口自然增长率低；②第二阶段为初步工业化阶段，死亡率开始下降，出生率基本不变，人口自然增长率上升；③第三阶段为进一步工业化阶段，死亡率继续下降，出生率开始下降，但下降速度慢于死亡率，人口自然增长率仍然很高；④第四阶段为后工业化时期，就是现代社会(指发达资本主义国家)，死亡率和出生率都降到很低的水平，人口自然增长率很低，甚至为零或负数。

西方人口学界一些人认为，诺特斯坦把人口转变论推进到一个新的阶段，称他为人口转变论的完成者。

四、布莱克的五阶段模型

英国人口经济学家布莱克 1947 年出版了《人口发展的阶段》，提出了人口转变的五阶段模型，将人口的进化过程分为五个阶段：高位静止（High Stationary）阶段、初期增长（Early Expanding）阶段、后期增长（Late Expanding）阶段、低位静止（Low Stationary）阶段、减退（Diminishing）阶段。① 如图 3-3 所示，在高位静止阶段，出生率和死亡率在高水平上达到均衡，人口增长处于静止阶段；在初期增长阶段，由于经济发展水平有了提高，死亡率逐渐下降，出生率依然维持在高水平上，于是人口增长率逐渐加速，最终达到最高增长率；在后期增长阶段，由于经济进一步发展，死亡率继续下降，出生率也出现下降，人口增长速度减缓；在低位静止阶段，出生率和死亡率在低水平上重新达到均衡，人口增长达到初始阶段的静止状态；在减退阶段，出生率继续下降，并开始低于死亡率水平，人口开始出现绝对减少的现象。

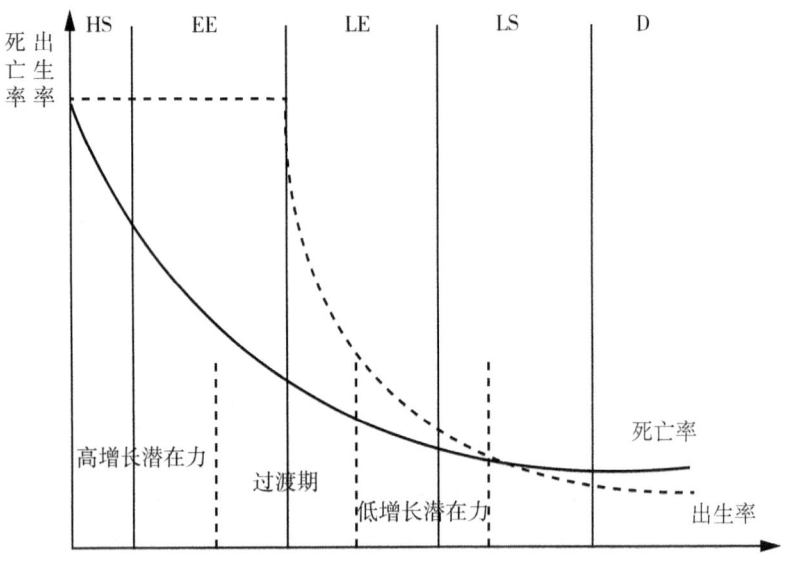

图 3-3　布莱克的五阶段人口转变模型

---

① 黄玉敏. 湖北省人口年龄结构对经济增长的影响及对策研究［D］. 武汉：武汉理工大学，2014.

五、金德伯克和赫里克的四阶段模型

1958年，金德伯克和赫里克在其《经济发展》一书中提出了与经济发展密切相关的人口转变"四阶段说"，见图3-4。①第一阶段出生率和死亡率都很高，死亡率波动比较大，人口再生产也体现出一定的波动性；②第二阶段由于经济得到发展，医疗卫生水平逐渐上升，死亡率开始下降，而出生率维持在较高的水平，使人口增长率呈现上升的态势。③第三阶段死亡率继续下降，但下降的速度趋缓，而出生率开始呈现下降的趋势，人口增长率仍然比较高。④第四阶段随着经济的快速发展，出生率和死亡率达到均衡，人口增长率接近于零。

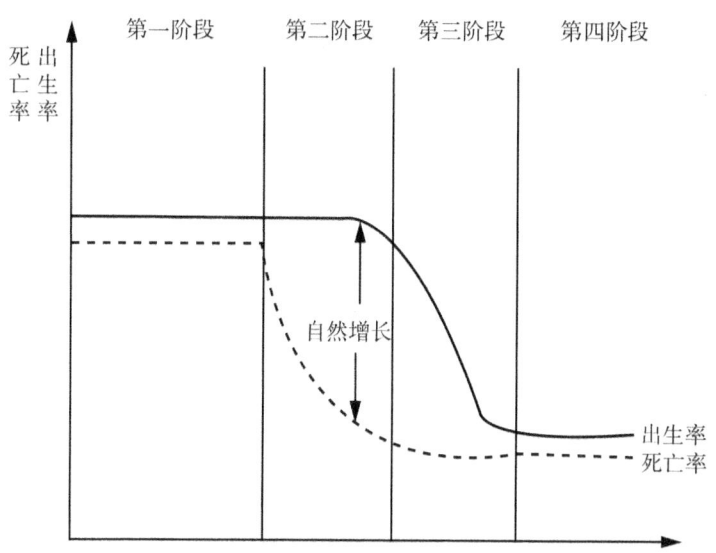

图 3-4　金德伯克和赫里克的四阶段人口转变模型

之后，还有一些学者对人口转变理论进行了补充和完善所有这些理论模型的基本观点都非常的相似，从根本上说，所谓的人口转变是指人口从传统的再生产类型逐步向现代再生产类型的转变过程。

第二节　消费储蓄理论

人口老龄化必须考虑的一个问题是养老，养老是一种消费行为，因此，研

究相关消费-储蓄理论很有必要。

一、不考虑未来预期的消费理论

(一)凯恩斯消费-储蓄理论

凯恩斯的消费和储蓄理论(1936,Keynes)是现代消费理论的起点,其理论核心是储蓄和消费取决于可支配收入。这一理论是凯恩斯在《就业、利息和货币通论》中提出的,它以绝对收入假说为基础。凯恩斯认为,在短期内,消费者根据其现期收入水平的多少进行消费。随着收入的增加,人们用于消费的支出也会相应增加,但消费支出增加幅度小于收入增长幅度,即边际消费倾向MPC(Marginal Propensity to Consume,边际消费倾向是消费增量与收入增量的比值)小于1,换句话说,就是随着收入的增加,消费者不是把更多的钱用于消费而是用于储蓄,从而造成投资乘数K(投资乘数$K=1/(1-$边际消费倾向$)$)的作用减弱,其消费函数可以表示为

$$C_t = \alpha + \beta Y_t \tag{3.1}$$

式中,C_t表示总消费。Y_t表示总收入(对于个人而言是当期的可支配收入),下标t表示时期。α、β为参数,α表示自发性消费,是收入为零时的值,指个人必要消费的水平,与收入水平无关;β称为边际消费倾向(MPC),一般而言个人会随着收入的增加而增加消费,而且不会将收入全部消费。而进行部分储蓄,其值介于0与1之间。

凯恩斯的消费函数理论首次从宏观经济学角度将消费支出与收入水平联系起来,为以后消费函数的研究和发展指引了方向,但是绝对收入假说也存在着根本性的缺陷,它仅考虑了现期收入对消费支出的影响,分析的是短期消费和即期收入之间的关系,被人们称为短期消费函数。

(二)凯恩斯-库兹涅茨悖论

库兹涅茨对美国1869—1940年长达70年并以每十年为一阶段的国民收入与个人消费进行了分析,得出并总结了长期消费函数理论:边际消费倾向在长期中不是随着收入的增加而递减,但在经济周期波动中,消费倾向会发生变化,一般来说,长期平均消费倾向高于繁荣时和低于萧条时的平均倾向。

库兹涅茨的长期消费函数理论与凯恩斯的绝对收入理论的边际消费倾向递减是相悖的。一般将凯恩斯消费函数称为短期消费函数,这种短期消费函数和长期消费函数表现出来的差异被称为"消费函数之谜"或"凯恩斯-库兹涅茨悖论"。

(三) 杜森贝里的相对收入假说

杜森贝里在《收入、储蓄和消费者行为理论》中提出了相对收入假说。杜森贝里认为，凯恩斯的假设仅考虑当期收入是不符合现实情况的，他认为消费的支出取决于个人的相对收入，这一相对收入不仅仅是指个人相对于自己过去的收入的比较，还是相对于别人即所在群体中比较的收入。杜森贝里还在该理论中提出了两种消费效应：示范效应和棘轮效应。所谓"示范效应"是指消费者已经形成的消费习惯和消费水平除了受之前收入水平的影响以外，周围消费者的消费习惯和消费水准也会对其产生重要影响，即在周围消费者的示范作用下，消费者即使收入很低，但是顾及个人及家庭的社会地位，也会不得不提高自己的消费水平。"示范效应"的意义在于，消费者的攀比心理会使得短期内社会总消费支出会随着社会平均收入的提高而整个向上移动。所谓"棘轮效应"是指，无论是长期消费还是短期消费，消费者都会根据收入的增加而持续扩大消费支出水平，但是却不容易随着收入的减少而降低已经形成的消费习惯和消费水平，即消费的不可逆性。

二、考虑未来预期的消费-储蓄理论——生命周期理论

生命周期（Lifecycle Model，LCM）理论是由美国经济学家弗朗科·莫迪利安尼（Franco Modigliani）和布鲁伯格（Brumberg）于1954年共同提出来的。生命周期假说从传统的消费者选择理论出发，在消费者的整个生命周期内考察收入与消费的关系，在消费、消费函数及消费函数的假设等重要问题上修正和发展了凯恩斯的消费函数理论。该假说首先假定消费不仅决定着一个人当期的收入，而是涉及一生的总资源，个人将一生的预期收入按照最优配置原则分布于不同的年龄阶段，以追求跨时期效应最大化。年轻时，虽然收入低，但预期未来收入会增加，这一阶段往往会把收入的绝大部分用于消费，导致消费大于收入；进入工作阶段后，收入增加，这一阶段工作人口的收入除了自己的消费外，还必须把一部分收入储蓄起来用于养老，收入大于消费；而老年人由于退休以后，收入下降，则主要依靠以前的储蓄进行消费，消费又会大于收入（图3-5）。因此，从静态的观点来看，如果一个国家少儿人口和老年人口占总人口的比重越高，消费需求也相应越大，而储蓄率则越低；相反，如果一个社会工作人口占总人口的比重越大，该国的居民储蓄率应该越高。

Modigliani 和 Brumberg 于1979年推导出了个体消费和储蓄之间的关系函数以及宏观总量消费与储蓄的关系函数。它是有五个假设前提的。

(1) 消费者没有继承和留下任何遗产；

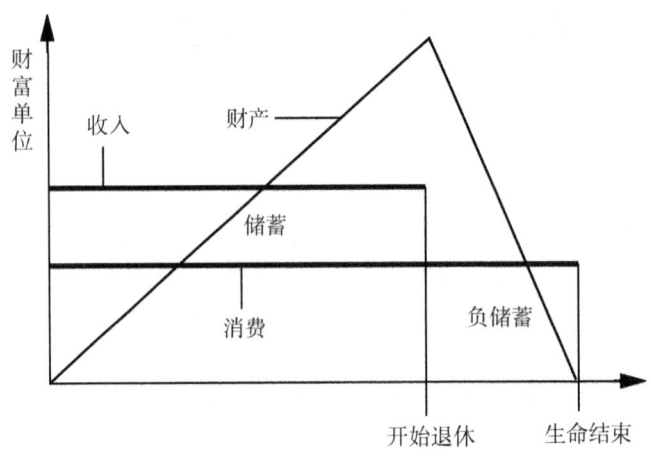

图 3-5 生命周期中的收入、消费和储蓄①

(2) 预算约束为终生跨期，依据效用最大化这一原则，个体消费资源的比重只取决于个体年龄以及消费偏好；

(3) 无流动性约束，利息率为 0；

(4) 消费者在他的一辈子中进行均匀消费，消费系数都是一样的；

(5) 任一年度，处于工作期的任何一个年龄组具有一样的平均收入；在给定的年度，挣钱的任何年龄组对以后的任何年龄的期望平均收入相同。以家庭为单位，这些单位均有同样的生命期和工作期。

为了更一般地理解生命周期理论，我们放松限制条件，假设消费者在自主生活年限 T 年之初继承了一笔遗产 W，65 岁退休，工作年限为 R，每年赚得收入 Y，那么消费者一生的总资源为 $RY+W$。为了保持平稳的消费水平，消费者可以把一生的资源分摊到 T 年的生活中。用 C 表示年均消费，则有

$$C = (RY + W)/T = (1/T)W + (R/T)Y \tag{3.2}$$

式(3.2)表明，一个人的消费取决于收入和起始的财富。

如果一个社会的经济体现稳定增长的状态，人口被设定为一个稳定值，日益进步的技术使人们的收入得到提高，任意一个处于工作期内年龄组在今年获得的收入一定会比去年高。假如收入按不变的复利每年上升。就能够推到出社会总储蓄是有关社会平均生命期、就业期、退休期及总收入和收入增长率的

---

① 李魁. 人口年龄结构变动与经济增长[D]. 武汉大学，2010.

函数。

生命周期假说提出了收入、财富和年龄分布在影响消费的因素中的重要性。后来，莫迪利安尼(Modigliani)等人重新探讨了储蓄的动机，他们指出人们储蓄主要有四个动机：第一个动机是为子孙后代留下遗产；第二个动机是预防将来某一时期的收入低于所要求的消费；第三个动机是预防动机，即通过储蓄来积累财富以防未来的不时之需；第四个动机是预防耐用消费品的价值变化而提前购买。莫迪利安尼非常重视第二个动机，因为这使得人们当前的储蓄和消费不仅与当前的收入有关，而且与未来整个生命周期的收入有关。任何给定的消费都是扩展到整个生命周期的总的计划的一个部分。此外，他认为由于不确定性的存在，耐用消费品的价值的变化使得提前购买是必要的，对某些未来才使用的耐用消费品的购买属于储蓄而非消费。

根据生命周期假说，莫迪利安尼指出，在一个人口总数和收入总数不变的社会中社会总储蓄为零。因为在这种静止状态中，工作人员为退休所积累的财富与退休人员对先前积累财富的消费(负储蓄)刚好抵消。但是当人口增长或人均收入不断增长时，由于工作人数多于退休人数，较年轻群体比年长群体拥有更多生命资源，其储蓄总额高于退休者的负储蓄额，因此社会的储蓄总额将为正值。此外，社会总储蓄还与平均退休年龄、是否存在社会保障计划有关。如果存在社会保障计划，则个人为其退休所做的储蓄则会减少。

三、理性预期消费函数理论——随机游走假说

1976年，理性预期(Rational Expectation)的代表人物卢卡斯发表了划时代的论文《经济计量政策的评价：一个批评》，从此理性预期声名鹊起。与此同时，生命周期假说模型和持久收入假说模型也因为种种缺陷受到广泛质疑。1978年，霍尔(Hall)为了克服生命周期和持久收入理论前瞻性消费函数假定与模型设置、收入计算后的矛盾，将不确定性引入模型，提出了不确定条件下的消费储蓄理论——随机游走假说(Random-walk Hypothesis)。霍尔指出，之前的消费研究认为滞后收入能够很好地预测现时消费，但是这种假设与构成生命周期假说基础的"理智的、前瞻性的"的消费者行为不一致。如果之前的消费量能够包含当时消费者的全部信息，那么一旦滞后消费已经包含在模型中，滞后收入就没有什么额外的解释价值。霍尔认为，如果财富或持久性收入的估计和今后的消费都以理性预期为基础，那么，由消费或收入过去的变化反映出来的过时资讯对现期的消费变化不应有任何影响。

霍尔认为，理性预期消费函数形式为

$$C_t = C_{t-1} + \alpha_t \tag{3.3}$$

式中，C_t 为第 t 期消费；C_{t-1} 指的是前一期的消费；α_t 为随机变量。霍尔认为，个人在 t 时期的消费行为，是由 $t-1$ 期的消费行为决定的，C_{t-1} 包含了所有可能的信息。这就说明，一个人的消费支出在长期表现出随机游走的特征。

然而，在霍尔提出随机游走模型之后，后续的许多实证研究都否定了随机游走模型。霍尔的一个很重要的结论是消费与滞后的收入变量无关，但是在 1981 年，弗莱文（Flavin）的经验研究表明，过去的收入变化是有助于预测未来的消费变化的，而且消费对现期收入非常敏感，即消费对收入具有"过度敏感性"。

于是，进一步地，霍尔假定效用函数为二次型的条件下得到

$$C_{t+1} = \beta_0 + \beta_1 C_t + \alpha_{t+1} \tag{3.4}$$

由此可知，消费遵循随机游走，如果消费被预期会变化，则个人可以在平滑消费方面做得更好。例如，假定消费被预期要上升，则意味着当期消费的边际效用大于未来预期的边际效用，从而个人提高当期消费后景况将会改善，因此个人调整其当期消费，直至不再预期消费会变化为止。这一模型还有另一理论含义，即消费者应按终生财富增加的年金值来增加消费，而终生财富的增加是由收入的增加引起的。如果收入变动被认为是持久的，则会对消费产生更大的影响。另外，消费者会根据确定性等价采取行动：只要未来收入变动不改变预期的终生资源，就不会对当前的消费产生影响。[1]

第三节　经济增长理论

要分析人口老龄化对经济发展的影响，不仅要研究人口变动的相关理论，还要研究有关经济增长的相关理论。在经济学中，经济增长通常被定义为产量的增加，具体来说，就是一国 GDP（或者 GNP）的增加，是一个经济体中所生产的物品和劳务数量的长期和持续的增加。这里，产量既可以表示为经济的总产量，也可以表示为人均产量。

经济增长指标主要用经济增长率来衡量。如果变量的值都以现价计算，则计算出的增长率就是名义增长率；反之，如果变量的值都以不变价即以某一时期的价格为基期价格计算，则计算出的增长率就是实际增长率。在度量经济增

---

[1] 罗晰文. 西方消费理论发展演变研究[D]. 大连：东北财经大学，2014.

长时,一般都采用实际经济增长率。

经济学家们一般认为,推动经济增长的因素主要有四个方面,即人力资源、自然资源、资本投入和技术进步。美国经济学家保罗·A. 萨缪尔森和威廉·D. 诺德豪斯将这四个方面称为"经济增长的四个轮子"。由于自然资源是不可改变的,因此经济学家一般不考虑自然资源,而认为经济增长取决于技术、劳动与资本,这样就构成了我们的生产函数:

$$Y = AF(L, K) \tag{3.5}$$

式中,Y、L 和 K 依次为总产出、投入的劳动量和投入的资本量;A 代表经济的技术状况,在一些文献中,A 又被称为全要素生产率(total factor productivity,TFP)。

对式(3.5),若劳动变动为 ΔL,资本变动为 ΔK,技术变动为 ΔA,则由微分学的知识以及微观经济学中边际产量的概念可知,产出的变动为

$$\Delta Y = MP_L \times \Delta L + MP_K \times \Delta K + F(L, K) \times \Delta A \tag{3.6}$$

式中,MP_L 和 MP_K 分别为劳动和资本的边际产品。将式(3.6)两边同除以 $Y = AF(L, K)$,化简后得

$$\frac{\Delta Y}{Y} = \frac{MP_L}{Y}\Delta L + \frac{MP_K}{Y}\Delta K + \frac{\Delta A}{A}$$

上式进一步变形为

$$\frac{\Delta Y}{Y} = \left(\frac{MP_L \times L}{Y}\right)\frac{\Delta L}{L} + \left(\frac{MP_K \times K}{Y}\right)\frac{\Delta K}{K} + \frac{\Delta A}{A} \tag{3.7}$$

根据在竞争性的市场上,厂商将生产要素需求量固定在使生产要素的边际产量等于生产要素实际价格水平上的原则,因此,表达式 $MP_L \times L$ 和 $MP_K \times K$ 分别为劳动和资本的收益,从而表达式 $\dfrac{MP_L \times L}{Y}$ 就是劳动收益在产出中所占的份额,简称劳动份额,并记其为 α。同理,表达式 $\dfrac{MP_K \times K}{Y}$ 就是资本收益在产出中所占的份额,简称资本份额,并记其为 β。这样,式(3.7)可写为

$$\frac{\Delta Y}{Y} = \alpha \times \frac{\Delta L}{L} + \beta \times \frac{\Delta K}{K} + \frac{\Delta A}{A} \tag{3.8}$$

即:产出增长 = 劳动份额 × 劳动增长 + 资本份额 × 资本增长 + 技术进步

式(3.8)是增长核算方程,又称增长率的分解式。它告诉人们,产出的增长可以由三种力量(或因素)来解释,即劳动量变动、资本量变动和技术进步。换句话来说,经济增长的源泉可被归结为生产要素的增加和技术进步。

第三章 人口年龄结构与经济增长相关理论

从现代的角度看，宏观经济学对经济增长理论所进行的有影响的研究有两个时期：第一个时期是20世纪50年代后期和整个60年代；第二个时期是20世纪80年代后期与90年代初期。第一个时期的研究产生了新古典增长理论；第二个时期的研究产生了内生增长理论。

一、新古典增长理论

1956年初，美国经济学家R. M. 索洛(R. M. Solow)发表《经济增长的一个理论》，提出了新古典增长理论，由于在假设前提中他像新古典学派一样，通过市场机制，资本-劳动比率可以改变，充分就业的稳定增长可以实现，因此他们的理论被称为新古典增长理论。

(一)新古典增长理论的基本假定

索洛的新古典增长理论的基本假定包括：

(1) 社会储蓄函数为 $S = sY$，式中，s 是作为参数的储蓄率。

(2) 劳动力按一个不变的比率 n 增长，即假定 $n = \Delta N/N$ 是稳定的，则 nK 是为新工人提供的资本。

(3) 生产的规模报酬不变，暂时不考虑技术进步，则可以将经济中的生产函数表示为人均形式，即

$$y = f(k) \tag{3.9}$$

式中，y 代表人均产量；k 代表人均资本。

(4) 假定折旧是资本存量 K 的一个固定比率 δK ($0 < \delta < 1$)。

(二)新古典增长模型的基本方程

不考虑政府与国外市场，在一个只包括家庭部门和企业部门的简单两部门经济中，经济的均衡条件为

$$I = S \tag{3.10}$$

即投资或资本存量的增加等于储蓄。资本存量的变化等于投资减去折旧。当资本存量为 K 时，根据折旧的假定条件，则资本存量的变化 ΔK 为

$$\Delta K = I - \delta K \tag{3.11}$$

根据 $I = S = sY$，式(3.11)可写为

$$\Delta K = sY - \delta K \tag{3.12}$$

上式两边同时除以劳动数量 N，有

$$\Delta K/N = sy - \delta k \tag{3.13}$$

另一方面，根据增加的资本可以分解为原来资本的增长与增加人口所必须享有的资本，则得

$$\Delta K = \frac{\Delta K}{K}K + \frac{\Delta N}{N}K \tag{3.14}$$

式中，$\Delta K/K$ 代表资本增长率，$\Delta N/N$ 代表人口增长率。

另外，注意到 $k = K/N$，$n = \Delta N/N$，式(3.14)可写为

$$\Delta K = \frac{\Delta k}{k}K + nK \tag{3.15}$$

式(3.15)两边同除以 N，则有

$$\frac{\Delta K}{N} = \Delta k + nk \tag{3.16}$$

将式(3.14)和式(3.16)合并，消去 $\Delta K/N$，则有

$$\Delta k = sy - (n + \delta)k \tag{3.17}$$

式(3.17)是新古典增长模型的基本方程。这一关系式表明，人均资本的增加等于人均储蓄 sy 减去 $(n+\delta)k$ 项。$(n+\delta)k$ 项可以这样来理解：劳动力的增长率为 n，一定量的人均储蓄必须用于装备新工人，每个工人占有的资本为 k，这一用途的储蓄为 nk；另一方面，一定量的储蓄必须用于替换折旧资本，这一用途的储蓄为 δk。总计为 $(n+\delta)k$ 的人均储蓄被称为资本的广化。人均储蓄超过 $(n+\delta)k$ 的部分则导致了人均资本 k 的上升，即 $\Delta k > 0$，这被称为资本的深化，因此，新古典增长模型的基本方程(3.17)可以表述为

资本深化＝人均储蓄－资本广化

（三）稳态分析

在新古典增长模型中，所谓稳态指的是一种长期均衡状态。在稳态下，人均资本达到均衡值并维持在均衡水平不变，在忽略了技术变化的条件下，人均产量也达到稳定状态。因此，在稳态之下，k 和 y 达到一个持久性的水平。

根据上述定义，要实现稳态，即 $\Delta k = 0$，则人均储蓄必须正好等于资本的广化。换句话说，新古典增长理论中的稳态条件是

$$sy = (n + \delta)k \tag{3.18}$$

需要注意，稳态虽然意味着 y 和 k 的值固定，但总产量和资本存量都在增长。实际上，在稳态中，总产量和总资本存量的增长率均与劳动力的增长率相等，即均为 n。理解这一点，只需注意到劳动人口以速度 n 增长，因此，由于 $k = K/N$ 固定，所以总资本存量必须与劳动力按相同比率 n 增长。又由于 $y = Y/N$，且在稳态时 y 亦固定，因此总产量 Y 也必须按比率 n 增长。总之，在新古典增长理论的框架内，稳态意味着：

$$\frac{\Delta Y}{Y} = \frac{\Delta N}{N} = \frac{\Delta K}{K} = n \tag{3.19}$$

(四)储蓄率的增加

当储蓄率增加的时候,人均产出与人均资本会增加,但是只影响短期的产出增长率,不影响长期的产出增长率。图 3-6 显示了储蓄率的增加是如何影响产量增长的。

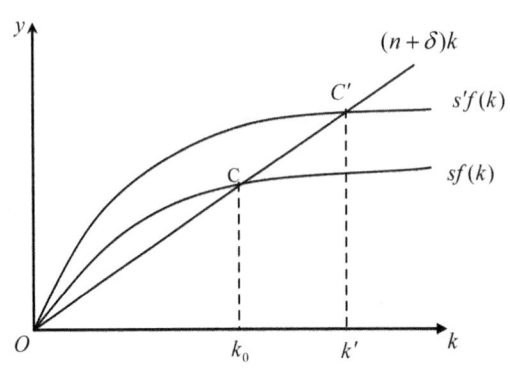

图 3-6 储蓄率增加的影响

图中,经济最初位于 C 点的稳态均衡。现在假定人们想增加储蓄,这使储蓄曲线上移至 $s'f(k)$ 的位置。这时新的稳态为 C' 点,比较 C 点和 C' 点,可知储蓄率的增加提高了稳态的人均资本和人均产量。

对于从 C 点到 C' 点的转变,这里需要指出两点:①从短期看,更高的储蓄率导致了总产量和人均产量增长率的增加,这可以从人均资本从初始稳态的 k_0 上升到新的稳态中的 k' 这一事实中看出。因为增加人均资本的唯一途径是资本存量比劳动力更快地增长,进而又引起产量的更快增长。②由于 C 点和 C' 点都是稳态,按照前面关于稳态的分析,稳态中的产量增长率是独立于储蓄率的,从长期看,随着资本积累,增长率逐渐降低,最终又回到人口增长的水平。

总之,新古典增长理论在这里得到的结论是,储蓄率的增加不能影响到稳态增长率,但确实能提高收入的稳态水平。用更专业的话说,就是储蓄率的增加只有水平效应,绝没有增长效应。

(五)人口增长

新古典增长理论虽然假定劳动力按一个不变的比率 n 增长,但当把 n 作为参数时,就可以说明人口增长对产量增长的影响。如图 3-7 所示。

图 3-7 中,经济最初位于 A 点的稳态均衡。现在假定人口增长率从 n 增加

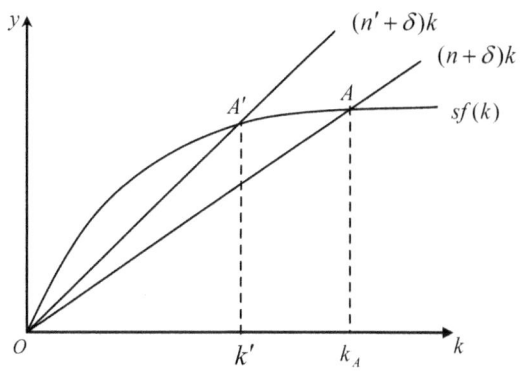

图 3-7 人口增长的影响

到 n'，则图中的 $(n+\delta)k$ 线便移动到 $(n'+\delta)k$ 线，这时，新的稳态均衡为 A' 点。比较 A 点和 A' 点可知，人口增长率的增加降低了人均资本的稳态水平（从原来的 k_A 减少到 k'），进而降低了人均产量的稳态水平，这就是新古典增长理论得出的又一重要结论。西方学者进一步指出，作为人口增长率上升产生的人均产量下降正是许多发展中国家面临的问题。两个有着相同储蓄率的国家仅仅由于其中一个国家比另一个国家的人口增长率高，就可以有非常不同的人均收入水平。

对人口增长进行比较静态分析的另一个重要结论是，人口增长率的上升增加了总产量的稳态增长率。理解这一结论的要点在于懂得稳态的真正含义，并且注意到 A' 点和 A 点都是稳态均衡点。

二、内生增长理论

经济增长理论的一个目的是解释人们在世界上大多数地方所观察到的生活水平的长期提高。新古典增长理论认为长期经济增长取决于技术进步，但是技术进步在该模型中又被认为是外生的，单纯依靠新古典模型无法解释技术进步的推动作用。另外，它认为储蓄率只有水平效应，对经济增长率没有长期效应，但是事实证明，储蓄率与增长率是正相关的。为了解决这一系列问题，20世纪 80 年代以来，以罗默和卢卡斯为代表的经济学家在反思新古典增长理论的基础上，逐渐形成了一种新的增长理论，即内生增长理论。

与新古典增长理论将技术进步、储蓄率等经济增长的重要因素视作外生变量不同，内生增长理论试图避免这一缺陷，将这些重要因素作为内生变量，用规模收益递减和内生技术进步来说明各国经济如何增长,其显著特点是将增长率内生化,故称内生增长理论。

(一) 基本模型

为了说明内生增长理论的思想,先从一个简单的生产函数开始:

$$Y = AK \tag{3.20}$$

式中,Y是产出;K是资本存量;A是一个常量,它是衡量一单位资本所生产的产出量。要注意的是,这个生产函数并没有反映出资本边际收益递减的性质。无论资本量为多少,额外一单位资本生产A单位的额外产出,不存在资本边际收益递减是这个模型和新古典增长模型的关键区别。

与前面一样,仍假设收入中的一个比例s用于储蓄和投资,则经济中的资本积累由下式表述:

$$\Delta K = sY - \delta K \tag{3.21}$$

这一式子表明,资本存量的变动(ΔK)等于投资(sY)减去折旧(δK)。将这一关系式与生产函数$Y = AK$结合在一起,进行一些运算之后可得

$$\frac{\Delta Y}{Y} = \frac{\Delta K}{K} = sA - \delta \tag{3.22}$$

这一公式表明,决定产出增长率$\Delta Y/Y$的是什么。要注意的是,只要$sA > \delta$,即使没有外生技术进步的假设,经济的收入也一直增长。

因此,生产函数的简单变动就可以从根本上改变对经济增长的说明。在新古典增长理论中,储蓄引致了经济的暂时的增长,但资本边际收益递减最终使经济达到增长只取决于外生技术进步的稳定状态。与此相比,在这种内生增长模型中,储蓄和投资会引起长期增长。

现在的问题是,放弃资本边际收益递减的假设合理吗?回答取决于人们如何解释生产函数$Y = AK$中的变量K。如果K只包括通常意义下的经济中的厂房与设备存量,那么,假设资本边际收益递减是自然而然的。

但是,内生增长理论的支持者认为,如果对K作出更广义的解释,资本边际收益不变(而不是边际收益递减)的假设就更合理。一些西方学者认为,知识是经济生产中的一种重要投入——无论是用它来生产物品与劳务还是用它来提供新的知识。如果把知识看做一种资本,与通常意义下的资本相比,假设知识表现出收益递减的性质就不太合理了。实际上,过去几百年来科学与技术创新增长的速度使一些西方学者认为,存在着知识收益递增。如果接受知识是一种资本的观点,那么,假设资本边际收益不变的内生增长模型就更合理地描述了长期经济增长。

上述被称为 AK 模型的内生增长模型提供了一条内生化稳态增长率的途径,即如果被累积的生产要素有固定报酬,那么稳态增长率将被这些要素的积累率所影响。从关系式(3.22)知,储蓄率 s 越高,产出增长率也将越高。进一步地,这一模型暗示,那些能永久提高投资率的政府政策会使经济增长率不断地提高。

(二) 两部门模型

内生增长理论研究的一个思路是努力建立一个以上生产部门的模型,以便对支配技术进步的力量提供更好的描述。下面就来介绍一下沿着这种思路的一个简单例子。

假定经济有两个部门,分别称为制造业企业和研究性大学(以下分别简称企业和大学)。企业生产物品和劳务,这些物品和劳务用于消费和物质资本投资。大学生产被称为"知识"的生产要素,然后这两个部门免费利用知识。企业的生产函数、大学的生产函数以及资本积累方程描述了该经济:

$Y = F[K, (1-u)EN]$ 企业的生产函数

$\Delta E = g(u)E$ 大学的生产函数

$\Delta K = sY - \delta K$ 资本积累方程

式中,u 是在大学的劳动力的比例,相应地,$(1-u)$ 是在企业的劳动力比例,E 是知识存量,函数 $g(u)$ 表明知识增长如何取决于在大学的劳动力比例的函数。一般地,假设企业的生产函数是规模收益不变的,即如果资本存量 K 和所谓有效工人的数量,即 $(1-u)EN$ 翻一番,那么,物品与劳务产出 Y 也翻一番。

如果使物质资本 K 和知识 E 都翻一番,根据以上关系式和假定可知,这时经济中两个部门的产出也都翻一番。因此,与前面的 AK 模型一样,这个模型也可以在不假设生产函数中有外生变动的情况下引起长期增长。在这里,长期增长是内生地产生的,因为大学的知识创造不会停止。

有趣的是,这个模型与新古典增长模型类似。如果在大学的劳动力比例 u 是不变的,那么,知识存量 E 就按不变的利率 $g(u)$ 增长。这在本质上是与新古典增长理论中关于技术进步的说明是一样的。而且,这个模型的其余部分,包括企业的生产函数和资本积累方程也与新古典增长模型一样发挥作用。

(三) 总结分析

总之,内生增长理论认为长期增长率是由内生因素决定的,也就是说,在劳动投入过程中包含着因正规教育、培训、在职学习等而形成的人力资本,在物质资本积累过程中包含着因研究与开发、发明、创新等活动而形成的技术进

步，从而把技术进步等要素内生化，得到因技术进步的存在使得收益递增，从而长期增长率为正的结论。这对现实有着较强的指导意义，依据其观点，政府应当通过各种政策，如对研究和开发提高补贴，对文化教育事业给予支持，用税收等政策鼓励资本积累等，以促进经济增长。

三、哈罗德-多玛增长模型

经济增长模型是经济增长理论的概括表述，表明经济增长和有关变量之间的关系或规律。西方经济学以哈罗德-多玛的研究为基础，形成了众多的经济增长模型。由于新古典经济增长模型在前面的经济增长基本理论中已经介绍了，下面主要介绍哈罗德-多玛经济增长模型。

哈罗德模型是哈罗德以凯恩斯的"有效需求"理论为基础，来考察一个国家的国民收入在长期内保持稳定状态和均衡增长的模型。他在1973年出版了《动态经济学》一书，结合第二次世界大战以来经济理论和实践的发展，系统地阐述了他的增长理论和政策主张。此外，美国经济学家多玛在1946年发表的论文《资本扩张增长率和就业》和1947年发表的《扩张和就业》一文中，完全独立地提出了与哈罗德模型在理论构思和基本论点上完全相同的增长模型，因此，人们将哈罗德和多玛的研究成果合称为哈罗德-多玛模型。下面以哈罗德模型为主来介绍这一模型的基本内容。

为了分析的方便，哈罗德是以一些严格的假设条件为前提的，这些假设主要是以下几点：①全社会只生产一种产品。也就是说，全社会的产品除了用于个人消费的部分，剩余的都是用于生产最终产品的资本品。②社会生产中只使用劳动和资本两种生产要素，并且这两种生产要素在生产中的比例是固定不变的，不能互相替代。③不存在技术进步，也不存在技术折旧问题。④生产的规模报酬不变。也就是说，生产任何一单位产品所需要的资本和劳动的数量都是固定不变的。

哈罗德模型的基本公式是

$$g = \frac{s}{k} \tag{3.23}$$

式中，g 为有保证的国民收入增长率；s 为储蓄率；k 为资本-产量比率。

下面逐一说明各变量的经济含义以及各变量之间的关系。

(1) 储蓄率 s，即储蓄量在国民收入中所占的比例。以 S 表示储蓄量，以 Y 表示国民收入，则

$$s = \frac{S}{Y} \tag{3.24}$$

若收入为 100 元，消费为 85 元，则 $s = (100 - 85)/100 = 0.15$。

(2) 资本系数或资本-产量比率 k，即资本与国民收入之比。表示生产一单位产量所需要的总资本量。以 K 表示资本存量，则

$$k = \frac{K}{Y} \tag{3.25}$$

根据前面技术水平不变的假定，边际资本系数等于平均资本系数，也就是资本系数是不变的，因此

$$\frac{K}{Y} = \frac{\Delta K}{\Delta Y} \tag{3.26}$$

若生产 1 元的产量需要 3 元的资本，则 $k = 3$。

(3) 有保证的国民收入增长率 g，即在 s 与 k 既定的条件下，能够使投资等于储蓄的经济增长率。所以

$$g = \frac{\Delta Y}{Y} \tag{3.27}$$

由上述三个变量的经济含义，可以得出三个变量之间的关系。

由于要保证实现经济均衡，则必须使投资等于储蓄，即 $I = S$，所以

$$s = \frac{S}{Y} = \frac{I}{Y} \tag{3.28}$$

因为 ΔK 为资本的增量，资本的增加是投资的结果，所以资本的增量即净投资。因此

$$k = \frac{K}{Y} = \frac{\Delta K}{\Delta Y} = \frac{I}{\Delta Y} \tag{3.29}$$

所以

$$\frac{s}{k} = \frac{I/Y}{I/\Delta Y} = \frac{\Delta Y}{Y} = g \tag{3.30}$$

由此可以得出哈罗德模型的基本公式

$$g = \frac{s}{k} \tag{3.31}$$

由于资本-产量比率 k 保持不变，因此模型的基本含义是：为保证经济均衡理想地增长，就要使经济发展速度保持为与储蓄率成正比。

以上是哈罗德关于经济增长的分析，多玛模型与哈罗德模型基本相同，区

别仅在于引入了投资效率或资本生产率的概念。

哈罗德-多玛模型还用实际增长率、有保证的增长率和自然增长率这三个概念来分析经济长期增长的条件与出现波动的原因。

实际的增长率是实际上所发生的增长率，它由实际储蓄率和实际资本-产量比率决定。有保证的增长率又称合意增长率，是长期中的理想的增长率，它由合意的储蓄率和合意的资本-产量比率决定。自然增长率是长期中人口增长和技术进步所允许达到的最大增长率，它是由适宜的储蓄率和合意的资本-产量比率决定的。

因此，长期中实现经济稳定增长的条件是实际增长率、有保证增长率和自然增长率相一致，否则就会引起经济波动。

第四节 人口红利理论与人口迁移理论

以新古典经济增长模型为代表的主流经济增长理论一般把技术进步、制度转变、劳动力资源和金融资本等因素看做影响一国经济增长的主要动力。新古典经济增长理论研究的一个重要前提就是人口稳态增长的假设，而这是与很多国家的人口转变现实不相符的。

由于社会经济的发展、人们生育观念的转变、医疗卫生技术的进步、计划生育政策的实施等原因，现代社会，尤其是第二次世界大战以后的大多数国家，其人口转变过程都是非稳态的，特别是在人口老年化问题日趋严重的今天，人口红利会逐渐消失，甚至转变为人口负担。

另外，人口迁移流动与区域经济发展密切相关。由于现代各地区之间经济发展不平衡，加上城镇化进行的发展以及现代交通运输条件改善等原因，人口在区域间的流动更加频繁，其对经济，尤其是区域经济的影响广泛。

一、人口红利理论

人口红利是人口快速发生变化过程里显现出的有助于社会经济发展的抚养比较低的人口年龄结构，人口红利会随着人口转变而逐渐出现逆转，也就是早期的低抚养比会转变成老龄化的高抚养比。

"人口红利"（Demographic gift）这一概念最先于1998年由David E. Bloom和Jeffrey G. Williamson提出，他们将"两头小、中间大"的人口年龄结构看做人口红利，认为其为经济迅速发展提供了机会。后来，David E. Bloom、David

Canning 和 Jaypee Sevilla 的研究指出在人口年龄结构的转变过程中，若适龄劳动人口的增长速度快于非劳动年龄人口，那么将会给经济增长提供一个有利的条件；Andrew Mason 于2002年指出当人口生育率降低时会带来少年儿童人口的较慢增长，而使得社会呈现出适龄劳动人口比重较大的人口红利时期，但这种人口红利是一次性的；之后，Andrew Mason 与 Ronald Lee 在2007年对人口红利进行了具体划分，将人口红利分为第一人口红利和第二人口红利。

(一) 第一人口红利

"第一人口红利"是指劳动年龄人口比重较大，社会总抚养比较小的一种人口年龄结构，这种人口年龄结构会产生经济增长效应。因为在第一人口红利存续期间，进入劳动年龄人口占比逐渐提高，被抚养人口占比降低，社会总抚养负担较轻，人口优势为社会经济活动提供了丰富的劳动力资源，社会财富获得稳态经济增长外的超额积累，社会经济增速加快。只要劳动力人口数量的增长率大于总人口的增长率就会产生第一人口红利，对一个稳定人口（即劳动力人口的增长速度与总人口的增速相同）来说，这种红利就能持续。

第一人口红利持续的时间并不长，大约为50年。因为随着生育率和人口自然增长率的降低，劳动力主力逐渐进入老龄化阶段，社会抚养负担不断增加，生产效率降低，第一人口红利期也宣告结束。目前西欧各国出生率普遍下降，如德国、法国、英国都已进入老龄化社会。随着人口年龄结构的转变，下降的出生率将最终产生劳动年龄人口增长缓慢，因此第一人口红利将逐渐下降。由于死亡率下降和前期的高出生率，有效消费者的数量将比有效生产者的数量增长得更快，第一人口红利将变为负值，由此探讨如何制定和实施有效的人口发展政策、社会保障政策，以使我国在进入人口老龄化阶段后仍然能获得持久的红利效应，是当前人口经济学领域亟待研究的重要内容。

(二) 第二人口红利

"第二人口红利"是指人们预期人口年龄结构转变而相应地调整个人消费、储蓄行为而增加资本积累所带来的经济增长效应。因此"第二人口红利"本质上是"第一人口红利"在经济增长层面上的扩展。

Andrew Mason 和 Ronald Lee 认为，进入人口老龄化阶段的过程中有可能产生第二人口红利。第二人口红利来源于在人口年龄结构转变的过程中收入水平的提高、对于更长寿命的预期等因素使得社会财富积累不断增加，而人口老龄化使得社会中的有效劳动力数量下降，因此社会中资本-劳动比率是不断增加的，并且这种增加的趋势是持久的，可以推动经济的持续增长。第一人口红利是暂时的，会随着支持比率的下降而消失，第二人口红利却是持久的，但第二人口红利只是存在产生的可能性，因为它的真正实现需要政策制定者根据人口年龄结构的改变对政策做出相应的调整。

有许多学者通过实证研究定量地计算出了中国人口转变对经济增长的贡献，即人口红利的大小，但也有许多质疑的声音不断出现。如人口经济学家穆光宗认为，人口机会窗口不等于人口红利，能否收获以及收获多少人口红利取决于如何开发和利用人力资源和人力资本，人口负担低并非意味着经济的高速增长。人口学家黄润龙也认为，人口年龄结构的变化仅仅为经济发展提供了机会，如果大量劳动力人口不能实现充分就业，就无法实现人口红利。

国际经验表明，几乎所有已经经历人口转变的国家都在其发展路程中一定程度的受益于"人口红利"。随着人口转变完成，人口老龄化也随之而来，传统理论则认为人口红利这种额外的经济效应会逐渐消失。然而，人口红利更多的作为一种经济概念出现，其经济效应的发挥势必会受宏观作用机制的影响，中国的社会转变、人口转变、经济增长都呈现出强烈的中国特色，在这种复杂多变的宏观经济背景下，人口红利可能会以多种形式存在。

(三) 人口红利理论的新发展

一直以来关于人口红利的定义以及红利测度研究一直都是围绕人口年龄结构展开的。然而近来国内对于传统的人口年龄结构划分的中国适用性产生了一定的质疑，这方面的研究代表人物主要有王丰、姚引妹、陈涛、晏森等。

传统的劳动年龄人口划分标准暗含两条假设条件：①所有劳动年龄人口的生产效率是一样的，也就是说所有劳动年龄人口是同质的；②各阶段劳动人口的消费倾向是相同的，也就是说所有人口的消费倾向也是同质的。但对于未进入劳动年龄的人口来说，他们虽然未能对社会生产产生推动作用，但其本身的潜在生产属性却不容忽视，因为对其支出可以看做是一种投资；且他们的消费支出几乎全部源于家庭的财富积累，支出往往主要表现在教育以及健康等方面，消费倾向以及消费强度也受到了一定的制约，自主消费受限。而对于老年人群体，在他们进入退休生活后，往往完全依靠前期的储蓄积累及投资收益生活，其消费方向与另外两个群体相比较为集中，支出往往用于医疗保健、养老保障等方面。由此可见二者的消费需求、消费强度都不一致，所以假定所有人口消费倾向相同是值得商榷的。此外，城市和农村的教育资源、不同区域学校的教学实力、不同家庭对子女的教育投入以及不同企业对员工的再培训投入都有非常大的差异，使得劳动力个体所表现出的生产力很难一致。劳动年龄人口是同质的假设条件忽略人力资本个体的差异性，也是不严密的。因此仅按照年龄顺序来区分人口类型，判断人口红利对经济增长的影响尚存在不足之处。

部分学者显然已经意识到用传统的人口年龄划分口径进行统计,其结果往往与现实存在较大的出入,并在这方面作了积极的探索。如姚引妹(2010)认为符合中国的劳动年龄人口划分口径应从城镇职工的实际退休年龄、城镇分性别的新增劳动人口初次就业年龄、农村分性别的新增劳动人口就业或从事农活的年龄以及农村老年人口从事农活的劳动年龄等多方面加以考虑。王丰(2007)引入了"有效生产者"和"有效消费者"的概念,具体计算方法则是按年龄的收入与消费生命周期模式与每一时期的年龄结构相乘所得。这种测算方法一定程度上弥补现有统计口径的不实,并能刻画出不同年龄群体消费倾向的差异。此外,由于社会经济状况和人类自身条件的变化,如何在一个年龄结构中判断生产性人口和非生产性人口是一个存在争议的话题。在中国特殊的环境下,抚养负担并不仅仅体现在消费上的物质供给和经济支撑,同时也体现在劳动力的精神抚养以及情感支持。相比较而言,人口抚养比可能更能反映真实的人口负担情况。

二、人口迁移理论

国际上一般把人口迁移定义为人口在空间上的位置变动。联合国《多种语言人口学辞典》强调人口迁移包括地理单元的空间移动和居住地永久性的变化。①

人口迁移流动作为一种社会现象,与区域经济的发展密切相关。近三十年来,人口在区域间的移动逐渐成为社会常态,这种人口迁移促进了劳动力的合理配置、城市化进程的加快和工业化经济的进步,在信息、通信技术飞速发展和交通更为便利的社会条件下,人口流动会更加频繁,流动目的也更加多元化,与区域经济发展的关系也更加复杂,对其进行研究有着重要的现实意义和理论意义。

在人口迁移流动与经济发展的研究方面,运用经济学的研究方法,产生了人口迁移经济理论方面的宏观经济模型,为避免与上述部分理论重复,本节主要介绍推拉理论、二元经济结构模型、刘易斯-费-拉尼斯模型和托达罗模型、凯利-威廉逊一般均衡模型等。

(一)"推力-拉力"理论

1938年,赫伯尔(R. Herberle)指出人口迁移是由一系列"力"引起的,这些力包括促使一个人离开一个地方的"推力",吸引到另一个地方的"拉力"。

---

① 王洪娜. 山东省人口迁移流动与区域经济发展研究[D]. 长春:吉林大学,2015.

人口迁移是由于迁出地的推力和迁入地的拉力共同作用的结果。

唐纳德·丁·博格（D. J. Bogue）进一步发展了"推-拉"理论。博格概括出推力因素和拉力因素。推-拉理论认为迁移者具有五种特征：①迁移具有选择性；②人口迁移可分为正向和负向；③迁移的中间障碍越大，被淘汰的弱者越多，则迁移的选择性越强；④迁移选择的过程与人的生命周期有关；⑤迁移人口的特征介于原居住地人口和迁入地人口之间。①

在西方古典推拉理论中，由于迁入与迁出地的工资差别引起了劳动力迁移。然而，现代推拉理论认为迁移的推拉因素同时受到更好的职业、更高的收入、更好的生活条件、为自己与孩子获得更好的受教育机会以及更好的社会环境等因素影响。

（二）刘易斯-费-拉尼斯模型

二元经济理论是 W. A. Lewis 在 1954 年提出的，他将迁移原则模型化，建立了经典的二元经济和劳动力转移模型。Lewis 认为农业剩余是工业部门扩张以及劳动力由农村向城市转移的主要原因，且如果收入水平在农业和工业之间的显著差异没有得到有效的控制，则人口由农村向城市迁移的现象就会一直延续下去。而当劳动力由边际效率较低的农业部门迁移到边际效率较高的城镇，势必推动国民经济的增长。因此，由城市化所带来的城镇和农村之间的人力资源的再分配，能够实现区域经济增长。

刘易斯二元经济发展模型中存在三个前提条件：①农村劳动力无限供给；②城市的工资率不会因农村人口的迁入而发生任何变化；③工业部门的资本投入和劳动力数量发生同比例的减少或增加。然而现实情况确是发展中国家的农村无法实现劳动力无限供给、城市充分就业以及工资率不变等，因此，刘易斯的二元经济发展模型呈现出多元化游走特征。以我国为例，尽管近年来我国进城务工人员的工资水平大幅增加，但是长三角、珠三角及东南沿海一带仍然出现了"用工荒"，因此蔡昉结合二元发展理论预测中国的"刘易斯拐点"已经出现，中国人口红利的衰退期提前到来。

1989 年，费景汉（John C. H. Fei）和拉尼斯（Gustav Ranis）从动态角度研究了农业和工业均衡增长的二元结构理论，将工农业的发展和农业劳动的转移联系起来，把二元结构的演变分为三个阶段：第一阶段，剩余劳动力阶段，传统农业部门存在大量剩余劳动力；第二阶段，隐蔽性失业阶段，农业剩余劳动力流出，使农业部门的边际劳动生产率上升，农业部门不再出现显性失业人口，

---

① 王洪娜. 山东省人口迁移流动与区域经济发展研究[D]. 长春：吉林大学，2015.

但是隐性失业仍然存在;第三阶段,农业商业化阶段,农业剩余劳动力已被工业部门吸收殆尽,农业边际劳动生产率开始高于制度工资,农业部门已经商业化。①

拉尼斯和费景汉对刘易斯理论的不足之处进行了改进,使得二元经济理论更加准确和合理,形成了刘易斯-拉尼斯-费模型。该模型认为,加快农业发展和提高农业效率是促进工业进步和转移农村剩余劳动力的关键。见图3-8。

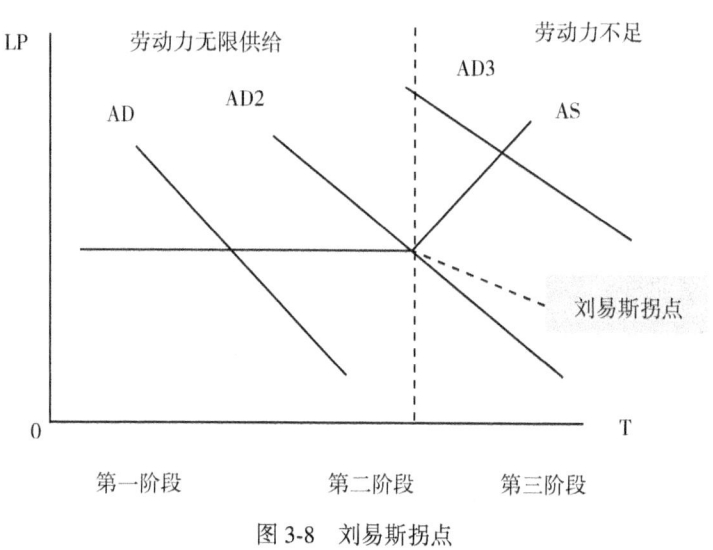

图 3-8 刘易斯拐点

在第三阶段,主要指人口老龄化时代,劳动力供给出现了不足的情形,对于发展中国家更是加快了刘易斯拐点的出现。劳动力供给缺口引起劳动力价格差异在两个市场间的淡化,表明传统部门和现代部门之间的劳动力价格差将无法继续被经济增长所依赖。这意味着劳动力优势将不复存在,产业结构的重点应由以生产率低、消耗高为表现的传统产业向以生产率高、消耗低为特征的现代产业转移。总之,发展中国家的劳动力市场由于人口年龄结构变动所呈现的人口老龄化而提前进入刘易斯模型的第三阶段,催促着产业结构进行调整。

(三)托达罗模型

针对发展中国家农村劳动力迁移与城市失业共存的现象,美国经济学家托达罗(Michael. P. Todaro)于1969年提出托达罗模型。托达罗的主要观点包括

---

① 仲晨. 辽宁省人口结构变化对经济增长的影响研究[D]. 辽宁大学, 2013.

以下几方面。

(1) 农村人口向城市的迁移行为是否发生主要取决于对在城市与农村工作收入预期的差异,而对在城市工作的预期收入不仅取决于城乡之间的实际工资差距,还取决于转移到城市的这部分劳动力能够找到工作概率的大小,而迁移到城市的劳动力能否在城市找到工作是由城市的就业率决定的而与城市的失业率相关性不大,因为,即使城市的失业率很高,潜在迁移者所预期的城市实际收入仍高于其在农村的实际收入,故从农村迁向城市的决定仍是合理的。

(2) 城乡之间迁移行为是否发生还取决于个人对迁移产生的实际成本与机会成本等相互权衡的基础上做的决定,即迁入城市后的收入如果大于迁移所产生的综合成本,就发生迁移,否则迁移将不会发生。

(3) 如果城乡预期收入差别较大,迁移到城市的劳动力数量大于城市能够承载的就业总量时,将会导致较高的城镇失业率。

(4) 托达罗认为应当扩大农村的就业机会,缩小城乡就业的不平衡状况;开创城市就业机会无助于解决城市就业问题。

(5) 农村居民的受教育程度越高,其向城市迁移的预期工资就越高,因而不加区别地发展教育事业会进一步加剧劳动力的迁移和失业。

(6) 政府干预城市工资水平、特别是制定最低工资,并对城市人口给予最低生活保障,会导致劳动力要素供给价格发生扭曲,从而引致更多的农业剩余劳动力进入城市,使市失业率更高。

(7) 应当重视农村和农业的发展,鼓励农村综合开发,增加农村的就业机会,提供教育和卫生事业,发展电力、供水和交通等,缓解农村人口向城市的流动。

托达罗模型解释了我国城镇存在失业和隐性失业的情况下,依然发生大规模的从农村到城市的劳动力转移的现状。

(四) 凯利-威廉逊一般均衡模型

上述几种有关乡-城人口迁移和经济增长的研究中,均仅考虑了城乡收入等社会经济变量对迁移和城市化的影响,而忽略了另一方面的影响,及迁移和城市化对城乡收入、就业、房租、工农业产品比价等社会经济变量的影响。

凯利和威廉逊于 1984 年指出,应采用一般均衡分析(General equilibrium approach)来代替传统的局部均衡分析,并构造了人口-经济一般均衡模型来模拟发展中国家的城市增长。该模型包括人口子模型和经济子模型,经济子模型又分为 8 个经济部口。与大部分人口学模型将乡-城迁移作为外生变量不同,凯利-威廉逊模型中农村向城市的迁移是由模型内生决定的。该模型对 1960—

2060年的第三世界城市增长进行了模拟。模拟结果成功地再现了20世纪60~70年代第三世界城市增长的历史进程，并且对今后的趋势作出了预测：如果没有重大外部事件的冲击，在经历了20世纪60年代和70年代前期的快速增长后，发展中国家的城市增长速度将逐步显著减慢。凯利-威廉逊模型的结论已被发展中国家的发展证明是基本正确的。

凯利-威廉逊模型表明：伴随着农村向城市净迁入人口的增加和城市的增长，将致使城市土地资源日益短缺、地租的上涨，进而推动房租和生活费用上涨，相应的实际收入下降；并且，城市膨胀增加了对公共设施的需求，导致部分本来可用于"生产性投资"的资金转向不能提供新就业机会的公共设施投资，不利于城市就业增长。

第四章　湖北省人口老龄化对消费的影响

本章将在梳理现有的研究成果的基础上，对湖北省2000—2015年的消费结构和消费水平进行整理，通过建立数学模型，从消费水平和消费结构两方面来分析人口老龄化的影响，并结合城乡区域差异进行对比，试图找到如下问题的答案：①湖北省人口老龄化在多大程度上影响了居民消费水平的增长；②人口老龄化给消费结构带来了哪些变化；③人口老龄化对湖北省城乡居民消费的影响有何不同。

第一节　人口老龄化对消费和储蓄影响的研究述评

一、国外研究综述

世界上很多国家的学者针对不同年龄结构构成和消费储蓄水平的关系进行了大量数据考证研究。莫迪利安尼（Modigliani，1966）采用多个国家的截面数据，对年龄结构与储蓄率之间的关系来考察老龄化对消费产生的影响，发现老龄人口与储蓄率之间存在着负相关关系。勒夫（Leff，1969）采用1964年74个国家的截面数据，建立回归模型，分析了不同年龄结构构成与消费水平之间的关系，结果发现国民储蓄率水平同高龄老人抚养比率和少儿抚养比率存在显著的负相关，并且一个国家的国民储存率同国民负担率也是反向增长关系，存在这种现象的国家不仅局限于发达国家，同样也适用于发展中国家。其结论与莫迪利安尼的几乎一致。然而，Cupta（1971）、Adams（1971）、Ram（1982）等则通过实证分析得出了与Leff不同的结果，认为人口抚养比和高储蓄率之间存在长期稳定的相关性。Senesi（2003）的迭代模型介绍了关于内生时间同有限生命的偏好观点，得出结论：在外界条件都相对稳定不变的情况下，经济体系中的社会总储蓄倾向会随着社会老龄化群体的增加而下降。Horioka等（2006）利用中国1995—2004年的面板数据动态面板分析的结果发现，人口年龄结构的变动对储蓄率的影响不具有统计显著性。

二、国内研究综述

近年来，国内对于人口年龄结构对居民消费影响问题的研究主要通过建模进行实证分析和验证。较早的如袁志刚、宋铮①等(2000)通过建立跨时迭代模型，发现人口老龄化使得居民的储蓄率上升，进而抑制消费，人口老龄化对储蓄率有正向影响。王金营、付秀彬②(2006年)引入标准消费人概念来建立消费函数，借助消费水平、总人口、老年人口、少年人口、国内生产总值等变量，运用时间序列数据对中国消费规律进行了分析与预测，结论是，在人口老龄化初期对于社会消费的影响是不显著的。唐东波③(2007)运用VAR模型分析了人口老龄化对中国居民储蓄的影响，结果发现二者之间无论短期还是长期都存在着明显的正向关系。李文星、徐长生、艾春荣④(2008)通过对中国1989—2004年15年的省际动态面板数据的估计，引入了少儿抚养系数、老年抚养系数分析人口年龄结构变动对于居民消费的影响，发现人口老龄化对居民储蓄率的影响并不显著。方福前⑤(2009)运用中国30个省份1995—2005年的城乡面板数据，建立随机效应模型进行计量分析，发现无论是在城镇还是在农村，老年人口抚养系数与居民的人均消费需求正相关。王森⑥(2010)对我国1978—2008年的人口和消费情况进行时间序列分析，运用VAR对人口老龄化与人均GDP、居民消费之间进行实证分析，发现人口老龄化与居民消费之间呈现正负交错的影响关系。章亚男⑦(2011)根据经典消费理论以及相对收入

---

① 袁志刚，宋铮．人口年龄结构，养老保险制度与最优储蓄率[J]．经济研究，2000(11)：24-32.

② 王金营，付秀彬．考虑人口年龄结构变动的中国消费函数计量分析——兼论中国人口老龄化对消费的影响[J]．人口研究，2006，30(1)：29-36.

③ 唐东波．人口老龄化与居民高储蓄——理论及中国的经验研究[J]．金融论坛，2007，12(9)：3-9.

④ 李文星，徐长生，艾春荣．中国人口年龄结构和居民消费：1989—2004[J]．经济研究，2008(7)：118-129.

⑤ 方福前．中国居民消费需求不足原因研究——基于中国城乡分省数据[J]．中国经济学前沿，2009(4)：68-82.

⑥ 王森．中国人口老龄化与居民消费之间关系的实证分析——基于1978—2008年的数据[J]．西北人口，2010，31(1)：22-27.

⑦ 章亚男．人口老龄化对我国消费的影响[D]．南京大学，2011.

理论，利用中国1978—2007年的数据，运用协整检验和误差修正模型探讨了人口老龄化对于消费的长期和短期均衡影响。根据回归方程得出，收入对消费的影响最明显，而老年人口比重和少年人口比重对于消费的绝对量有一定的正向影响。黄健元、高梦璇[1]（2012）通过对江苏省1982—2010年的时间序列数据分析发现，人口老龄化对人均消费有正向影响。

综合近十年来的研究发现，通过建立模型进行计量分析常借助的消费函数主要有两种：第一种是基于时间序列数据的协整分析，第二种是面板数据的面板模型估计。函数中引入变量也各有不同。对消费影响的分析也主要侧重于消费水平和消费结构两方面。

在对消费水平的影响方面，通常借助于时间序列数据来分析人口老龄化对居民消费的影响，该模型以生命周期理论为基础，引入标准消费人概念，有效地解决了人口年龄结构的消费比重问题，其中代表学者有王金营、付秀彬[2]（2006）、刘金玲[3]（2008）、徐妍[4]（2013）、杨剑[5]（2014）等。

在对消费结构的影响方面，通常借助于面板数据来分析人口年龄结构对于居民消费的影响。代表学者主要有王德文、蔡昉、张学辉[6]（2004）、杨恒（2013），徐妍（2013）、刘金全（2014）、杨剑（2014）等。

本文参考国内学者的研究，分消费水平和消费结构两方面，建立相应的消费模型进行阐述。

第二节　湖北省人口老龄化对消费水平的影响

消费水平通常指地区居民在一年内平均消费的商品和劳务数量或商品和劳

---

[1] 黄健元，高梦璇. 江苏人口老龄化对消费水平影响的实证分析[J]. 消费经济，2012(6)：52-55.

[2] 王金营，付秀彬. 考虑人口年龄结构变动的中国消费函数计量分析——兼论中国人口老龄化对消费的影响[J]. 人口研究，2006，30(1)：29-36.

[3] 刘金玲. 湖南省人口老龄化对消费、劳动力供给及储蓄的影响研究[D]. 湖南大学，2008.

[4] 徐妍. 辽宁省人口老龄化对消费水平和结构的影响[D]. 辽宁大学，2013.

[5] 杨剑. 江西省人口老龄化对居民消费的影响研究[D]. 江西师范大学，2014.

[6] 王德文，蔡昉，张学辉. 人口转变的储蓄效应和增长效应——论中国增长可持续性的人口因素[J]. 人口研究，2004，28(5)：2-11.

务的价值额,也可以指地区一年的消费总规模,即社会总消费(最终消费)。社会总消费是国内生产总值中用于消费的总额,是构成 GDP 的主要部分。消费、投资、净出口是拉动经济增长的"三驾马车",共同构成了地区按支出法计算的 GDP。因消费主体不同,最终消费分为两部分:①居民消费,是指居民用于满足家庭日常生活消费需求的全部支出,可分为城镇居民消费和农村居民消费;②政府消费,指政府部门为社会提供的公共服务的消费支出和免费或以较低的价格向居民提供的货物和服务的净支出。① 无特殊说明情况下,本文所指的消费指居民消费,下面借助湖北省 2000—2015 年的消费数据,对湖北城乡居民消费情况进行分析。

一、湖北省城乡居民消费水平分析

(一)湖北省城乡居民收入水平与消费水平

近年来,湖北省居民的收入不断增加,城镇居民收入由 2000 年的人均 5524.5 元上涨到 2015 年的人均 27051.47 元,增加了近 5 倍;农村居民收入由 2000 年的人均 2268.50 元上涨到 2015 年的人均 11843.89 元,增长了 5 倍多。农村居民的收入增长速度略大于城镇(表 4-1)。

表 4-1　　2000—2015 年湖北省城乡居民收入水平、消费水平

年份	居民人均消费水平(元)	城镇居民人均消费水平(元)	农村居民人均消费水平(元)	城镇居民人均收入(元)	农村居民人均收入(元)
2000	2680	6250	1302	5524.5	2268.50
2001	2962	7042	1365	5856.0	2352.16
2002	3263	7899	1418	6789.0	2444.10
2003	3853	6547	1926	7322.0	2566.76
2004	4309	7277	2134	8022.8	2890.01
2005	4883	8051	2503	8786.0	3099.20

---

① 杨剑. 江西省人口老龄化对居民消费的影响研究[D]. 南昌:江西师范大学,2014.

续表

年份	居民人均消费水平(元)	城镇居民人均消费水平(元)	农村居民人均消费水平(元)	城镇居民人均收入(元)	农村居民人均收入(元)
2006	5480	8944	2813	9803.0	3419.35
2007	6513	10593	3300	11485.0	3997.48
2008	7406	11780	3864	13153.0	4656.38
2009	7791	12080	4137	14367.0	5035.26
2010	8977	13576	4758	16058.4	5832.27
2011	10873	15935	5653	18373.9	6897.92
2012	12283	17296	6705	20839.6	7851.71
2013	13912	19156	7755	22906.4	8866.95
2014	15762	21854	8608	24852.28	10849.06
2015	17429	23561	9542	27051.47	11843.89

注：(1)居民人均消费水平和城镇、农村居民人均消费水平来源于《湖北统计年鉴2015》和《湖北统计年鉴2016》。

(2)城镇居民人均年可支配收入和农村居民人均纯收入(2013年以前分城镇和农村开展住户调查，指标为农村人均纯收入。2014年起使用城乡一体化住户收支与生活状况调查数据，指标改为农村常住居民人均可支配收入。)由《湖北统计年鉴》(2001—2016)整理而得。

从表4-1和图4-1可以看出，本世纪以来，湖北省城乡居民的收入水平和消费能力都获得了较大的提高，而且收入的增长速度要快于消费支出的增长速度，且2008年以前，收入水平和消费水平增长速度比较一致，2003年以前城镇居民消费水平甚至高于收入水平，但2008年以后，收入水平的增长速度逐渐大于消费水平的增长速度，说明人们的储蓄意愿开始增强了。同时城乡居民之间的收入差距和消费差距都在不断地扩大。2000—2015年湖北城乡居民的人均消费支出分别从6250元和1302元提高到23561元和9542元，年均增长速度分别为9.25%和14.20%，表明农村居民消费增长速度要显著快于城镇居民；城乡居民的人均可支配收入分别从5524.5元和2268.5元提高到27051.47

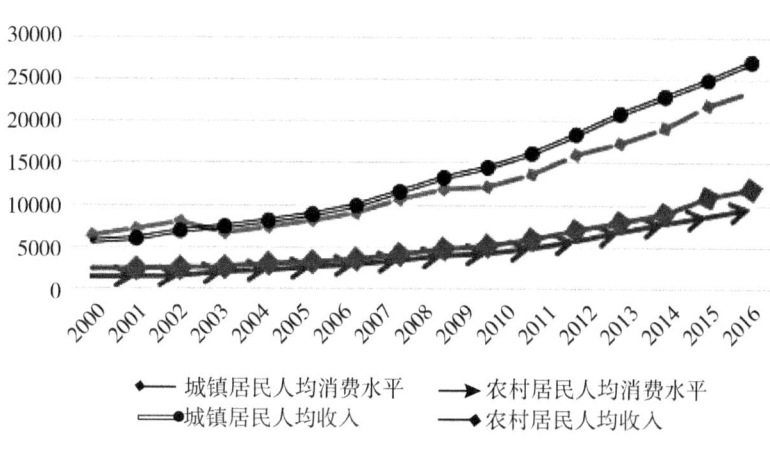

图 4-1 湖北城乡居民人均收入及消费水平变化

元和 11843.89 元，年均增长速度分别为 11.17% 和 11.65%。表明农村居民收入增长速度亦要快于城镇居民。与此同时，城乡居民人均消费支出的增长速度整体慢于收入的增长速度。另外，2000 年的中国城乡居民收入差距和消费差距分别为 3256 元和 4948 元，到 2015 年则扩大到 15207.58 元和 14019 元，而且从图 4-1 可以看出这种差距还有进一步扩大的趋势。

(二)湖北省城乡居民消费水平的特点

人的消费行为受年龄和心理因素的影响，又为社会经济发展水平和收入所制约，早在 19 世纪 30 年代，西方学者就注意到储蓄偏好与寿命长短之间存在一定的相关关系，认为人的寿命越长，储蓄意愿就越强。根据莫迪利安尼的"生命周期假说"，人的储蓄反映生命周期中个人分配其资源的意图，个人的储蓄动机受个人收入和退休时间以及社会保险中养老津贴的影响。一般地，个人收入越高，消费和储蓄的能力都会增强，但边际消费倾向会下降；在现收现付制度下，退休时间延长会增强人们的消费倾向，为退休后储蓄的意愿会下降；社会保险制度越稳定和健全，人民的储蓄倾向也会下降。下面结合上述观点分析湖北省人口老龄化背景下的消费水平变化趋势。

如图 4-2 所示，近年来湖北省人口预期寿命呈上升趋势，因此，依据西方学者的观点，相应的储蓄偏好应该增强，消费偏好应该呈下降趋势，但从下表 4-2 及图 4-3 可以看出，城镇居民收支比呈下降趋势，符合规律，但农村居民

第四章 湖北省人口老龄化对消费的影响

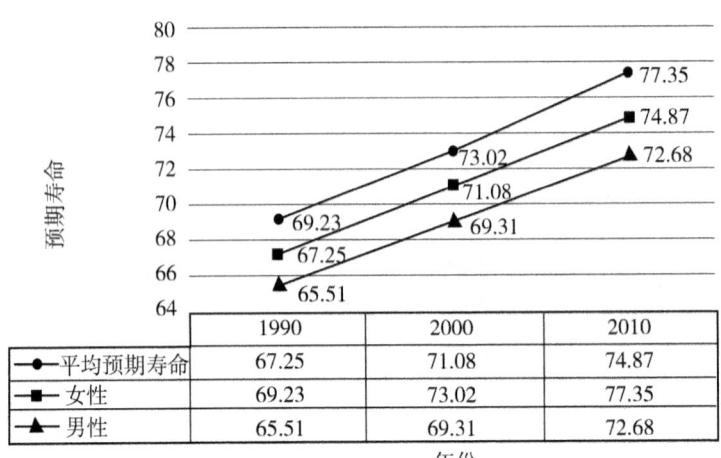

图 4-2 湖北省人口预期寿命

收支比呈上升趋势。

表 4-2 　　2000—2015 年湖北省城乡居民收支变化及收支比

年份	城镇居民人均消费水平（元）	农村居民人均消费水平（元）	城镇居民人均收入（元）	农村居民人均收入（元）	城镇居民的收支比	农村居民的收支比
2000	6250	1302	5524.5	2268.5	1.13	0.57
2001	7042	1365	5856	2352.16	1.20	0.58
2002	7899	1418	6789	2444.1	1.16	0.58
2003	6547	1926	7322	2566.76	0.89	0.75
2004	7277	2134	8022.8	2890.01	0.91	0.74
2005	8051	2503	8786	3099.2	0.92	0.81
2006	8944	2813	9803	3419.35	0.91	0.82
2007	10593	3300	11485	3997.48	0.92	0.83
2008	11780	3864	13153	4656.38	0.90	0.83
2009	12080	4137	14367	5035.26	0.84	0.82

续表

年份	城镇居民人均消费水平（元）	农村居民人均消费水平（元）	城镇居民人均收入（元）	农村居民人均收入（元）	城镇居民的收支比	农村居民的收支比
2010	13576	4758	16058.4	5832.27	0.85	0.82
2011	15935	5653	18373.9	6897.92	0.87	0.82
2012	17296	6705	20839.6	7851.71	0.83	0.85
2013	19156	7755	22906.4	8866.95	0.84	0.87
2014	21854	8608	24852.28	10849.06	0.88	0.79
2015	23561	9542	27051.47	11843.89	0.87	0.81

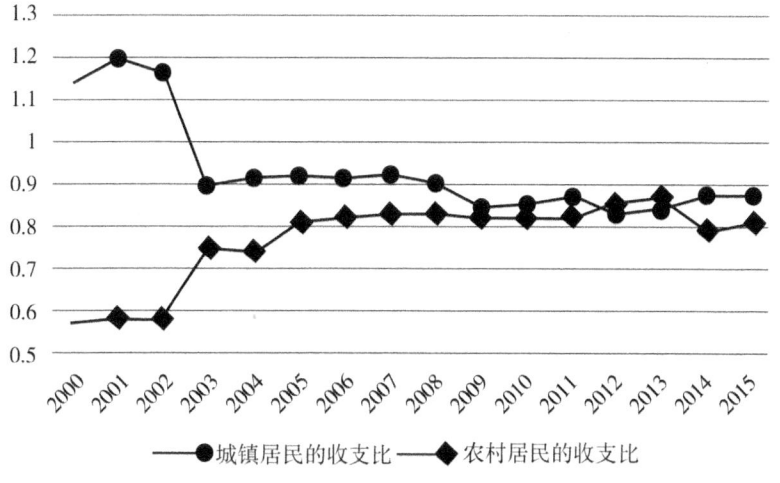

图 4-3 湖北省城乡居民收支比

带着这个疑问，课题组成员利用暑假走访了湖北省新洲区三店镇和湖北省麻城市乘马岗镇几个村庄，并访谈了几名乡镇领导，他们的说法基本消除了我们的疑问：①近十几年来我国经济发展势头好，进城务工的农民收入不断上升，脑子也越来越灵活，用他们的话说就是"来钱快了"，生活水平得到了普遍提高，人们对未来的生活更有信心，花钱也就不那么"缩手缩脚"了。②国家政策好。伴随着农村社会养老保险制度和农村医疗保障制度的推行，农民对新农保的认可度越来越高，相当多的村民都参加了新农保，尤其是那些 60 岁以上已经开始领取养老金的村民,更是对新农保赞不绝口。再加上低保救助、精准扶贫等工程的推行,老百姓的后顾之忧显著降低。③伴随着城镇化建设的进程和新农村建设的加快,绝大多数村民都喜盖新房,有些农民干脆进城买房,消费自然就增加了。④老年人口增多了,而生活水平的改善让老年人自身及子女更关注老人健康,医疗保健品购买增加。⑤成人外出打工的多了,牵挂家里的老人和孩子,因此交通和通信费用增加了。

统计资源显示(表4-7):近年来,农村居民的住房支出占总支出的比例由2000年的11.53%增加到2015年的21.93%,增长了10.4个百分点;医疗保健费用的支出占总支出的比例由2000年的4.48%增加到2015年的10.05%,增长了5.57个百分点;交通和通信费用占总支出的比例由2000年的4.67%增加到2015年的12.43%,增长了7.76个百分点。

如图4-3所示,城镇居民收支比总体呈下降趋势,特别是在2003年以前,消费水平甚至高于收入水平,笔者大胆假设,这与我国人口老龄化有相当大的关联度,理由包括:①湖北省人口进入老龄化社会正好是在2002年以后(如本书第一章及本章表4-3所示)65岁及以上人口首次超过7%;②正因为人口老龄化问题成为了当前我国面临的主要人口问题,为兼顾公平,国家不断调整养老保险制度,特别是自20世纪90年代末开始,逐渐推行统筹账户和个人账户的部分积累制,与农村居民保障体系逐渐完善正好相反,城镇职工的"铁饭碗"逐渐被打破,加之伴随延迟退休制度的争议和落实,对国家养老金账户的各种担忧和猜忌,城镇职工的后顾之忧不降反升,因此,储蓄倾向反而上升。鉴于此,本人认为人口老龄化对消费水平势必会产生影响,下面将对此进行实证分析。

二、湖北省人口老龄化对消费水平影响的实证分析

在分析湖北省人口老龄化对居民消费水平的影响问题时,我们将问题聚焦到对湖北省的老龄人口消费行为的研究上。根据第一章中对湖北人口年龄结构的研究,我们可以看到,湖北省近些年来,老龄人口的比重不断的上升。由于老年人的消费行为习惯具有特殊性,老年人口的增加势必对整个居民的消费水平产生越来越大的影响。

(一)基本假设和模型

根据第三章介绍的相关消费函数理论,收入是影响人们消费能力的主要因素之一,结合本课题研究的目的及现实意义,我们引入年龄结构这个变量,假设人口年龄结构的变化对消费水平产生影响。

第二节 湖北省人口老龄化对消费水平的影响

本文在构造模型时借用了王金营的研究成果，选取了他的两种模型：①将老年人口比重和少年儿童人口比重作为变量引入消费函数；②将标准消费人这一变量引入消费函数，将老年人和少年儿童的消费能力都转变为成年人的消费能力来表示，最后对模型进行估计检验，以寻求找到最适合代表湖北省人口老龄化与消费水平之间的关系函数。

直接引入人口年龄结构变量的绝对收入假说的消费函数模型如下：

在给定消费水平的条件下，则最终消费函数为

$$C_t = c_t p_t \tag{4.1}$$

式中，C_t 为消费总额；c_t 为人均消费水平；P_t 为总人口。该消费函数表明，在消费水平给定的条件下，人口规模是最终消费规模的决定因素。然而，人均消费水平并非固定不变，人均收入水平或人均 GDP 水平、人口年龄结构等都是影响人均消费水平变动的因素。人均消费、人均 GDP、人口年龄结构之间的关系如下：

$$C_t = \alpha_t + \alpha_2 y_t + \alpha_3 \text{aged}(t) + \alpha_4 \text{ch}(t) + \varepsilon \tag{4.2}$$

$$C_t = 1181.009 + 0.405 y_t + 155.146 \text{aged}(t) - 53.895 \text{ch}(t)$$

$$\begin{pmatrix} 2.315 & 87.878 & 4.383 & -3.920 \\ 0.039 & 0.000 & 0.001 & 0.002 \end{pmatrix}$$

式中，c_t 表示人均消费；y_t 表示人均 GDP；aged(t)、ch(t) 分别表示老年人口和少年人口的比重。

该等式两端同乘以总人口 P_t，则最终消费函数模型为

$$C_t = \alpha_1 P_t + \alpha_2 Y_t + \alpha_3 P_t \text{aged}(t) + \alpha_4 P_4 \text{ch}(t) + \varepsilon \tag{4.3}$$

该式表明，最终消费是总人口、老年人口、少年儿童人口和国内生产总值的线性函数。

设少年儿童人口的平均消费水平是成年人口的 α 倍，老年人口的平均消费水平是成年人口的 β 倍，总人口 P 中有老年人口 Aged，少年人口 Ch，劳动人口 L，则标准消费人口 SCP = $\alpha \times$ Ch + $\beta \times$ Aged + L。令 C 代表总消费额，则标准消费人的消费水平表示为：$sc = \dfrac{C}{\text{SCP}}$，令 P 代表总人口，每 100 人中相当于的标准消费人数表示为：$\dfrac{\text{SCP}}{P} \times 100 = (\alpha \cdot \text{ch} + \beta \cdot \text{age} + l) \times 100$ 其中，ch、aged、l 分别代表少年儿童、老年人口、劳动人口在总人口中的比重。

根据此标准消费人的计算过程，标准消费人的消费水平是一个已经排除了人口年龄结构影响的指标，因而决定消费水平的因素只有人均收入水平（人均

GDP)和消费习惯(c_{t-1})及其他因素,这样,我们得到如下模型:

不考虑消费习惯的标准消费人消费函数为

$$Sc_t = \alpha_1 + \alpha_2 y_t + \mu_t \tag{4.4}$$

考虑消费习惯 $C_{(t-1)}$ 的标准消费人消费函数为:

$$Sc_t = \alpha_1 + \alpha_2 y_t + \alpha_3 Sc_{t-1} + \mu_t \tag{4.5}$$

式中,Sc_t 为 t 年标准消费人消费水平,与 t 年的人均消费水平 c_t 相区别,y_t 为人均 GDP。这两个模型反映了当排除人口年龄差异的影响后,消费函数中影响消费水平的因素将大大简化,年龄结构不再是标准消费人消费水平的主要影响因素。一旦估计得到模型的参数,我们就可以利用预测得到分年龄组人口和人均 GDP 水平,预测未来的标准消费人消费水平和总消费规模。即,首先,式(4.4)两边同乘以标准消费人规模 scp,得到总消费函数:

$$c_t = \alpha_1 p_t \frac{\text{scp}_t}{p_t} + \alpha_2 y_t \text{scp}_t = \alpha_1 p_t \frac{\text{scp}_t}{p_t} + \alpha_2 \frac{Y_t}{p_t} \text{scp}_t \tag{4.6}$$

变形,采用人口年龄结构表示标准消费人,得到

$$c_t = \alpha_1 p_t (\alpha \cdot \text{ch}_t + \beta \cdot \text{aged}_t + l_t) + \alpha_2 Y_t (\alpha \cdot \text{ch}_t + \beta \cdot \text{aged}_t + l_t) \tag{4.7}$$

将 $l = 1 - \text{ch}_t - \text{aged}_t$ 代入式(4.7)得

$$\begin{aligned} c_t &= \alpha_1 p_t + \alpha_2 Y_t - (1-\beta)(\alpha_1 \cdot p_t + \alpha_2 Y_t) \cdot \\ &\quad \text{aged}_t - (1-\alpha)(\alpha_1 \cdot p_t + \alpha_2 Y_t) \cdot \text{ch}_t \end{aligned} \tag{4.8}$$

或者

$$c_t = \alpha_1 + \alpha_2 y_t - (1-\beta)(\alpha_1 + \alpha_2 y_t) \cdot \text{aged}_t - (1-\alpha)(\alpha_1 + \alpha_2 y_t) \cdot \text{ch}_t \tag{4.9}$$

由式(4.8)和式(4.9)可见,当老年人口和少年儿童的消费水平与成年消费水平越是接近(即 α 和 β 接近1),人口年龄结构对消费的影响就越小。反之,当老年人口和少年儿童的消费水平与成年消费水平的差异越大(即 α 和 β 比1小得多),人口年龄结构对消费的影响就越大。因此,只要对式(4.4)或式(4.5)略作变化,就可以将人口的年龄结构间接的引入消费函数。

对式(4.8)中 y_t 进行求导得

$$c_t'(y_t) = \alpha_2 - \alpha_2(1-\alpha) \cdot \text{ch}_t - \alpha_2(1-\beta) \cdot \text{aged}_t \tag{4.10}$$

式中,$c_t'(y_t)$ 为边际消费倾向,可以看出,边际消费倾向与少年人口比重和老年人口比重成反比。而且 $c_t'(y_t)$ 的大小与少年儿童和老年人口消费所占的权重也有直接关系。因此,本文在下面的分析中也对上述两种模型利用湖北的实际时间序列数据进行检验。

(二)数据来源

1. 人口年龄结构和人均消费水平数据

本文中的数据主要来自《中国统计年鉴》(2001—2016)和《湖北统计年鉴2015》、《湖北统计年鉴2016》,包括人均GDP、人均消费、人口数量等,并且将2000年作为基年,对人均GDP、人均消费等指标进行了价格平减(表4-3)。

表4-3　　　2000—2015年湖北省人口年龄结构、人均GDP、
消费(以2000年不变价格计算)

年份	总人口（万）	0~14岁(%)	15~64岁(%)	65岁及以上(%)	老少比	支出法计算的GDP	人均GDP（元/人）	消费（亿元）	人均消费（元/人）
2000	5936	22.87	70.82	6.31	27.59	3760.48	6335.04	2030.07	3419.93
2001	5956	22.43	70.84	6.73	30.00	4072.30	6837.31	2257.47	3790.24
2002	5978	23.08	68.11	8.81	38.17	4430.68	7411.65	2510.36	4199.34
2003	6000	21.14	63.08	7.89	37.32	4785.13	7975.21	2758.86	4598.10
2004	6001.3	19.27	72.54	8.19	42.50	5234.99	8723.09	2996.13	4992.46
2005	5984.1	18.88	71.95	9.17	48.57	5915.59	9885.51	3346.64	5592.56
2006	6038.3	16.98	73.23	9.79	57.66	6767.45	11207.55	3885.48	6434.73
2007	6084.9	15.70	74.42	9.88	63.93	7714.95	12678.84	4297.34	7062.29
2008	6110.8	14.68	75.19	10.13	69.01	8702.43	14241.07	4744.30	7763.80
2009	6141.9	14.46	75.37	10.17	70.33	9694.48	15784.17	5109.64	8319.31
2010	6176.0	13.91	77.00	9.09	65.35	11411.36	18476.95	5768.73	9340.56
2011	6164.1	14.31	75.58	10.11	70.65	13351.31	21659.80	6564.86	10650.16
2012	6165.4	14.09	75.15	10.76	76.37	14673.14	23799.17	7122.83	11552.91
2013	6170.6	14.94	75.15	9.91	66.33	16273.57	26372.76	7770.97	12593.53
2014	6162.3	15.97	73.77	10.25	64.18	18145.04	29445.24	8586.95	13934.65

续表

年份	总人口（万）	0~14岁(%)	15~64岁(%)	65岁及以上(%)	老少比	支出法计算的GDP	人均GDP（元/人）	消费（亿元）	人均消费（元/人）
2015	6138.9	15.18	73.58	11.23	74.01	19687.35	32069.83	9308.27	15162.77

注：(1)不同年龄段人口结构比根据《中国统计年鉴》(2001—2016)由全国人口变动情况抽样调查样本数据计算而来，抽样比为0.822‰~1.325‰不等，并由此计算出老少比。

(2)总人口、GDP、消费的数据来源于《湖北统计年鉴》(2001—2016)。并在对GDP、消费的数据进行了价格平减，换算为2000年的不变价格；人均GDP和人均消费指标是根据总量与总人口之比计算得到。

2. 标准消费人及标准消费水平数据整理与分析

由于各个年龄段对各种商品的需求不尽相同，因此，各年龄段消费者对于社会总体消费水平的影响也各不相同。王金营将老年人按0.7和0.8两个消费系数折算为标准消费人，将少年儿童的标准消费系数分别定为0.7和0.6。由于近年来养育孩子的成本上升逐渐提高，加之在少年儿童消费系数固定的情况下可以更直观地分析老年消费系数变化带来的影响，据此，我们将少年儿童系数固定为0.7，将老年消费系数分别定为0.7和0.8，将湖北省2000—2015年间我国人口换算成标准消费人，依据上面所介绍的王金营的模型，利用表4-3的基础数据，对标准消费人及标准消费水平相关数据进行计算整理，得到表4-4和表4-5数据。

表4-4　　　　　　标准消费人及消费水平
（消费系数：少儿0.7，成年人1，老年人0.7）

年份	标准消费人每100人	总标准消费人（万）	标准消费人消费水平(元)	老年人消费规模(亿元)	老年人消费比重(%)
2000	91.25	5416.36	3748.03	98.27	4.84
2001	91.25	5434.97	4153.60	116.54	5.16
2002	90.43	5406.08	4643.59	171.19	6.82
2003	83.40	5004.06	5513.24	182.70	6.62
2004	91.76	5506.91	5440.67	187.19	6.25
2005	91.59	5480.54	6106.41	234.56	7.01

续表

年份	标准消费人每100人	总标准消费人(万)	标准消费人消费水平(元)	老年人消费规模(亿元)	老年人消费比重(%)
2006	91.97	5553.36	6996.63	289.52	7.45
2007	92.33	5617.94	7649.30	321.91	7.49
2008	92.56	5655.97	8388.13	363.47	7.66
2009	92.61	5688.08	8983.07	392.78	7.69
2010	93.10	5749.86	10032.82	394.27	6.83
2011	92.67	5712.52	11492.06	501.32	7.64
2012	92.55	5705.77	12483.56	579.71	8.14
2013	92.55	5710.58	13608.01	582.50	7.50
2014	92.12	5676.96	15125.97	668.79	7.79
2015	92.07	5651.90	16469.28	794.77	8.54

表 4-5 标准消费人及消费水平
(消费系数：少儿 0.7，成年人 1，老年人 0.8)

年份	标准消费人每100人	总标准消费人(万)	标准消费人消费水平(元)	老年人消费规模(亿元)	老年人消费比重(%)
2000	91.88	5453.82	3722.29	111.54	5.49
2001	91.93	5475.05	4123.19	132.22	5.86
2002	91.31	5458.75	4598.79	193.76	7.72
2003	84.19	5051.40	5461.57	206.84	7.50
2004	92.58	5556.06	5392.54	212.04	7.08
2005	92.50	5535.41	6045.88	265.41	7.93
2006	92.95	5612.48	6922.93	327.40	8.43
2007	93.31	5678.06	7568.31	364.00	8.47
2008	93.57	5717.88	8297.32	410.90	8.66
2009	93.63	5750.54	8885.49	444.01	8.69
2010	94.01	5806.00	9935.81	446.24	7.74

续表

年份	标准消费人每100人	总标准消费人(万)	标准消费人消费水平(元)	老年人消费规模(亿元)	老年人消费比重(%)
2011	93.69	5774.84	11368.05	566.76	8.63
2012	93.62	5772.11	12340.08	654.91	9.19
2013	93.54	5771.73	13463.83	658.66	8.48
2014	93.15	5740.12	14959.52	755.92	8.80
2015	93.19	5720.84	16270.82	897.37	9.64

由表4-4可知，如把老年人和少年儿童的消费系数都定为0.7，则每100人的标准消费人由2000年的91.25上升到2015年的92.07，增长了0.9%，老年人比重由2000年的4.84%上升到2015年的8.54%，增长了3.7个百分点。标准消费人消费水平从2000年的3748.03元提高到2015年的16463.47元，年均增长速度为10.36%，老年人的消费规模从2000年的98.27亿元增加到2015年的794.49亿元，年均增速为14.95%，远大于标准消费人消费水平的增长速度，也远大于以2000年不变价格计算的总消费额的增长速度10.68%，这表明，如果产出或收入水平不变和总消费额不变，则消费水平将因老龄化的发展而降低。

同理，由表4-5可知，如把少年儿童的消费系数固定为0.7，老年人消费系数定为0.8，则每100人的标准消费人由2000年的91.88人上升到2015年的93.19人，增长了1.43%，老年人比重由2000年的5.49%上升到2015年的9.64%，增长了4.15个百分点。标准消费人消费水平从2000年的3722.29元提高到2015年的16265.07元，年均增长速度为10.33%，老年人的消费规模从2000年的111.54亿元增加到了2015年的897.05亿元，年均增速为14.91%，远大于标准消费人消费水平的增长速度，也远大于以2000年不变价格计算的总消费额的增长速度10.68%，同样表明，如果产出或收入水平不变和总消费额不变，则消费水平将因老龄化的发展而降低。

比较表4-4和表4-5的结论可知：当老年消费系数由0.7增加到0.8时，相应地老年人的消费规模也略有下降，这说明，老年人消费系数越接近于1，人口老龄化对消费的影响就越小。

(三)模型的检验

1. 直接引入年龄结构变量的消费函数模型的检验

第二节 湖北省人口老龄化对消费水平的影响

根据上文的理论分析,我们取表 4-3 中人均消费水平、人均 GDP 和人口年龄结构的数据,用 Eviews 软件,对式(4.2)进行估计检验,求取实证结果,得到下列模型:

$$C_t = 1181.009 + 0.405y_t + 155.146\text{aged}(t) - 53.895\text{ch}(t)$$

$$\begin{pmatrix} 2.315 & 87.878 & 4.383 & -3.920 \\ 0.039 & 0.000 & 0.001 & 0.002 \end{pmatrix}$$

(4.11)

公式中第一行括号中的数值是模型各变量系数的 t 检验值,第二行括号中的数值是各变量系数的显著性水平。

模型整体检验:$R^2 = 0.999$;DW = 1.477;$F = 8055.621$;prob = 0.000

模型整体通过了检验,各个自变量的 F 统计量概率检验值也均小于 0.05,其中人均 GDP 变量与人均消费水平关系非常显著,老年人口比重和少年儿童人口比重与人均消费水平关系较显著。该方程的判定系数 $R^2 = 0.999$,无限接近 1,说明该方程拟合效果非常之好。方程的序列相关检验中,DW = 1.477,根据 DW 检验表查得在 $n = 16$,$k = 3$,$\alpha = 0.05$ 水平下,$dl(0.86) < \text{DW}(1.477) < du(1.73)$,说明无法判断方程是否存在序列自相关。利用 Q 检验,1—12 阶 P 值均大于 0.05,所以拒绝原假设,不存在序列自相关。因此,该模型能够显著的反映湖北省人口年龄结构与人均消费之间的关系。

2. 采用标准消费人消费水平的消费函数模型的检验

在不考虑前期消费水平影响的情况下,我们利用表 4-4 中数据对式(4.4)和式(4.5)两个模型进行回归检验估计。根据前文论述和推导,标准消费人函数已经排除了人口年龄结构因素,那么人均收入水平(Y_t)和前期消费习惯(SC_{t-1})成为当期消费水平的决定因素。

当不考虑消费习惯的影响时,用表 4-4 数据对模型(4.4)进行估计可得

$$SC_t = 1353.204 + 0.471Y_t$$

$$\begin{pmatrix} 8.670 & 53.829 \\ 0.000 & 0.000 \end{pmatrix}$$

(4.12)

模型整体检验:$R^2 = 0.995$;DW = 0.686;$F = 2897.556$;prob = 0.000

模型(4.12)高度拟合湖北省 2000—2015 年期间消费水平与人均 GDP 水平的关系,模型式总体显著通过,各参数也均显著通过检验。但是注意到 D.W 值为 0.686,查表可知当 $n = 16$,$k = 1$,$\alpha = 0.05$ 的情况下,$0.686 < dl = 1.10$,说明方程存在自相关,模型不可用。利用 Eviews7.2 软件对式(4.12)进行广义差分校正,得到检验结果为:

Dependent Variable：SC
Method：Least Squares
Date：08/29/17   Time：21：45
Sample(adjusted)：2001 2015
Included observations：15 after adjustments
Convergence achieved after 5 iterations

Variable	Coefficient	Std. Error	t-Statistic	Prob.
C	1653.177	262.7605	6.291574	0.0000
PGDP	0.459301	0.012168	37.74785	0.0000
AR(1)	0.515837	0.181618	2.840222	0.0149
R-squared	0.997896	Mean dependent var	9139.089	
Adjusted R-squared	0.997545	S. D. dependent var	3923.839	
S. E. of regression	194.4192	Akaike info criterion	13.55477	
Sum squared resid	453586.0	Schwarz criterion	13.69638	
Log likelihood	−98.66075	Hannan-Quinn criter.	13.55326	
F-statistic	2845.294	Durbin-Watson stat	2.344611	
Prob(F-statistic)	0.000000			
Inverted AR Roots	.52			

Q 检验出现 12 阶结果均大于 0.05，因此，修正后的模型为

$$SC_t = 1653.17 + 0.459Y_t$$
$$\begin{pmatrix} 6.292 & 37.748 \\ 0.000 & 0.0149 \end{pmatrix} \tag{4.13}$$

模型整体检验：$R^2 = 0.998$；DW $= 2.345$；$F = 2845.294$；prob $= 0.000$

式(4.13)模型整体、常数项和人均 GDP 都通过了检验，自相关也被消除，拟合效果良好，参数设计较为合理，可以用于未来的预测和分析。

当当期消费水平受前期消费水平影响时，利用表 4-4 数据对模型(4.5)进行回归

分析，得到

$$SC_t = 901.773 + 0.274y_t + 0.449SC_{t-1}$$

$$\begin{pmatrix} 3.310 & 3.457 & 2.411 \\ 0.006 & 0.005 & 0.33 \end{pmatrix} \quad (4.14)$$

模型整体检验：$R^2=0.998$；DW$=2.092$；$F=2521.998$；prob$=0.000$

模型整体通过了检验，各个自变量的 F 统计量概率检验值也均小于 0.05，该方程的判定系数 $R^2=0.998$ 几乎接近于 1，说明该方程拟合效果非常好。经检测也不存在序列相关的影响，各参数也均显著通过检验，可以用于未来的预测和分析。

利用表 4-5 把老年人的消费系数定为 0.8，少儿消费系数定为 0.7 所计算得到的标准消费人及消费水平的数据对(4.4)、(4.5)两个模型进行估计检验，其结果与利用表 4-4 中的数据进行估计检验得到结果非常接近。结果如下：

当不考虑消费习惯的影响时，用表 4-5 数据对模型(4.4)进行估计可得

$$SC_t = 1354.099 + 0.465 y_t$$
$$\begin{pmatrix} 8.855 & 54.255 \\ 0.000 & 0.000 \end{pmatrix} \quad (4.15)$$

模型整体检验：$R^2=0.995$；DW$=0.685$；$F=2943.581$；prob$=0.000$

模型(4.15)高度拟合湖北省 2000—2015 年期间消费水平与人均 GDP 水平的关系，总体显著通过，各参数也均显著通过检验。但是注意到 D.W 值为 0.685，查表可知方程存在自相关，模型不可用。利用 Eviews7.2 软件对式(4.15)进行广义差分校正，可得如下模型：

$$SC_t = 1651.428 + 0.453 y_t$$
$$\begin{pmatrix} 6.396 & 37.952 \\ 0.000 & 0.000 \end{pmatrix} \quad (4.16)$$

模型整体检验：$R^2=0.998$；DW$=2.368$；$F=2905.809$；prob$=0.000$

模型整体、常数项和人均 GDP 都通过了检验，自相关也被消除，拟合效果良好，参数设计较为合理，可以用于未来的预测和分析。

当考虑前期消费水平对当期有影响时，利用表 4-5 数据进行估计检验结果为

$$SC_t = 907.543 + 0.273 y_t + 0.444 SC_{t-1}$$
$$\begin{pmatrix} 3.327 & 3.462 & 2.369 \\ 0.006 & 0.005 & 0.035 \end{pmatrix} \quad (4.17)$$

模型整体检验：$R^2=0.998$；DW$=2.086$；$F=2538.965$；Sig$=0.000$

式(4.13)模型整体、常数项和人均 GDP 都通过了检验，经检测也不存在自相关，拟合效果良好，参数设计较为合理，可以用于未来的预测和分析。

综上所述,模型(4.11)、模型(4.13)、模型(4.14)、模型(4.16)和模型(4.17)均通过了检验,将模型参数代入式(4.8)或式(4.9)就可以得到人口老龄化对消费水平的影响程度。以模型(4.13)为例,将式估计得到的参数代入式(4.9)得

$C_t = 1653.177 + 0.459Y_t - 0.3(1653.177 + 0.459Y_t)\text{aged}_t - 0.3(1653.177 + 0.459Y_t)\text{ch}_t$

上式表明:随着人均收入水平(人均 GDP)的提高,人口老龄化对消费需求的影响越来越大。上式对人均收入 Y_t 求导,可求得人均收入提高所带来的消费水平提高的速度减小为

$C'_t(y_t) = 0.459 - 0.1377(\text{aged}_t + \text{ch}_t)$

从上式可以看出,消费水平随收入水平的增加而增加的速度,会因为非劳动人口比重的增加而下降。在当前少年儿童人口比重下降,老年人口比重上升的现实下,人口老龄化对消费水平的增速的减缓作用是比较显著的,湖北省的边际消费倾向与老年人口比重和少年人口比重之间的负相关关系,这将削弱消费对经济增长的拉动作用,也证明国家提出"供给侧改革的"方针的前瞻性和必要性。

3. 结论

通过数据分析以及模型的检验分析证明,无论是直接引入年龄结构变量的消费函数模型的检验还是采用标准消费人消费水平的消费函数模型的检验,都说明人口年龄结构对消费水平、消费规模有一定的影响。但是由于在直接引入年龄结构变量的消费函数模型中 y 前面系数即边际消费倾向始终为 0.405,并没有随着老年比重和少年比重有所变化。因此,我们采用了引入标准消费人的消费函数模型进行估计检验。结果表明,随着老龄化程度的加深,老年人口的消费水平、规模、结构将最终对总的消费产生至关重要的影响;人口年龄结构变动即人口抚养系数的提高特别是老龄化程度提高的影响,使得人均收入提高所带来的消费水平提高的速度将会减小,老龄化将会降低未来的消费水平和消费比率。另外,在标准消费人消费函数模型中引入反映消费习惯的滞后变量,模型更具有解释程度。

三、湖北省人口老龄化对消费结构的影响

本文所研究的消费结构是依据湖北省统计年鉴中的划分标准,具体指各种社会消费品在总的居民生活消费支出中所占的比例,主要分为八大类:食品、衣着、家庭设备及服务、医疗保健、交通与通信、教育文化娱乐及服务、居

住、杂项商品及服务。

(一)湖北省城乡居民消费结构分析

1. 湖北省城乡居民消费支出及构成

本文选取了湖北省 2000—2015 年相关数据对湖北省消费结构的现状及特点进行分析。湖北统计年鉴中对居民八大类消费是分城镇和农村分别进行统计的,不考虑通货膨胀的影响,按当年价格计算的各项消费支出如表 4-6 所示。

表 4-6　　　　2000—2015 年湖北省城镇居民人均年消费品支出　　　　元

年份	消费支出	食品支出	衣着支出	家庭设备用品及服务	医疗保健	交通和通信	教育和文化娱乐服务	居住支出	其他商品和服务
2000	4644.5	1779.4	530.3	377.3	208.9	280.7	607.0	654.1	206.8
2001	4804.79	1799.38	582.66	347.84	241.87	336.19	698.89	586.33	211.63
2002	5608.9	2087.8	592.9	398.1	370.5	532.1	863.2	612.2	152.1
2003	5963.3	2279.6	669.3	383.4	397.5	571.9	843.7	655.0	162.8
2004	6398.5	2516.2	711.0	334.1	461.4	600.5	938.6	641.6	195.1
2005	6737.0	2625.4	806.7	371.0	499.4	649.9	904.8	683.9	195.6
2006	7397.0	2868.4	877.01	401.22	517.19	763.14	997.74	752.56	220.08
2007	8701.0	3456.0	1046.62	550.16	525.32	903.02	1120.29	856.97	242.82
2008	9478.0	3996.0	1099.16	604.40	675.32	890.12	1037.24	914.26	260.74
2009	10294.0	4160.5	1210.32	759.24	694.61	953.69	1208.46	999.49	307.75
2010	11451.0	4429.3	1415.68	867.33	709.58	1205.48	1263.16	1187.54	372.9
2011	13163.8	5363.7	1677.91	814.81	915.72	1382.2	1489.67	1172.11	347.68
2012	14496.0	5837.9	1783.41	978.26	1029.55	1476.98	1651.92	1371.15	366.78
2013	15749.5	6259.2	1881.85	1059.22	1033.46	1745.05	1922.83	1456.30	391.57
2014	14477.5	5390.63	1463.90	1024.67	1187.81	1802.35	1894.84	1371.17	342.11
2015	15787.3	5828.55	1523.08	1099.31	1482.05	2155.38	1972.20	1337.72	388.98

注:(1)2014 年起居住支出中包含了自有住房折算租金,为统一口径,将其从居住支出中扣除,相应地总消费支出中也给予扣除。

(2)数据由《湖北统计年鉴》(2001—2016 年)整理而得。

表 4-7　　2000—2015 年湖北省农村居民人均年消费品支出　　　　元

年份	消费支出	食品支出	衣着支出	家庭设备用品及服务	医疗保健	交通和通信	教育和文化娱乐服务	居住支出	其他商品和服务
2000	1555.61	827.25	75.19	69.40	69.67	72.67	209.89	179.42	52.11
2001	1649.18	856.25	77.28	73.77	87.60	88.13	213.61	184.53	68.00
2002	1745.63	872.49	80.63	71.54	90.51	98.92	232.84	235.61	63.10
2003	1801.63	930.98	80.19	73.00	95.55	122.05	223.92	223.41	52.53
2004	2088.98	1076.35	92.52	75.11	110.73	162.65	245.68	274.10	50.85
2005	2430.19	1192.26	125.01	110.04	135.37	223.16	271.86	310.27	62.23
2006	2732.10	1278.80	146.69	135.53	172.40	246.07	292.30	377.20	83.24
2007	3090.0	1479.04	168.64	166.25	178.77	281.12	284.13	434.91	97.13
2008	3652.57	1711.34	187.07	234.92	210.36	290.44	267.13	651.50	99.80
2009	3725.40	1668.35	195.45	229.32	236.31	307.22	281.68	702.62	104.29
2010	4090.78	1763.05	217.61	262.26	295.24	331.35	288.12	816.42	116.73
2011	5010.74	1954.62	272.12	359.57	438.20	414.36	341.87	1086.86	143.14
2012	5726.73	2154.01	316.41	397.86	591.87	496.10	394.63	1206.16	169.68
2013	6279.52	2308.45	347.67	425.00	624.40	605.95	407.42	1415.73	144.90
2014	8680.93	2724.10	495.73	574.31	907.33	816.43	1010.19	1944.56	208.28
2015	9803.15	2952.69	549.14	599.92	985.09	1218.42	1118.15	2150.27	229.48

数据来源：由《湖北统计年鉴》(2001—2016 年)整理而得。

从表 4-6 和表 4-7 可知，近年来湖北省城乡人均可支配收入中，用于消费性支出的费用逐年增加，其中城镇居民人均消费水平由 2000 年的 4644.5 元增加到了 2015 年的 15787.3 元，年均增速为 8.50%；农村由 2000 年的 1555.61 元增加到了 2015 年的 9803.15 元，年均增速为 13.06%，远快于城镇。不仅如此，从图 4-4 可以看出，农村八大类消费支出年均增长速度均超出城镇增速，

第二节 湖北省人口老龄化对消费水平的影响

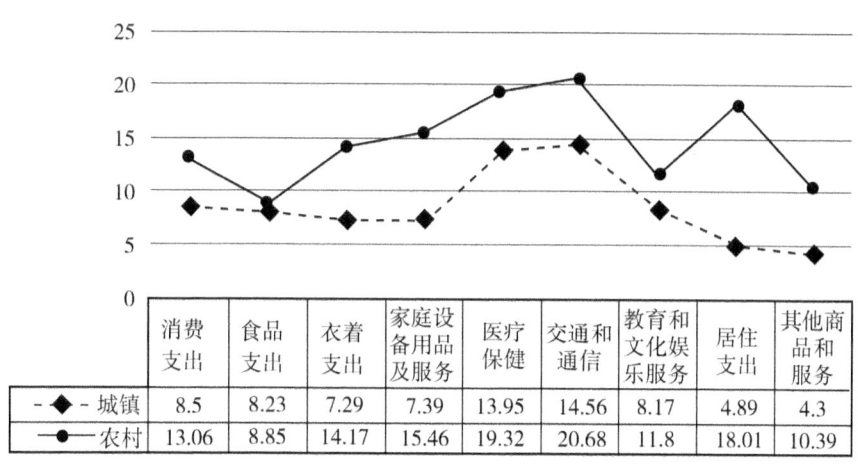

图 4-4　城镇和农村八大类消费年均增长速度

其中居住支出超出城镇 13.12 个百分点，家庭设备用品及服务超出 8.07 个百分点，衣着支出超出 6.88 个百分点，除食品支出外，其他支出均超出 5 个百分点以上。说明近年来我省农村生活水平提高得很快，但从绝对数看，整体消费水平还是低于城镇。

在城镇居民八大类消费支出中，增长较快的有交通通信和医疗保健，增速超出平均水平 8.5%。农村居民八大类消费中，增长较快的有交通通信、医疗保健、居住支出，其次是家庭设备用品及服务及衣着支出。

2. 湖北省居民消费结构的特点分析

(1) 城乡恩格尔系数发展不平衡。

联合国粮农组织将恩格尔系数作为判别地区消费结构和生活水平的标准，它是指食品消费支出占居民消费支出总额的比重，系数越高，说明消费结构高度越低，生活水平也越低，反之亦然。当恩格尔系数为 50%~60% 时，居民消费以生存性消费为主，能"勉强度日"；达到 40%~50% 时候，居民消费中发展性、享受性商品和服务开始增多，生活达到小康水平；当恩格尔系数达到 30%~40% 时，居民消费开始以发展性、享受性消费为主，生活较为富裕。[①]

---

① 杨剑. 江西省人口老龄化对居民消费的影响研究[D]. 江西师范大学，2014.

从图 4-5 可见，湖北省城镇居民恩格尔系数在 2000—2015 年间变化不大，最大值为 40.7%，最小值为 36.9%，极差仅有 3.8 个百分点，说明湖北省城镇居民的生活水平一直居于小康水平但变化不大。而农村居民恩格尔系数呈下降趋势，从 2000 年的 53.1% 下降到 2015 年的 30.1%，自 2011 年始甚至低于城镇的恩格尔系数，如果依照联合国判别标准，湖北省农村已经超越城镇进入生活较为富裕的行业，但笔者认为这是不平衡不健康的"富裕"，从各项人均消费也可以看出是一种低水平的"小康"：①因为农村居民食品来源主要靠的还是自耕自种；②因为近年来农村其他消费支出增长较快，如图 4-4 所示，这些支出分化了整体消费，降低了食品支出的比重；③人口迁移的影响，大批进城务工人员离开家乡，他们的食品支出很难统计。

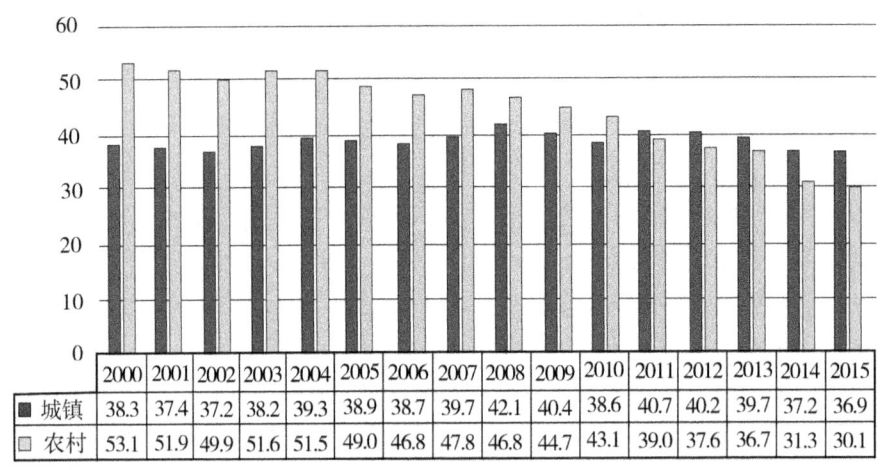

图 4-5　湖北省城镇和农村 2000—2015 年恩格尔系数(%)

(2)交通、通信支出大幅度提升。

随着人们生活水平的改善以及各项交通、通信技术的进步，湖北省城乡居民的消费重点已从基本生活消费品转向了新兴消费领域，其中交通通信费用的增长尤为突出。

随着城乡居民可支配收入的大幅度提高以及家用汽车价格的下调，越来越多的居民开始选择购买轿车，汽车消费已经逐渐成为湖北省城镇居民主导型消费热点，另外，随着通信费用的降低、网络基础工程建设的加快以及大量的人

第二节 湖北省人口老龄化对消费水平的影响

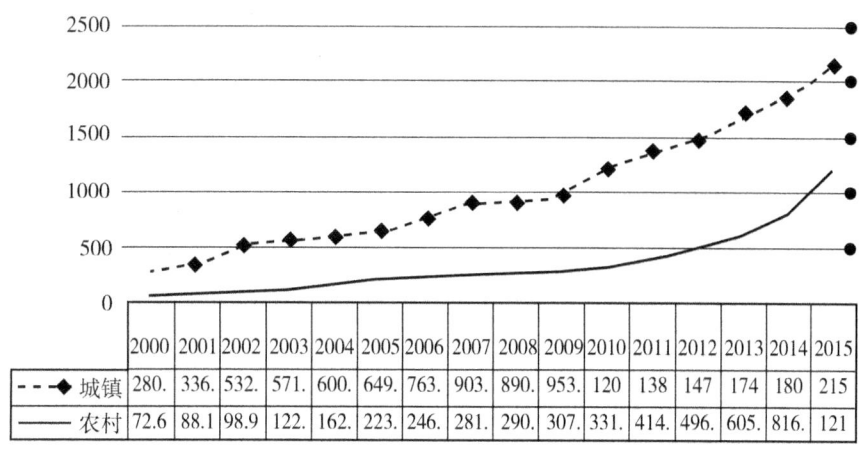

图 4-6 2000—2015 年湖北省城乡居民交通、通信支出

口迁移，使用移动电话的数量也在日益上升，手机、电脑已经成为又一消费热点。交通和通信已经越来越密切地融入城乡居民的日常生活中，从趋势上来看，这方面的消费需求将会持续旺盛。

(3) 医疗保健支出增长迅速。

随着居民生活水平的逐渐提高，人们的医疗保健意识也不断增强，尤其是随着人口老龄化的进程，湖北省医疗保健支出增长相当迅速。

从图 4-7 可以看出，湖北省城乡居民医疗保健支出平均水平与对应年份老年人口比重的发展趋势高度一致，因此可以近似地认为人口老龄化是医疗保健支出增加的重要原因。其相关程度下文将进行量化分析。

(4) 农村居民居住支出增长远快于城镇。

从图 4-4 可以看出，农村居民居住支出增加得相当迅猛，远高于城镇。从2000 年的人均 179.42 增长到 2015 年的人均 2150.27，年均增速达 18.01%。这得益于湖北省新农村建设以及城镇化建设、农村精准扶贫等政策。农民生活条件不断改善，居住环境也越来越美。

(二) 湖北省人口老龄化对消费结构影响的实证分析

1. 模型选取——灰色关联分析方法介绍

灰色系统理论是 20 世纪 80 年代，由我国著名的控制论专家邓聚龙教授首先提出并创立的一门新兴学科，它是基于数学理论的系统工程学科，是一种解

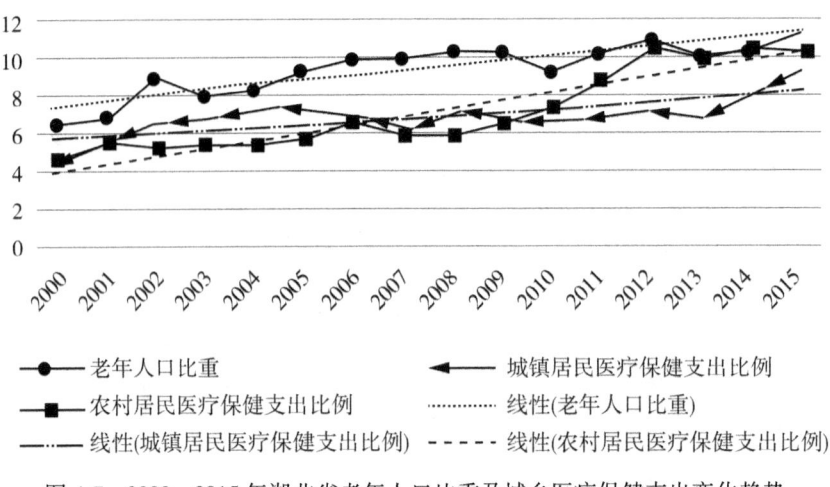

图 4-7 2000—2015 年湖北省老年人口比重及城乡医疗保健支出变化趋势

决和处理复杂系统问题的理论。主要包括灰色关联分析、灰色聚类评估、灰色系统预测、灰色决策等方面。本文所运用的为灰色关联度模型。

相对于数理统计分析法而言，灰色关联度分析（Grey Relational Analysis，GRA）的好处在于：灰色关联度分析是依据发展态势进行比较，样本容量的大小、数据是否具有典型的规律对分析结果影响不大，而且计算量比较小，其结果与定性分析结果会比较吻合。因此，灰关联分析是系统分析中比较务实、可靠的一种分析方法。[1]

建立模型步骤如下：

（1）母序列与子序列的界定。

设有 m 个时间序列：

$$X_1 = \{X_1(i)\}, \quad i = 1, 2, 3, \cdots, N_1;$$
$$X_2 = \{X_2(i)\}, \quad i = 1, 2, 3, \cdots, N_2;$$
$$\cdots$$
$$X_m = \{X_m(i)\}, \quad i = 1, 2, 3, \cdots, N_m;$$

式中，N_1，N_2，$\cdots N_m$ 为不一定相等的自然数集，这 m 个序列代表 m 种因素，另外将时间序列 $X_0 = \{X_0(i)\}$，$i = 1, 2, 3, \cdots, N_0$ 视为母序列，将 X_j，$j = 1, 2, \cdots, m$ 视为子序列，寻求这 m 个子序列与母序列 X_0 之间的关联度。

---

[1] 邓聚龙. 灰理论基础[M]. 华中科技大学出版社，2002.

(2) 序列标值化。

设序列 $X_j = \{X_j(i)\}$，$i = 1, 2, 3, \cdots, N_j$ 的平均值为 $\overline{X}_j$，即 $\overline{X}_j = \frac{1}{N}\sum_{i=1}^{N_i} x_j(i)$，记 $x_j(i)$ 的标准化值 $x'_j(i)$，则：$x'_j = \frac{x_j(i)}{\overline{x}_j}$，

(3) 求差序列。

记序列 $X_j = \{X_j(i)\}$ 与 X_0 在 $t = 1$ 点的绝对值差为 $\Delta_{0j}(k)$，有

$$\Delta_{0j}(k) = |x_0(k) - x_j(k)|, \quad k = 1, 2, 3, \cdots$$

记差值中最小值为 $\Delta_{0j}(\min)$，即

$$\Delta_{0j}(\min) = |x_0(k) - x_j(k)|, \quad k = 1, 2, 3, \cdots$$

记差值中最大值为 $\Delta_{0j}(\max)$，即

$$\Delta_{0j}(\max) = |x_0(k) - x_j(k)|, \quad k = 1, 2, 3, \cdots$$

记 m 个差值之中最小与最大差值分别为 $\Delta_{0j}(\min)$、$\Delta_{0j}(\max)$，则

$$\Delta(\min) = \min\{\Delta_{0j}(\min)\}$$

$$\Delta(\max) = \min\{\Delta_{0j}(\max)\}$$

记 X_0 与 X_j 之间的差序列为

$$\{\Delta_{0j}(k)\}, \quad k = 1, 2, 3, \cdots, N_k, \quad k = 1, 2, 3, \cdots, m.$$

(4) 求关联系数、关联度与关联矩阵。

序列 $X_0 = \{x_0(i)\}$，$i = 1, 2, 3, \cdots, N_0$ 与序列 $X_j = \{x_j(i)\}$，$i = 1, 2, 3, \cdots, N_j$ 的关联度系数为：$\varepsilon_{0j} = [\Delta(\min) + \sigma]/[\Delta_{0j}(i) + \sigma]$。

如果 $\forall j \in (1, 2, \cdots, m)$，$\sigma$ 为指定的正实数；如果 $\exists x_k \in \{x_i\}$，$\sigma = \xi\Delta(\max)$，其中 $\xi \in [0, 1]$，一般取 $\xi = 0.5$。关联度为

$$\overline{\varepsilon}_{0j} = \frac{1}{N_0}\sum_{K=1}^{N_0} \varepsilon_{0j}(k)$$

在一个具有 n 个母序列 $X_0 = \{x_0(i)\}$，m 个子序列 $X_j = \{x_k(i)\}$ 的系统中，母序列与子序列的关联度为 Y_{ij}，从而可得到关联矩阵为

$$R = (\gamma_{ij}) = \begin{pmatrix} \gamma_{11} & \cdots & \gamma_{1m} \\ \vdots & \ddots & \vdots \\ \gamma_{j1} & \cdots & \gamma_{1m} \end{pmatrix}$$

2. 相关数据整理

根据湖北省统计局对于本省居民消费品支出构成划分的基本情况，将消费品分为八大类：食品、衣着、居住、家庭设备用品及服务、医疗保健、交通通信、娱乐教育文化服务、杂项商品与服务，再根据湖北省 2000—2015 年统计

年鉴的相关数据进行归纳整理，得出各年份湖北省居民消费品支出构成的占比情况。由于历年年鉴均从城镇和农村两个方面进行的上述相关指标统计，为保证数据的尽可能精确。本文分城镇和农村两方面进行分析。另外，由于数据可获得性限制，无法区分城镇和农村老年人口比，故均用全省老年人口比重数据代替。

（1）定义母序列和子序列。

定义老年人口年龄结构为系统特征序列 Y，定义居民八大类消费为系统行为序列，即：X_1、X_2、X_3、X_4、X_5、X_6、X_7、X_8 分别代表食品、衣着、家庭设备用品及服务、医疗保健、交通通信、教育文化娱乐及服务、居住和其他商品和服务在居民消费中所占的比重。则有：如表 4-8、表 4-9 所示。

表 4-8　　　2000—2015 年湖北省 65 岁及以上老年人口比重及城镇各项消费构成　　　%

年份	65岁及以上（%） Y	食品支出 X_1	衣着支出 X_2	家庭设备用品及服务 X_3	医疗保健 X_4	交通和通信 X_5	教育和文化娱乐服务 X_6	居住支出 X_7	其他商品和服务 X_8
2000	6.31	38.31	11.42	8.12	4.50	6.04	13.07	14.08	4.45
2001	6.73	37.45	12.13	7.24	5.03	7.00	14.55	12.20	4.40
2002	8.81	37.22	10.57	7.10	6.61	9.49	15.39	10.91	2.71
2003	7.89	38.23	11.22	6.43	6.67	9.59	14.15	10.98	2.73
2004	8.19	39.32	11.11	5.22	7.21	9.39	14.67	10.03	3.05
2005	9.17	38.97	11.97	5.51	7.41	9.65	13.43	10.15	2.90
2006	9.79	38.78	11.86	5.42	6.99	10.32	13.49	10.17	2.98
2007	9.88	39.72	12.03	6.32	6.04	10.38	12.88	9.85	2.79
2008	10.13	42.16	11.60	6.38	7.13	9.39	10.94	9.65	2.75
2009	10.17	40.42	11.76	7.38	6.75	9.26	11.74	9.71	2.99
2010	9.09	38.68	12.36	7.57	6.20	10.53	11.03	10.37	3.26
2011	10.11	40.75	12.75	6.19	6.96	10.50	11.32	8.90	2.64
2012	10.76	40.27	12.30	6.75	7.10	10.19	11.40	9.46	2.53

续表

年份	65岁及以上(%) Y	食品支出 X_1	衣着支出 X_2	家庭设备用品及服务 X_3	医疗保健 X_4	交通和通信 X_5	教育和文化娱乐服务 X_6	居住支出 X_7	其他商品和服务 X_8
2013	9.91	39.74	11.95	6.73	6.56	11.08	12.21	9.25	2.49
2014	10.25	37.23	10.11	7.08	8.20	12.45	13.09	9.47	2.36
2015	11.23	36.92	9.65	6.96	9.39	13.65	12.49	8.47	2.46

注：老年人口比重来源同前，八大类消费支出数据由表4-6计算而得。

表4-9　　2000—2015年湖北省65岁及以上老年人口比重及农村各项消费构成　　%

年份	65岁及以上(%) Y	食品支出 X_1	衣着支出 X_2	家庭设备用品及服务 X_3	医疗保健 X_4	交通和通信 X_5	教育和文化娱乐服务 X_6	居住支出 X_7	其他商品和服务 X_8
2000	6.31	53.18	4.83	4.46	4.48	4.67	13.49	11.53	3.35
2001	6.73	51.92	4.69	4.47	5.31	5.34	12.95	11.19	4.12
2002	8.81	49.98	4.62	4.10	5.18	5.67	13.34	13.50	3.61
2003	7.89	51.67	4.45	4.05	5.30	6.77	12.43	12.40	2.92
2004	8.19	51.53	4.43	3.60	5.30	7.79	11.76	13.12	2.43
2005	9.17	49.06	5.14	4.53	5.57	9.18	11.19	12.77	2.56
2006	9.79	46.81	5.37	4.96	6.31	9.01	10.70	13.81	3.05
2007	9.88	47.87	5.46	5.38	5.79	9.10	9.20	14.07	3.14
2008	10.13	46.85	5.12	6.43	5.76	7.95	7.31	17.84	2.73
2009	10.17	44.78	5.25	6.16	6.34	8.25	7.56	18.86	2.80
2010	9.09	43.10	5.32	6.41	7.22	8.10	7.04	19.96	2.85
2011	10.11	39.01	5.43	7.18	8.75	8.27	6.82	21.69	2.86
2012	10.76	37.61	5.53	6.95	10.34	8.66	6.89	21.06	2.96

续表

年份	65岁及以上(%) Y	食品支出 X_1	衣着支出 X_2	家庭设备用品及服务 X_3	医疗保健 X_4	交通和通信 X_5	教育和文化娱乐服务 X_6	居住支出 X_7	其他商品和服务 X_8
2013	9.91	36.76	5.54	6.77	9.94	9.65	6.49	22.55	2.31
2014	10.25	31.38	5.71	6.62	10.45	9.40	11.64	22.40	2.40
2015	11.23	30.12	5.60	6.12	10.05	12.43	11.41	21.93	2.34

注：老年人口比重来源同前，八大类消费支出数据由表4-7计算而得。

(2) 数据标准化。

不同变量常常具有不同的单位和不同的变异程度。不同的单位常使系数的实践解释发生困难，尤其是不同变量自身具有相差较大的变异时，会使在计算出的关系系数中，不同变量所占的比重大不相同。为了消除量纲影响和变量自身变异大小和数值大小的影响，故将数据标准化。

表4-10　　老年人口比重及城镇各项消费支出数据标准化结果

年份	65岁及以上(%) Y	食品支出 X_1	衣着支出 X_2	家庭设备用品及服务 X_3	医疗保健 X_4	交通和通信 X_5	教育和文化娱乐服务 X_6	居住支出 X_7	其他商品和服务 X_8
2000	0.6802	0.9820	0.9888	1.2211	0.6621	0.6081	1.0159	1.3766	1.4993
2001	0.7255	0.9600	1.0503	1.0887	0.7400	0.7048	1.1309	1.1928	1.4824
2002	0.9497	0.9541	0.9152	1.0677	0.9725	0.9555	1.1962	1.0667	0.9130
2003	0.8506	0.9800	0.9715	0.9669	0.9813	0.9656	1.0998	1.0735	0.9198
2004	0.8829	1.0079	0.9620	0.7850	1.0608	0.9454	1.1402	0.9806	1.0276
2005	0.9885	0.9990	1.0364	0.8286	1.0902	0.9716	1.0439	0.9924	0.9770
2006	1.0554	0.9941	1.0269	0.8150	1.0284	1.0391	1.0485	0.9943	1.0040

续表

年份	65岁及以上(%) Y	食品支出 X_1	衣着支出 X_2	家庭设备用品及服务 X_3	医疗保健 X_4	交通和通信 X_5	教育和文化娱乐服务 X_6	居住支出 X_7	其他商品和服务 X_8
2007	1.0651	1.0182	1.0416	0.9504	0.8886	1.0451	1.0011	0.9630	0.9400
2008	1.0920	1.0807	1.0044	0.9594	1.0490	0.9454	0.8503	0.9435	0.9265
2009	1.0963	1.0361	1.0182	1.1098	0.9931	0.9324	0.9125	0.9493	1.0074
2010	0.9799	0.9915	1.0702	1.1383	0.9122	1.0602	0.8573	1.0139	1.0983
2011	1.0899	1.0446	1.1040	0.9308	1.0240	1.0572	0.8799	0.8701	0.8895
2012	1.1600	1.0323	1.0650	1.0150	1.0446	1.0260	0.8861	0.9249	0.8524
2013	1.0683	1.0187	1.0347	1.0120	0.9651	1.1156	0.9490	0.9044	0.8389
2014	1.1050	0.9544	0.8754	1.0647	1.2064	1.2535	1.0174	0.9259	0.7951
2015	1.2106	0.9464	0.8355	1.0466	1.3815	1.3744	0.9708	0.8281	0.8288

表4-11 老年人口比重及农村各项消费支出数据标准化结果

年份	65岁及以上(%) Y	食品支出 X_1	衣着支出 X_2	家庭设备用品及服务 X_3	医疗保健 X_4	交通和通信 X_5	教育和文化娱乐服务 X_6	居住支出 X_7	其他商品和服务 X_8
2000	0.6802	1.1957	0.9368	0.8092	0.6395	0.5737	1.3471	0.6866	1.1544
2001	0.7255	1.1673	0.9097	0.8110	0.7580	0.6560	1.2932	0.6664	1.4198
2002	0.9497	1.1237	0.8961	0.7438	0.7394	0.6966	1.3322	0.8039	1.2440
2003	0.8506	1.1617	0.8631	0.7348	0.7565	0.8317	1.2413	0.7384	1.0062
2004	0.8829	1.1586	0.8593	0.6531	0.7565	0.9570	1.1744	0.7813	0.8374
2005	0.9885	1.1030	0.9970	0.8219	0.7951	1.1278	1.1175	0.7605	0.8822

第四章　湖北省人口老龄化对消费的影响

续表

年份	65岁及以上(%) Y	食品支出 X_1	衣着支出 X_2	家庭设备用品及服务 X_3	医疗保健 X_4	交通和通信 X_5	教育和文化娱乐服务 X_6	居住支出 X_7	其他商品和服务 X_8
2006	1.0554	1.0525	1.0416	0.8999	0.9007	1.1069	1.0685	0.8224	1.0510
2007	1.0651	1.0763	1.0590	0.9761	0.8265	1.1179	0.9187	0.8379	1.0821
2008	1.0920	1.0534	0.9931	1.1666	0.8222	0.9767	0.7300	1.0624	0.9408
2009	1.0963	1.0068	1.0183	1.1176	0.9050	1.0135	0.7550	1.1231	0.9649
2010	0.9799	0.9690	1.0319	1.1629	1.0306	0.9951	0.7030	1.1886	0.9821
2011	1.0899	0.8771	1.0532	1.3026	1.2490	1.0160	0.6811	1.2916	0.9856
2012	1.1600	0.8456	1.0726	1.2609	1.4760	1.0639	0.6881	1.2541	1.0200
2013	1.0683	0.8265	1.0746	1.2283	1.4189	1.1855	0.6481	1.3429	0.7960
2014	1.1050	0.7055	1.1075	1.2010	1.4917	1.1548	1.1624	1.3339	0.8271
2015	1.2106	0.6772	1.0862	1.1103	1.4346	1.5270	1.1394	1.3059	0.8064

(3)计算绝对值差值。

根据处理后的标准化数据，计算 y 与其他因子 $X_n (n=1, 2, \cdots, 8)$ 的绝对值差值，得表4-12和表4-13。

表4-12　　　　　　　Y 与城镇其他因子的绝对值差值

年份	食品支出 Δ_1	衣着支出 Δ_2	家庭设备用品及服务 Δ_3	医疗保健 Δ_4	交通和通信 Δ_5	教育和文化娱乐服务 Δ_6	居住支出 Δ_7	其他商品和服务 Δ_8
2000	0.3018	0.3086	0.5408	0.0182	0.0721	0.3357	0.6964	0.8190
2001	0.2345	0.3248	0.3632	0.0145	0.0207	0.4054	0.4673	0.7569

续表

年份	食品支出 Δ_1	衣着支出 Δ_2	家庭设备用品及服务 Δ_3	医疗保健 Δ_4	交通和通信 Δ_5	教育和文化娱乐服务 Δ_6	居住支出 Δ_7	其他商品和服务 Δ_8
2002	0.0044	0.0345	0.1179	0.0228	0.0058	0.2465	0.1169	0.0367
2003	0.1294	0.1209	0.1164	0.1308	0.1150	0.2493	0.2230	0.0692
2004	0.1250	0.0791	0.0979	0.1779	0.0625	0.2573	0.0977	0.1447
2005	0.0104	0.0479	0.1600	0.1017	0.0169	0.0553	0.0038	0.0115
2006	0.0613	0.0285	0.2403	0.0270	0.0163	0.0069	0.0611	0.0514
2007	0.0469	0.0235	0.1147	0.1764	0.0200	0.0640	0.1021	0.1251
2008	0.0113	0.0877	0.1326	0.0430	0.1466	0.2417	0.1486	0.1655
2009	0.0602	0.0781	0.0134	0.1032	0.1640	0.1838	0.1470	0.0890
2010	0.0116	0.0903	0.1584	0.0677	0.0803	0.1226	0.0339	0.1184
2011	0.0453	0.0141	0.1591	0.0659	0.0327	0.2100	0.2197	0.2004
2012	0.1277	0.0950	0.1449	0.1154	0.1340	0.2739	0.2351	0.3076
2013	0.0496	0.0336	0.0563	0.1032	0.0473	0.1193	0.1640	0.2294
2014	0.1506	0.2296	0.0403	0.1015	0.1486	0.0875	0.1791	0.3099
2015	0.2642	0.3751	0.1640	0.1709	0.1637	0.2398	0.3825	0.3818

表 4-13　　Y 与农村其他因子的绝对值差值

年份	食品支出 Δ_1	衣着支出 Δ_2	家庭设备用品及服务 Δ_3	医疗保健 Δ_4	交通和通信 Δ_5	教育和文化娱乐服务 Δ_6	居住支出 Δ_7	其他商品和服务 Δ_8
2000	0.5154	0.2566	0.1289	0.0407	0.1065	0.6669	0.0064	0.4742

续表

年份	食品支出 Δ_1	衣着支出 Δ_2	家庭设备用品及服务 Δ_3	医疗保健 Δ_4	交通和通信 Δ_5	教育和文化娱乐服务 Δ_6	居住支出 Δ_7	其他商品和服务 Δ_8
2001	0.4418	0.1842	0.0855	0.0325	0.0695	0.5677	0.0591	0.6943
2002	0.1740	0.0536	0.2059	0.2103	0.2532	0.3824	0.1458	0.2943
2003	0.3112	0.0126	0.1158	0.0940	0.0189	0.3907	0.1121	0.1557
2004	0.2757	0.0236	0.2298	0.1264	0.0741	0.2915	0.1016	0.0455
2005	0.1145	0.0084	0.1667	0.1935	0.1392	0.1289	0.2281	0.1064
2006	0.0029	0.0138	0.1555	0.1547	0.0515	0.0131	0.2330	0.0043
2007	0.0112	0.0060	0.0890	0.2386	0.0529	0.1463	0.2272	0.0170
2008	0.0387	0.0989	0.0745	0.2698	0.1154	0.3620	0.0297	0.1513
2009	0.0895	0.0780	0.0212	0.1914	0.0828	0.3414	0.0268	0.1315
2010	0.0109	0.0520	0.1830	0.0507	0.0152	0.2769	0.2087	0.0022
2011	0.2128	0.0367	0.2128	0.1591	0.0739	0.4088	0.2018	0.1043
2012	0.3143	0.0873	0.1010	0.3160	0.0961	0.4719	0.0942	0.1399
2013	0.2418	0.0062	0.1599	0.3505	0.1172	0.4202	0.2745	0.2723
2014	0.3994	0.0026	0.0961	0.3867	0.0498	0.0574	0.2290	0.2779
2015	0.5334	0.1244	0.1003	0.2239	0.3164	0.0712	0.0953	0.4042

(4)计算关联系数、关联度与关联矩阵。

首先计算老年人口比重与城镇居民各项消费之间的关联系数和关联度。

由表 4-12 的结果可知最大值 $\Delta\max = 0.8190$,最小值 $\Delta\min = 0.0038$,一般取值 $\S = 0.5$,根据上述模型中公式:$\varepsilon_{0j} = [\Delta(\min) + \sigma]/[\Delta_{0j}(i) + \sigma]$ 和公式

$\overline{\varepsilon}_{0j} = \frac{1}{N_0} \sum_{K=1}^{N_0} \varepsilon_{0j}(k)$ 可以计算得到 Y 与各因子之间的关联度：$\gamma_{11} = 0.8314$，$\gamma_{12} = 0.8065$，$\gamma_{13} = 0.7482$，$\gamma_{14} = 0.8373$，$\gamma_{15} = 0.8593$，$\gamma_{16} = 0.7077$，$\gamma_{17} = 0.7152$，$\gamma_{18} = 0.7004$，由此得到关联度矩阵为：

$R = (\gamma_{11} \quad \gamma_{12} \quad \gamma_{13} \quad \gamma_{14} \quad \gamma_{15} \quad \gamma_{16} \quad \gamma_{17} \quad \gamma_{18})$
$= (0.8314 \quad 0.8065 \quad 0.7482 \quad 0.8373 \quad 0.8593 \quad 0.7077 \quad 0.7152 \quad 0.7004)$

由表 4-13 的结果可知最大值 $\Delta\max = 0.6943$，最小值 $\Delta\min = 0.0022$，同理，得到老年人口比重与农村居民各项消费支出间的关联度矩阵为：

$R = (\gamma_{11} \quad \gamma_{12} \quad \gamma_{13} \quad \gamma_{14} \quad \gamma_{15} \quad \gamma_{16} \quad \gamma_{17} \quad \gamma_{18})$
$= (0.6644 \quad 0.8677 \quad 0.7379 \quad 0.6759 \quad 0.7969 \quad 0.5771 \quad 0.7368 \quad 0.5952)$

3. 结果分析

通过灰色关联度分析可以看出，相对来说人口老年化对城镇消费支出的影响程度整体大于对农村的影响程度。其中，人口老龄化与城镇居民八大类支出的相关程度依次为：$\gamma_{15} > \gamma_{14} > \gamma_{11} > \gamma_{12} > \gamma_{13} > \gamma_{17} > \gamma_{16} > \gamma_{18}$，即湖北省在 2000—2015 年间 65 岁及以上的老龄人对于八大类消费品的需求程度影响的顺序大小分别是交通和通信、医疗保健、食品支出、衣着支出、家庭设备用品及服务、居住支出、教育和文化娱乐服务和其他商品和服务。老龄化对农村居民八大支出的相关程度依次为 $\gamma_{12} > \gamma_{15} > \gamma_{13} > \gamma_{17} > \gamma_{18} > \gamma_{14} > \gamma_{11} > \gamma_{16}$，说明湖北省在 2000 年至 2015 年间 65 岁及以上的老龄人对于各项消费品的需求程度影响顺序为衣着支出、交通和通信支出、家庭设备用品及服务、居住支出、其他商品和服务、医疗保健、食品支出和教育和文化娱乐服务。

从分析结果来看，城镇老年人的生活质量提高得比较快，他们从传统的节俭型消费观逐渐转变为享受型消费，接触新生事物的速度也显著加快，许多老龄人老有所乐，除了与子女交流沟通等需要外，还会通过 QQ、微信等现代化工具增加生活的乐趣，与儿孙视频，与朋友畅聊等极大地丰富了老人们的退休生活。另外，对身体健康的关注度也增强了，更加注重医疗保健和饮食营养，文化娱乐也使他们更关注自身形象，许多老年人积极参与广场舞、老年社团等活动，这些乐观的生活方式也使老年人的平均寿命不断增加，从 2000 年的 71.08 岁增加到 2015 年的 76.5 岁。农村老年人的生活水平相对落后些，传统的为儿孙积蓄的思想还占据主流，从农村老年人的消费影响程度看，老年人生活的改善还仅限于给自己添置较多或较好的衣服上，其次，为了和儿孙们沟通交流，交通与通信支出也提升得较快。另外，如上文所述，农村传统的思想让他们在经济条件改善时首先想到的是改善住房条件及添置新的家居用品，特别是在新农村建设和大环境以及前几年家电下乡等政策影响下，农村老年人对住房及家庭设备的改善方面投入较多，而对医疗保健、食品尤其是文化娱乐方面投入偏低。

第五章　湖北省人口老龄化对劳动力供给的影响

国内外学者一直都十分关注我国未来人口特别是劳动力供给的变化趋势，它不仅关系到我国人口政策走势，更是与国民经济发展和人们生活息息相关。近年来国内更是兴起了新供给经济学研究。滕泰在《新供给宣言》中提出"淡化总需求管理、从供给侧推动改革"的宏观政策主张。贾康在《新供给：经济学的研究创新》中，提出"中国需要构建和发展以改革为核心的新供给经济学"的新供给思路，强调供给侧发力破解中国发展中的矛盾，以对接"中国梦"。当前，我国"新供给经济学"认为：经济长期潜在增长取决于"人口和劳动力"、"土地"、"资本"、"技术和创新"、"制度改革"等五大要素，要解除供给抑制，必须从这五个方面出发，提高各生产要素利用效率[1]。本章将结合湖北省人口老龄化的背景，研究人口老龄化对"人口和劳动力"供给的影响。首先对人口老龄化影响劳动力供给的研究进行综合述评，然后对湖北省劳动力供给的现状进行分析，最后分析预测人口老龄化对湖北省未来劳动力供给的影响。

第一节　人口老龄化对劳动力供给影响的研究述评

劳动力供给的变化是人口老龄化进程中不可分割的一个现象。由于各地历史发展的差异性及经济地理条件的特殊性，人口老龄化程度也存在差异性，因此，关于人口老龄化对劳动力供给影响，我们将从两个方面展开综述：一是对全国劳动力供给的影响；二是对地区劳动力供给的影响。

---

[1] 丁怡丹，叶亮军. 人口老龄化对黄石市劳动力供给影响的灰色关联分析[J]. 当代经济，2017(1)：71-75.

一、人口老龄化对全国劳动力供给的影响

关于人口老龄化对全国劳动力供给影响的相关研究比较多。奉莹①(2005)根据家庭收入和支出假设了三种家庭劳动决策方案,得出人口老龄化趋势必然会削弱劳动力供给能力,但由于人口年龄结构变化的影响具有滞后性,劳动力供给数量在相当长一段时间内继续增长,人口老龄化对劳动力供给影响的冲击也具有滞后性。但是随着人口出生率的下降,在未来某个时期劳动人口数量将不可避免的减少,导致劳动力供给相对不足甚至还将出现劳动力短缺。蔡昉、王美艳②(2006)认为我国的人口老龄化趋势正在加剧,今后中国劳动年龄人口绝对数量和相对比例的变化将不同于以往所观察到的趋势,从动态的角度看,劳动供给状况不容乐观。袁蓓③(2009)通过对劳动力老龄化对未来我国劳动生产率影响的研究,得出不同的劳动力替代弹性下,劳动力老龄化对劳动生产率的影响存在差异,不同年龄段劳动力的替代弹性越小,其影响就越大。程超④(2010)在人口老龄化对未来劳动力供给的影响研究中,指出中国人口总量将在2035年达到一个高峰然后开始逐步减少,劳动适龄人口总量呈现先增后减的趋势,在2015年之前处于一直增加,2015年之后开始出现劳动力绝对量减少,与此同时,劳动适龄人口的年龄结构也趋于老化。杨雪、侯力⑤(2011)认为,人口老龄化对劳动力的宏观影响是:减少劳动力有效供给、减缓劳动生产率增速、影响产业结构调整。微观影响是改变企业劳动力的供给和成本,加重企业养老金支付负担。周兴⑥(2011)利用劳动力非完全替代关系结合分析人口老龄化对我国劳动力市场供给结构的影响,提出市场应在资源最优配置的原则下,根据生产能力将不同年龄段的劳动力配置到边际生产

---

① 奉莹. 我国人口老龄化趋势对劳动力供给的影响[J]. 西北人口,2005(4):47-49.

② 蔡昉,王美艳."未富先老"对经济增长可持续性的挑战[J]. 宏观经济研究,2006(6):6-10.

③ 袁蓓. 劳动力老龄化对劳动生产效率的影响——基于劳动力非完全替代的分析[J]. 生产力研究,2009(14):24-26.

④ 程超. 人口老龄化对我国劳动力供给的影响分析[D]. 首都经济贸易大学,2010.

⑤ 杨雪,侯力. 我国人口老龄化对经济社会的宏观和微观影响研究[J]. 人口学刊,2011(4):46-53.

⑥ 周兴. 人口老龄化对我国劳动力供给结构的影响分析[J]. 中国农业银行武汉培训学院学报,2011(2):71-74.

最大的岗位。王立军、马文秀①(2012)从劳动者受教育水平、劳动熟练程度、劳动强度及经济活动人口比重变化四个方面分析了人口老龄化对劳动力供给的综合影响,认为随着老龄化程度的加深,劳动力供给下降趋势不可逆转,但是劳动力质量的提升会弱化或者减缓这一趋势。郭瑜②(2013)从劳动参与率、城乡结构、人力资本三方面,使用联合国统计和中国历次人口普查数据进行实证分析,认为我国劳动参与率还存在较大增长空间,农村剩余劳动力存量还比较充足,年轻劳动力的教育程度和人力资本有显著提升,人口老龄化将会使劳动力供给量逐步下降,但总体来看,老龄化趋势尚不会对我国的劳动力供给带来灾难性的影响。沈飞③(2015)将退休年龄延迟及受教育年限延长、城镇化引起的劳动人口流动等因素纳入劳动力参与度、劳动力供给量的考察,得出结论:劳动年龄人口的平均受教育水平会因队列效应而提高,这有利于中国应对老龄化的挑战;延迟退休年龄政策并不能从根本上减缓劳动力总供给逐渐减少的趋势;城镇化率的提高和劳动人口的"农转非"为缓解老龄化对劳动力供给的消极影响提供了契机。王欢、黄健元、王薇④(2014)的研究表明:劳动年龄人口增长历史拐点的到来决定了我国劳动力供给持续减少趋势的必然,而低年龄别劳动参与率的大幅下降和人口结构转变对总体劳动参与率抑制作用的加速,共同决定了劳动力无限供给时代的终结;从长期趋势来看,二、三产业保持着相对充足的劳动力吸纳能力,而第一产业对劳动力则具有挤出效应。童玉芬⑤(2014)主要采用联合国人口基金最新预测结果,结合相应数据,分析老龄化对我国劳动力市场中劳动力供给带来的各种挑战和可能的影响。研究发现:老龄化将会引起劳动年龄人口规模的下降,在2030年之前下降比较缓慢,

---

① 王立军,马文秀.人口老龄化与中国劳动力供给变迁[J].中国人口科学,2012(6):23-33.
② 郭瑜.人口老龄化对中国劳动力供给的影响[J].经济理论与经济管理,2013,V33(11):49-58.
③ 沈飞.人口老龄化对中国劳动力供给的影响预测分析[D].南京财经大学,2015.
④ 王欢,黄健元,王薇.人口结构转变、产业及就业结构调整背景下劳动力供求关系分析[J].人口与经济,2014(2):96-105.
⑤ 童玉芬.人口老龄化过程中我国劳动力供给变化特点及面临的挑战[J].人口研究,2014,38(2):52-60.

而年轻劳动力下降则非常迅速。周浩，刘平①（2016）指出劳动力实际供给量下降的速度比劳动适龄人口下降的速度更快，劳动力成本上升，削弱了制造业产品的成本优势，将使很多出口企业利润下降，影响企业对科研、技术进步的投资，抑制了企业竞争力的提高。王婷，李科宏②（2017）从人口时间配置和人口收入配置两个微观层面，基于企业生产供给视角构建以人口为中心的经济运行体系，分析得出：人口老龄化分别从消费结构、劳动力占比和储蓄倾向三类效应路径影响人口红利。

二、人口老龄化对地区劳动力供给的影响述评

从地区角度研究人口老龄化对劳动力供给影响的文献非常有限，在这些有限的文献中，主要是研究人口老龄化对地区经济的影响，其中有少量涉及对劳动力供给影响的阐述。究其原因，很大程度上是因为数据的可获得性。目前比较典型的文献主要有：李超志等（2012）对上海；庞书超（2016）对新疆地区；刘金玲（2008）对湖南省；谭建军（2011）对广东省；王欢（2015）、杨文健（2016）等对江苏省；余明江（2014）对安徽省；赵静（2015）对浙江省；代利凤、刘楠等（2014）对辽宁省；史月兰（2011）对广西地区；丁怡丹等（2017）对黄石市的研究，可以看出人口老龄化对地区劳动力影响的文献数量不多，尤其是关于人口老龄化对湖北省劳动力供给的影响更少。

综上所述，我国有不少学者研究过人口老龄化对全国劳动力供给的影响。但从地区视角研究人口老龄化对劳动力供给影响的文献不多。另外，国内学者涉及人口老龄化对劳动力供给的影响基本集中在老龄化所带来的劳动力供给总量减少的趋势上，而对劳动力内部结构的变化以及劳动力城乡变化等方面问题研究较少。因此，本文借鉴以往的研究成果，在综合盘点湖北省劳动力供给现状的基础上，结合本书第二章湖北省人口预测的结果和统计年鉴的数据，从人口老龄化过程中我国劳动力供给数量、结构、负担系数及劳动力参与率等四个角度，分析未来湖北省人口老龄化进程中劳动力供给发展态势，为应对人口老龄化的加快到来而提供决策上的依据。

---

① 周浩，刘平．中国人口老龄化对劳动力供给和劳动生产率的影响研究［J］．理论导刊，2016(3)：106-110.

② 王婷，李科宏．老龄化对人口红利的影响研究——基于供给侧视角［J］．云南财经大学学报，2017, 33(3)：45-55.

第二节 相关概念界定及湖北省劳动力供给现状

一、相关概念界定

1. 劳动力

劳动力是指16岁以上的具有劳动能力，已经就业和正在积极寻求就业的劳动者。本书所指的劳动力即经济活动人口，经济活动人口=就业者+失业者。劳动年龄的上限和下限由各国政府确定，发达国家和发展中国家的标准不同。

2. 劳动力资源总量

劳动力资源总量指在劳动年龄内，具有劳动能力，在正常情况下可能或实际参加社会劳动的人口数，包括从业人员、城镇失业人员和其他在劳动年龄内有劳动能力的人口数，但不包括在押犯、丧失劳动能力的人员和16周岁以下实际参加劳动的人员。基于数据的可获性和有限性，我们采用目前国际上通用的劳动年龄区间15~64岁作为劳动力资源总量。

3. 劳动参与率

劳动参与率是考察劳动力供给变动的重要指标，能够最为直接地反映一国或地区劳动力资源开发利用的程度，或者劳动年龄人口参与经济生产活动的程度。国际劳工组织认为劳动参与率应该是劳动力资源或有劳动能力的人口中，经济活动人口所占的比重。

劳动参与率计算公式为：

$$劳动参与率 = 经济活动人口 / 劳动力资源总量$$

一般地说，劳动参与率越高，意味着参与社会经济活动的人口越多，有助于提高经济发展水平；相反，如果劳动参与率过低，则意味着投入到社会经济活动中的人较少，将会造成劳动力供给的匮乏，不利于经济发展。

二、湖北省劳动力供给现状及特征

(一) 劳动年龄人口规模增加，但增幅放缓

劳动力供给规模(劳动力人口)受到劳动年龄人口与劳动参与率的共同影响。劳动年龄人口可以看作劳动力的潜在供给，是形成劳动力的最终来源，因此，劳动年龄人口占总人口比重及劳动年龄总量变化趋势是劳动力资源分析的基础。

图 5-1 显示,自 1995 年至 2015 年湖北省劳动年龄人口年均增长速度为 1.72%,要快于总人口的年均增长速度 1.65 个百分点,表明近二十年来湖北省人口总数虽然变化不大,但劳动年龄人口增长较快,直至 2015 年前后出现拐点。由本书第一章可知,湖北省 2002 年进入老年化社会,但劳动力资源总量的拐点自 2015 年前后才出现,验证了本文综述中奉莹的观点:人口年龄结构变化的影响具有滞后性,劳动力供给数量在相当长一段时间内继续增长,人口老龄化对劳动力供给影响的冲击也具有滞后性。

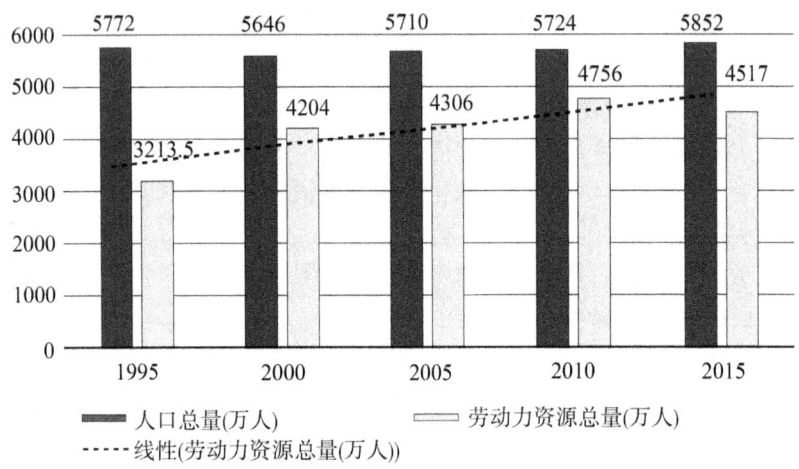

图 5-1 湖北省人口总量及劳动年龄人口总量的变化关系图

图 5-2 可以看出,尽管湖北省劳动年龄人口总量在增加,但其增速却呈下降趋势,2000 年相对于 1995 年劳动年龄人口总量增长了 30.82%,但 2015 年相较于 2010 年却出现了负增长。

(二)劳动力年龄结构变化——由年轻型向年老型发展

根据联合国国际劳工组织的划分,把劳动力按不同年龄段分为青年劳动力(16~29 岁)、中年劳动力(30~44 岁)和老年劳动力(45~64 岁)三类。劳动力年龄结构关系到劳动力的质量,是劳动生产率的重要影响因素。同时,由于各年龄组人口的劳动参与率不相同,劳动年龄人口年龄结构的变化也会直接影响总体劳动参与率。因此,劳动年龄人口年龄结构的变化,会对劳动力供给产生重大影响。

由于受数据的可获得性限制,湖北省劳动力分年龄段数据不可查找或缺乏

第二节 相关概念界定及湖北省劳动力供给现状

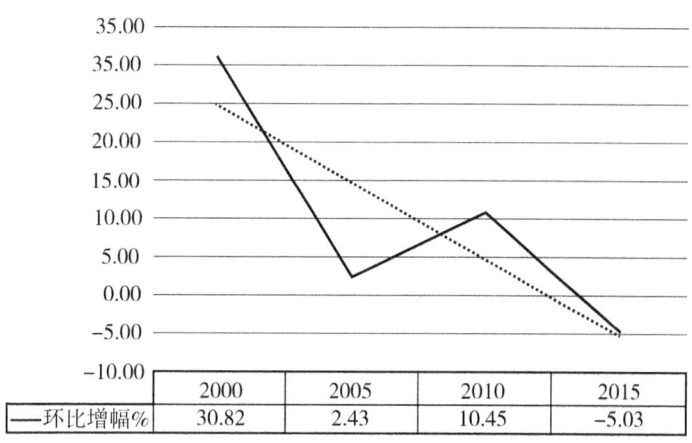

图 5-2 劳动力资源的环比增长幅度

统计上的连续性,考虑到湖北省人口劳动年龄结构与全国劳动年龄结构发展趋势的大致相似性,这里分析中国劳动年龄结构,以推及湖北省劳动力年龄结构的特点。

表 5-1 中国劳动年龄人口结构 %

年龄(岁)	1982 年	1990 年	1995 年	2000 年	2005 年	2010 年	2015 年
15~29	47.35	46.4	39.5	34.63	29.62	30.82	30.3
30~44	28.44	31.02	34.82	36.88	37.72	34.77	31.52
45~64	24.21	22.58	25.68	28.49	32.66	34.41	38.18

注:2010 年以以前数据由王欢等汇总得到①,2015 年数据由 2016 年中国统计年鉴 1%人口抽样调查数据整理得到。

由图 5-3 可知,近 30 年来,我国青年劳动力人口的比重呈整体下降趋势,但自 2005 年后有所放缓,中年劳动力人口的比重先升后降,自 2005 年开始也呈下降趋势,而老年劳动力人口比重却不断上升。由于各年龄段的劳动力在生产经验、生理机能和学习能力上各具特点,适合从事不同性质的劳动,而同一

---

① 王欢,黄健元,王薇. 人口结构转变、产业及就业结构调整背景下劳动力供求关系分析[J]. 人口与经济,2014(2):99-105.

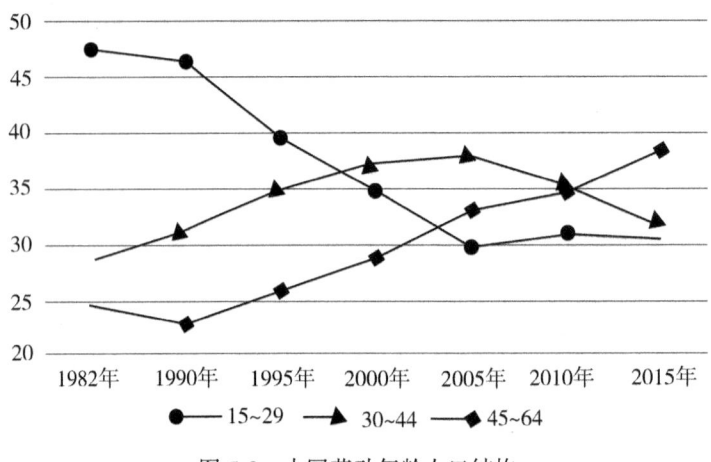

图 5-3　中国劳动年龄人口结构

项生产活动通常需要由不同性质的劳动相互配合完成。在资源最优配置的原则下，不同年龄阶段的劳动力首先应根据其劳动能力配置到边际生产力最大的岗位，并受边际生产力递减规律的作用，因此用其他年龄段劳动力来替代某一年龄段劳动力时，每替代某一年龄段劳动力所需要的其他年龄段劳动力的数量将不断递增。因此，不同年龄段劳动力之间并不是完全替代关系，而是同时存在部分替代和互补两种关系①。一般地说，30~44 岁之间的中年劳动力的劳动生产率最高，15~29 岁青年劳动力和 45~64 岁老年劳动力的劳动生产率比中年劳动力的都低。

(三) 与全国相比，湖北省劳动参与率呈现上下震荡的特点

由表 5-2 可知，全国劳动力资源总量在 2013 年达到峰值(100582 万人)，后拐头向下，而湖北省劳动力资源总量于 2010 年达到峰值(4756 万人)后拐头向下，说明湖北省人口红利的消失快于全国的平均水平。全国经济活动人口总量至 2015 年一直处于上升趋势，而湖北省经济活动人口总量在 2013 年达到最大值(3692 万人)后拐头向下。图 5-4 也表明湖北省劳动参与率与全国劳动生产率相比呈现出下列态势：2001 年以前，湖北省的劳动参与率略低于全国水平，2001 年至 2006 年湖北省劳动参与率高于全国水平且与全国水平发展态势

---

①　周兴. 人口老龄化对我国劳动力供给结构的影响分析[J]. 中国农业银行武汉培训学院学报，2011(2)：71-74.

高度一致，2006年到2012年湖北省劳动参与率又略低于全国水平，2012年以后湖北省劳动参与率增长得较快，高于全国水平。

表 5-2　　　　2000—2015年全国和湖北省劳动参与率比较　　　　万人

年份	全国劳动力资源总量	经济活动人口	全国劳动参与率(%)	湖北劳动力资源总量	经济活动人口总量	湖北劳动参与率(%)
2000	88910	73884	83.10	4204	3384.9	80.52
2001	89849	73992	82.35	4219	3414.5	80.93
2002	90302	74492	82.49	4072	3443	84.56
2003	90976	74911	82.34	4185	3476	83.06
2004	95184	75290	79.10	4353	3507	80.56
2005	94197	76120	80.81	4306	3537	82.15
2006	95068	76315	80.27	4422	3564	80.60
2007	95833	76531	79.86	4528	3584	79.15
2008	96680	77046	79.69	4595	3607	78.50
2009	97484	77510	79.51	4629	3622	78.24
2010	99938	78388	78.44	4756	3645	76.65
2011	100283	78579	78.36	4659	3672	78.82
2012	100403	78894	78.58	4633	3687	79.58
2013	100582	79300	78.84	4637	3692	79.62
2014	100469	79690	79.32	4546	3687.5	81.12
2015	100361	80091	79.80	4517	3658	80.98

注：湖北劳动力资源总量根据中国统计年鉴中全国人口变动情况抽样调查样本数据推算，其余数据由中国统计年鉴和湖北统计年鉴计算整理而得。

（四）湖北省劳动年龄人口负担增加快于全国水平

总抚养比反映劳动年龄人口的负担大小。由表5-3可知，近年来全国和湖北省少年儿童抚养比和总抚养比均呈下降趋势，老年人口抚养比呈上升趋势，但全国的少年儿童抚养比从2000年至2015年下降了10个百分点，而湖北省少年扶养比从2000年至2015年下降了11.67个百分点；全国老年抚养比从

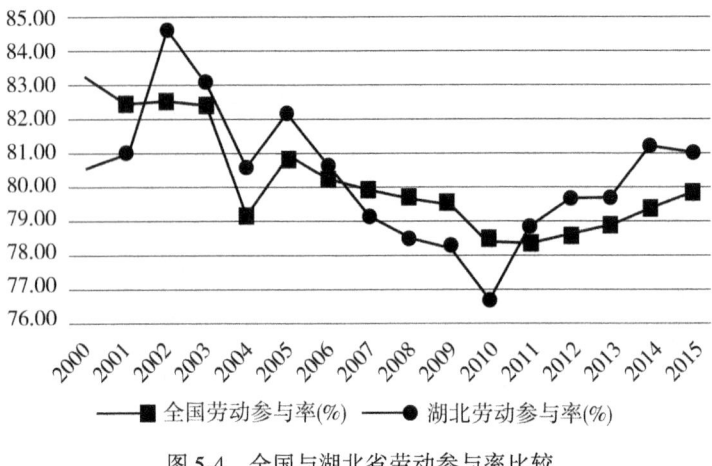

图 5-4 全国与湖北省劳动参与率比较

2000 年至 2015 年上升了 4.4 个百分点，而湖北省老年抚养比从 2000 年至 2015 年上升了 6.37 个百分点。说明湖北省劳动人口的负担增加要快于全国水平。

表 5-3 全国与湖北省的抚养比比较 %

年份	全国			湖北省		
	少年儿童抚养比	老年人口抚养比	总抚养比	少年儿童抚养比	老年人口抚养比	总抚养比
2000	32.60	9.90	42.60	32.30	8.90	41.20
2001	32.00	10.10	42.00	31.67	9.51	41.18
2002	31.90	10.40	42.20	33.88	12.94	46.82
2003	31.40	10.70	42.00	29.79	11.12	40.91
2004	30.30	10.70	41.00	26.57	11.29	37.86
2005	28.10	10.70	38.80	26.25	12.75	39.00
2006	27.30	11.00	38.30	23.19	13.37	36.56

续表

年份	全国			湖北省		
	少年儿童抚养比	老年人口抚养比	总抚养比	少年儿童抚养比	老年人口抚养比	总抚养比
2007	26.80	11.10	37.90	21.10	13.28	34.38
2008	26.00	11.30	37.40	19.53	13.47	33.00
2009	25.30	11.60	36.90	19.19	13.50	32.69
2010	22.30	11.90	34.20	18.06	11.80	29.86
2011	22.10	12.30	34.40	18.93	13.38	32.31
2012	22.20	12.70	34.90	18.74	14.32	33.06
2013	22.20	13.10	35.30	19.89	13.18	33.07
2014	22.50	13.70	36.20	21.66	13.90	35.56
2015	22.60	14.30	37.00	20.63	15.27	35.90

注：全国的数据来自中国统计年鉴2016，湖北省数据除2000、2010来自湖北人口普查数据外，其余均由中国统计年鉴全国人口变动情况抽样调查样本数据推算。

(五)湖北省城乡结构和产业结构分布

从表5-4可知，自2000年至2015年，湖北省城市从业人员整体呈上升趋势，而乡村从业人员整体变化不明显。从三大产业分布看，第一产业人口整体呈下降趋势，尤其是在2011年以后，这种下降趋势特别明显；第二产业人口变化不明显；第三产业人口呈上升趋势，尤其是在2011年以后，这正好与第一产业相反，时间契合得也非常好(图5-5)。

究其原因，上述变化主要是由于从事第一产业的基本上是农民，比较城乡分布中乡村从业人口数和产业分布中第一产业人口数，很容易发现：农村地区有丰富的剩余劳动力资源，大量农村劳动力走向城市，投身于城市建设事业，尤其是第三产业，为城乡两地收获人口红利均创造了条件，带来了双赢的局面。就城镇地区而言，来自农村的年轻劳动年龄人口的流入，弥补了城镇化进程中劳动力不足的危机，同时也显著地延缓了老龄化的进程，延长了收获人口红利机会的时间；就农村地区而言，农村富余劳动力在城镇中找到工作，提高了技能素质,增加了收入,也为新农村建设提供了资金,带来农村生活水平的极大改善。

表 5-4　　　　　　　　湖北省从业人员城乡及产业分布　　　　　　　　万人

年份	合计	城乡分布		产业分布		
		城镇	乡村	第一产业	第二产业	第三产业
2000	3384.90	1123.80	2261.10	1625.10	702.40	1057.40
2001	3414.50	1148.70	2265.80	1639.00	706.80	1068.70
2002	3443.00	1177.00	2266.00	1652.60	704.10	1086.30
2003	3476.00	1211.00	2265.00	1661.50	712.60	1101.90
2004	3507.00	1245.00	2262.00	1672.90	720.30	1113.80
2005	3537.00	1271.00	2266.00	1687.30	725.00	1124.70
2006	3564.00	1297.00	2267.00	1694.70	732.40	1136.90
2007	3584.00	1322.00	2262.00	1697.00	740.10	1146.90
2008	3607.00	1337.00	2270.00	1707.91	730.42	1168.67
2009	3622.00	1357.00	2265.00	1702.30	736.60	1183.10
2010	3645.00	1382.60	2262.40	1691.10	754.70	1199.20
2011	3672.00	1413.00	2259.00	1678.10	771.12	1222.78
2012	3687.00	1430.60	2256.40	1638.90	781.60	1266.50
2013	3692.00	1438.00	2254.00	1582.00	793.80	1316.20
2014	3687.50	1437.60	2249.90	1487.00	834.30	1366.20
2015	3658.00	1935.00	1723.00	1404.00	834.00	1420.00

注:数据来源于湖北统计年鉴 2016。

从上述特点可以看出,湖北省人口红利正在逐渐消失,人口老龄化无论是

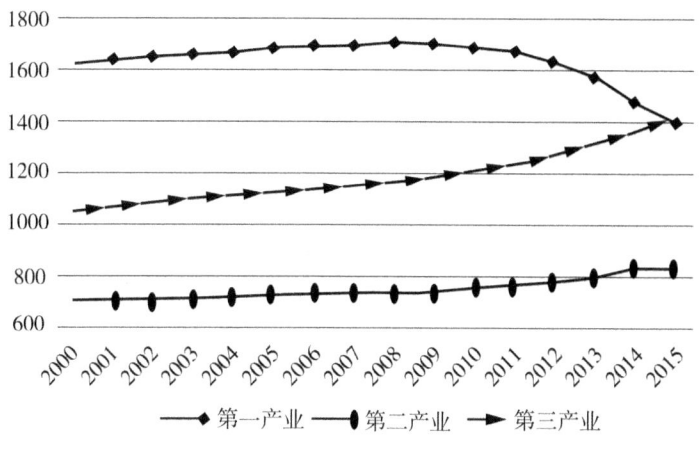

图 5-5 湖北省三大产业从业人员总量变化

对劳动力供给的总量、结构还是质量方面都产生了不利影响，而且，老龄化程度的加深势必会影响到劳动力人口的城乡结构和产业结构，下面将就此展开探讨。

第三节 人口老龄化对湖北省劳动力供给的影响

劳动力供给在今后四五十年间会出现怎样的局面？这是关系到湖北省乃至全国经济前途的问题。如果劳动力供需失衡，经济发展和社会安定都将会受到巨大的冲击。

迄今为止，湖北省人口结构仍以劳动年龄人口数量多、比重大为特点，劳动力供给相对充裕，老龄化程度还不算很高，人口红利依然存在。但是生育率已多年处于较低水平，加上由于生活水平提高、医疗条件改善等原因而不断提高的预期寿命，人口老龄化趋势加快。劳动力市场的供需格局也必然会发生相应变化，其中最显著、最堪忧的就是劳动年龄人口在总人口中的比例及其绝对数量的增长均在逐渐放缓，甚至停滞。而劳动力供给数量的变化对经济社会会产生较大的影响，如果劳动力的供需状况出现波动或失衡，经济增长与社会稳定也将受到明显的冲击。

值得庆幸的是，以上问题已经引起了某些专家学者的关注与讨论。湖北省老龄办联合省委政研室、武汉大学人口·资源·环境经济研究中心，以2010年第六次人口普查数据为基础，参考以往统计及抽样调查数据资料，采用中国人口预测软件（CPPS）和国际人口预测软件（PADIS-INT），在分析湖北省人口年龄结构和老年人口发展变化特征的基础上，对2011—2050年全省总人口、老年人口发展趋势进行了预测。① 中南财经政法大学博士研究生、副教授陈显友（2014年）运用队列动态仿真人口预测模型对湖北省2050年以前的人口老龄化趋势进行了预测。武汉理工大学博士研究生侯大强（2012）选取平均增长速度法和曲线回归方法对湖北省未来人口进行预测，得到了2011—2035年总人口及老龄人口比重的预测值。下面将基于本书第二章第三节的预测结果，就人口老龄化背景下湖北省劳动力供给的未来趋势进行分析。

一、未来劳动力资源总量变化

根据联合国提供的预测数据，中国的劳动年龄人口比例在2015年以前会不断上升，此后则处于下降态势。从绝对数量看，劳动年龄人口在2015年左右达到峰值，为10亿人左右，然后会逐渐下降。中国人口与发展研究中心的预测同样显示，中国劳动年龄人口比重2013年左右达到最高值72.1%，从绝对数量看，在2016年左右达到最高值，为9.97亿人左右，随后将逐年下降。②

由表5-5及图5-6可以看出，湖北省劳动年龄人口比重和绝对数量的发展态势与全国预测数据相当。2015年劳动力资源总量最高，未来45年湖北省人口总量及劳动力资源总量均呈下降趋势，且劳动力资源占比也逐年下降。其中人口总量年均下降0.27个百分点，劳动力资源总量年均下降0.94%，劳动力资源下降的速度要快于总人口减少的速度。这说明，在现行计划生育政策和人口迁移政策不变的情况下，按现有趋势推算，人口老龄化必然会使劳动年龄人口的比重相应下降，将使劳动力供给出现困难局面，当劳动力年龄人口的比重下降到一定程度时，可能导致劳动力供给数量的短缺，劳动力工资成本的上升。由于工资刚性，人力资本的上升将给企业生产带来困难，严重的甚至出现阶段性滞胀现象。

---

① 湖北：人口老龄化现状、趋势与对策，http：//www.cnsf99.com/Home/Article/index/pid/0/id/456/aid/8070.

② 蔡昉，王美艳."未富先老"对经济增长可持续性的挑战[J].宏观经济研究，2006（6）：6-10.

表 5-5　　　　　　　湖北省未来总人口及劳动力资源总量

年份	2015	2020	2025	2030	2035	2040	2045	2050	2055	2060
总人口（万人）	5955.49	6160.82	6262.8	6249.02	6164.81	6049.03	5911.44	5738	5524.35	5284.73
劳动力资源（万人）	4346.97	4197.07	4100.41	3951.62	3777.35	3619.64	3482.33	3315.5	3029.74	2842.33
劳动力资源比重(%)	72.99	68.13	65.47	63.24	61.27	59.84	58.91	57.78	54.84	53.78

注：数据由本书表 2-5 汇总得到。

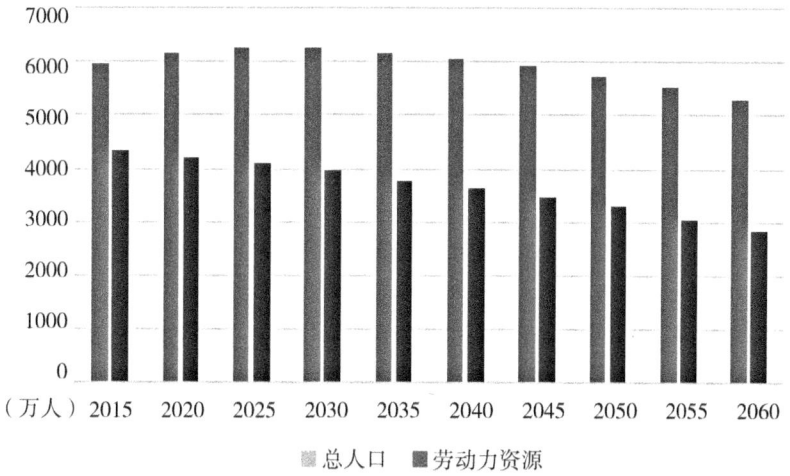

图 5-6　未来劳动力资源总量及总人口变化

二、未来劳动力年龄结构的变动分析

从表 5-6 和图 5-7 可以很明显地发现，湖北省 2025 年以前未来中老年劳动力的数量均呈上升趋势而青年劳动力数量急剧减少，2025 年以后，老龄劳动力和中年劳动力都呈下降趋势，且老年劳动力下降速度要缓于中年劳动力下降的速度，而青年劳动力却呈上升态势。2030 年至 2040 年的十年间，老年劳动力数量比较稳定，之后呈急剧下降趋势。2035 年至 2060 年，青年劳动力与中年劳动力数量基本呈互补式变化。从比重看，老年劳动力的比重相当高，基本在 39%～49% 之间，且先上升后下降，于 2040 年达到最大值 48.47%，之后呈逐年递减趋势。这说明未来湖北省劳动年龄人口本身呈高龄化趋势。虽然随着年龄的增长，其工作经验更丰富，眼界更为开阔，相较于年轻一代更具有优势，但一般地说，随着年龄增长，老年劳动者身体机能下降，不愿接受新事物和职业培训，而未来社会知识的更新换代又特别快，因此老年劳动者的劳动生产率相较于年轻一代而言会偏低。所以，人口老龄化对我国劳动供给的数量和质量都会产生负面影响。

表 5-6 　　　　　　　　湖北省未来劳动力年龄结构变动

年份	2015	2020	2025	2030	2035	2040	2045	2050	2055	2060
劳动力资源（万人）	4346.97	4197.07	4100.41	3951.62	3777.35	3619.64	3482.33	3315.5	3029.74	2842.33
青年劳动力（万人）	1289.02	975.9	791.65	910.33	1049.85	1080.51	968.84	821.93	752.33	770.74
中年劳动力（万人）	1274.52	1343.41	1428.49	1276.81	966.59	784.69	902.53	1040.74	1070.79	959.9
老年劳动力（万人）	1783.43	1877.76	1880.27	1764.48	1760.91	1754.44	1610.96	1452.83	1206.62	1111.69
老年劳动力比重(%)	41.03	44.74	45.86	44.65	46.62	48.47	46.26	43.82	39.83	39.11

注：数据由本书表 2-5 汇总得到。

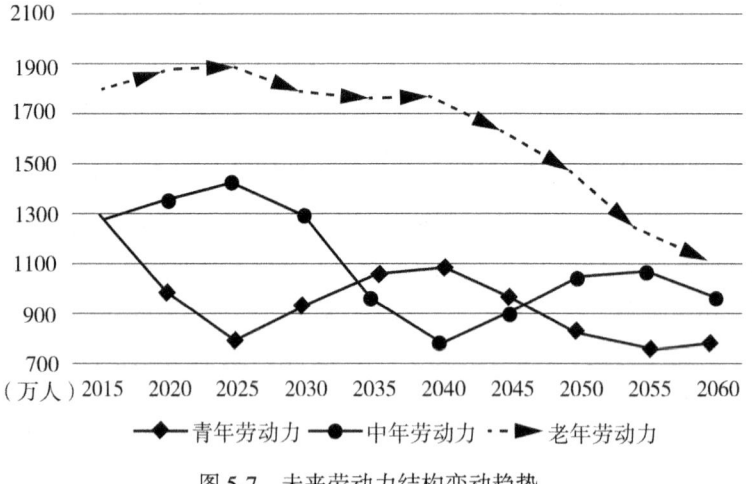

图 5-7　未来劳动力结构变动趋势

三、未来劳动力的负担系数逐年增加

由表 5-7 和图 5-8 可知，2015 年至 2060 年湖北省劳动力负担系数呈上升趋势，其中少年儿童负担系数呈缓慢上升然后略有下降再缓慢上升的态势，而老年人口负担系数呈显著上升的态势。就老年负担系数而言，这意味着 2015 年每 100 个劳动力需要赡养 16 个老人，到 2060 年，则每 100 个劳动力要赡养 60 个老人，即 2015 年 6 个劳动力便可以赡养一个老人，而到 2060 年赡养 1 位老人就得 1.7 个劳动力。这还没有考虑每个劳动力的少儿负担系数。如果考虑少儿负担系数，则意味着 2015 年每 100 个劳动力需要赡养 16 个老人和 22 个儿童，到 2060 年，则每 100 个劳动力要赡养 60 个老人和 27 个儿童。可见，未来湖北省人口负担的严重程度。

表 5-7　　　　　　　　湖北省未来劳动力负担系数

指标	2015	2020	2025	2030	2035	2040	2045	2050	2055	2060
0～14 岁所占比例(%)	15.38	17.14	17.35	15.59	13.41	12.51	13.12	14.13	14.54	14.15
65 岁以上所占比例(%)	11.63	14.73	17.18	21.17	25.32	27.65	27.98	28.09	30.62	32.07
80 岁以上所占比例(%)	2.17	2.78	3.47	4.58	6.06	6.95	8.76	10.46	10.91	10.27
少年儿童负担系数	21.07	25.16	26.50	24.65	21.89	20.91	22.27	24.45	26.51	26.31
老年人口负担系数(%)	15.93	21.62	26.24	33.48	41.32	46.21	47.49	48.61	55.82	59.62
总负担系数(%)	37.00	46.78	52.74	58.13	63.21	67.12	69.76	73.06	82.33	85.93

注：数据由本书表 2-6 汇总得到。

另外，由表 5-7 可以看出，未来湖北省高龄老人的比重不断上升，直至 2055 年达到最大值 10.91%。高龄老人几乎完全丧失了劳动能力，需要家人的照看和料理，在目前仍然以家庭养老为主的情况下必然影响到家庭劳动参与率的决策。本来，对于人口老龄化带来赡养负担的加重，一般家庭劳动力更倾向于外出工作或增加工作时间，通过增加尽可能多的工资和收入来赡养老人，支

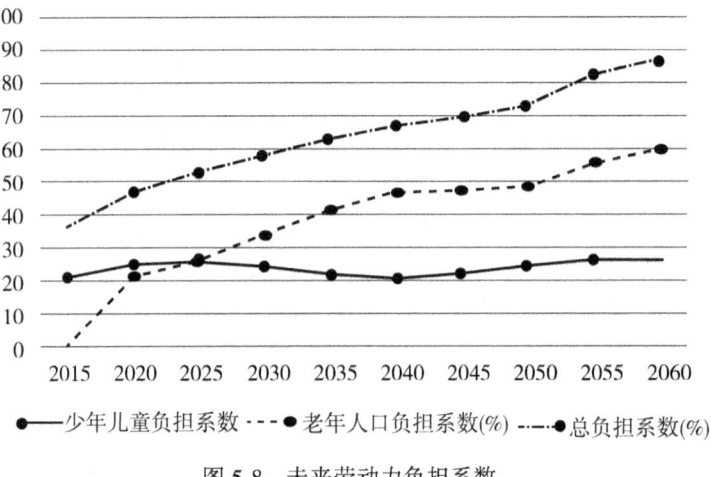

图 5-8　未来劳动力负担系数

付额外的营养、保健、护理和医疗费用。另外，家庭中的老人，特别是一些因年老、疾病或伤残导致生活不能自理的老人，需要其他家庭成员的特殊护理和照顾，家庭中的其他成员不得不减少原本用于闲暇和工作的时间来照顾老人，甚至还有因承担的家务过重而被迫放弃外出工作可能。但同时，由于高龄老人需要护理，也增加了雇佣家政人员的情况，一定程度上也增加了劳动力的投入。总之，老年人口高龄化对劳动力供给的影响具有复杂性。但在未来劳动力资源逐渐稀缺的情况下，其负面影响大于正面影响。

四、未来劳动参与率呈先急剧下降后缓慢上升趋势

由于湖北省分年龄段劳动参与率的相关数据暂缺，我们以郭瑜（2013）预估2015年全国的分年龄段劳动参与率数据为借鉴[①]，且假定各年龄组劳动参与率不变，只考虑老年化对总劳动参与率的影响。参照童玉芬（2014）的年龄结构分解方法，将总的劳动参与率分解为两个因素：一是年龄结构因素，二是分年龄劳动参与率因素[②]。

[①] 郭瑜. 人口老龄化对中国劳动力供给的影响[J]. 经济理论与经济管理，2013，V33(11)：49-58.

[②] 童玉芬. 人口老龄化过程中我国劳动力供给变化特点及面临的挑战[J]. 人口研究，2014，38(2)：56.

$$PR_t = \sum_{i=1}^{j} S_{i,t} PR_{i,t} \tag{5.1}$$

式中：PR_t 为 t 年总的劳动参与率；$PR_{i,t}$ 为 t 年 i 年龄组的劳动参与率；$S_{i,t}$ 为 t 年 i 年龄组的人口占总劳动年龄人口的比重。

根据第二章表 2-5 人口预测的分年龄劳动人口计算比重，将结果代入上式得到表 5-8：

表 5-8　　　　分年龄组劳动力人口比重及各年总的劳动参与率　　　　　　　%

年份	2015	2020	2025	2030	2035	2040	2045	2050	2055	2060
劳动力资源总量	100	100	100	100	100	100	100	100	100	100
15~19 岁	5.80	5.85	7.21	9.38	10.20	9.02	7.44	7.18	8.47	9.76
20~24 岁	11.04	5.99	5.98	7.47	9.80	10.63	9.36	7.80	7.85	9.01
25~29 岁	12.82	11.41	6.12	6.19	7.79	10.20	11.02	9.81	8.52	8.34
30~34 岁	9.22	13.24	11.65	6.33	6.46	8.11	10.57	11.55	10.71	9.05
35~39 岁	8.98	9.52	13.50	12.04	6.60	6.71	8.40	11.07	12.59	11.37
40~44 岁	11.12	9.25	9.69	13.94	12.53	6.85	6.94	8.78	12.05	13.35
45~49 岁	12.82	11.42	9.40	9.98	14.46	12.97	7.07	7.23	9.53	12.74
50~54 岁	11.61	13.12	11.55	9.63	10.31	14.91	13.32	7.33	7.82	10.04
55~59 岁	8.35	11.80	13.17	11.76	9.89	10.55	15.20	13.73	7.87	8.18
60~64 岁	8.25	8.41	11.74	13.29	11.96	10.03	10.67	15.53	14.60	8.16
总的劳动参与率	76.60	76.31	74.17	72.29	72.01	72.71	73.03	72.71	73.60	74.63

从图 5-9 可以看出，未来湖北省劳动参与率呈先急剧下降后缓慢上升趋势，下降速度最快的是 2020—2030 年，这十年劳动参与率下降了 4.02 个百分点。2035 年劳动力参与率达到最低水平 72.01%，然后缓慢上升。2050 年以后劳动力参与率上升速度加快。正如上文所说，人口老龄化对劳动力参与率的影响是复杂的：一方面老龄人口的增加增加了家庭负担，使劳动参与率上升，而且，由于老年人口赡养压力对青少年儿童产生挤出效应，一些家庭条件不好的

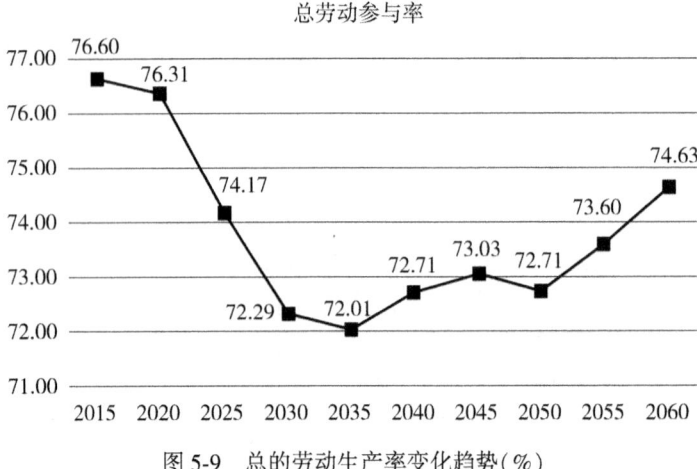

图 5-9 总的劳动生产率变化趋势(%)

青年可能不得不放弃继续求学，而加入就业行业，这也会使劳动力参与率上升；另一方面，在当前仍然以家庭养老的模式下，年老、疾病或伤残导致生活不能自理的老人需要其他家庭成员的特殊护理和照顾，部分劳力可能不得不退出劳动力市场。

第六章 湖北省人口老龄化对老年社会保障体系的影响

人口老龄化和社会保障体系的可持续性是各国普遍关心的问题，完善社会保障体系关系到国家的发展全局和亿万百姓的福祉。积极应对人口老龄化、保障和改善民生已被写入党的十八大报告和国家战略发展规划。我国人口老龄化已进入快速发展阶段，这必然使我国当前社会保障体系面临着严峻的挑战。

人口老龄化对社会保障的影响主要包括人口老龄化对社会救助、社会保险、社会福利以及社会补充保障的影响，其中对社会保险（包括社会养老和医疗保险）的影响最大也最为严峻。本章将在对人口老龄化对社会保障体系影响进行综合梳理的基础上，从养老和医疗两个方面分析湖北省人口老龄化对养老保险及医疗保险是否存在影响，如果存在，存在怎样的影响，以便为人口老龄化背景下养老保障体系的完善提供政策参考。

第一节 人口老龄化对老年社会保障的影响的研究述评

一、关于人口老龄化与社会保障的关系研究

在关于人口老龄化与社会保障关系的研究方面，刘慧茹（2003）认为，人口老龄化与社会保障水平之间存在高度相关性，并分析了人口老龄化对社会保障制度的直接及间接影响。[①] 姜向群等（2005）以定性分析的方法，从人口老龄化对养老保障、医疗保障以及人口老龄化对老年服务的影响方面进行了分析。认为人口老龄化对养老金制度的影响主要体现在退休人口增加导致退休金支出的快速膨胀上，且纳入社会保障的退休人口在不同国家或区域占老年人口

---

① 刘慧茹，高振宇. 我国人口老龄化趋势与社会保障制度的关系研究[J]. 河北经贸大学学报（综合版），2003(4)：39-41.

比重不同，对退休金的影响也就不同。由于老年人口患病率较高，人口老龄化对医疗保障的影响主要表现在医疗费用快速上升上。人口老龄化对老年服务产生的影响体现在现有的养老方式难以为继，且难以解决高龄失能老人的日常照料问题。① 张天芳，王林，吕王勇（2006）以非参数回归理论模型为基础，研究人口老龄化与社会保障支出之间存在的动态关系。指出社会保障支出占财政支出的比重随着老龄化程度的加深而不断增大。② 童玉芬（2008）以北京数据进行分析得出结论：人口老龄化程度的增高和伴随着高龄化和空巢化等特点，用于医疗卫生和社会保障补助支出等方面的开支将会提高，加剧了对社会保障的压力，使财政负担越来越重。③ 杨胜利（2012）分析得出：人口老龄化将会使负担系数上升、社会保障财政支出增加，并且在2030年以后会超过15%。④ 李洪心等（2012）以我国1995—2008年财政支出规模和社会保障水平为样本，采用回归模型对两者关系进行了实证分析。此外，在该模型的基础上加入人口老龄化变量，对老年人数量、老年抚养比与财政支出的关系进行实证分析。研究结果发现：社会保障水平与财政支出规模有着显著的正向关系，老年人数量的增加、老年抚养比的增高对财政支出规模的扩大也起了一定作用。⑤ 刘吕吉等（2014）综合运用静态面板与动态面板模型考察中国1998—2012年人口结构变迁对财政社会保障支出水平的影响。得出结论：人口老龄化是导致财政社会保障支出压力的原因；而少年儿童抚养比与人均财政社会保障支出之间存在显著的负相关关系。⑥ 王凯（2015）综合运用人口学、经济学及社会学等学科理论，分别从静态与动态两个维度实证检验了人口老龄化、财政政策与经济发展

---

① 姜向群，万红霞．人口老龄化对老年社会保障及社会服务提出的挑战[J]．人口与发展，2005，11(4)：67-71．

② 张天芳，王林，吕王勇．人口老龄化与社会保障支出的动态关系[J]．统计与决策，2006(22)：78-79．

③ 童玉芬，刘广俊．北京市人口老龄化及对社会保障支出的影响[J]．人口与发展，2008，14(4)：14-20．

④ 杨胜利，高向东．人口老龄化对社会保障财政支出的影响研究[J]．西北人口，2012，33(3)：17-22．

⑤ 李洪心，李巍．人口老龄化对我国财政支出规模的影响——从社会保障角度出发[J]．人口与社会，2012，28(4)：33-37．

⑥ 刘吕吉，李桥，张馨丹．人口结构变迁与财政社会保障支出水平研究——基于省级面板数据的实证分析[J]．贵州财经大学学报，2014(4)：91-97．

三者之间的内在逻辑和因果关系。① 黄润龙(2016)认为:我国社会保障经费增长快于公共财政支出,也快于GDP增长速度,但我国社会保障资金占财政支出比例仍远低于发达国家。②

二、关于人口老龄化对基本养老保险体系的影响研究

卢元(2000)指出要实现养老保险的可持续发展,就必须重构养老基金筹集模式,变部分积累制为完全基金制,降低基本养老金替代率,实现个人账户"实账化",逐步提高退休年龄,并要加强法制建设,确保养老保险制度有法可依。③ 左学金(2001)讨论了我国人口老龄化对社会养老保险的直接与间接影响,直接影响表现在人口老龄化对养老金社会统筹账户的影响,间接影响主要表现在对养老保险基金的收支方面。④ 王振华(2004)认为:人口老龄化使政府用于老人的财政支出增加,政府负担加重,且人口高龄化影响家庭结构和赡养功能。⑤ 黄玉林(2010)综合运用理论与实证的分析方法,主要从养老保险制度、养老保险筹资模式和养老保险基金三个方面论述人口老龄化对我国社会养老保险的影响分析。⑥ 毛毅(2012)从一个两期的世代交叠模型入手,分析了人口老龄化对储蓄和社会养老保障支出的影响。研究结果表明:人均养老保障支出滞后相对当期人均养老保障支出影响作用较大且高度显著;当期老年人口抚养比对人均养老保障支出有促进作用,而上期老年人口抚养比抑制了人均养老保障支出的增加。⑦ 李慧(2014)构建了动态面板数据模型作为基本分析工具,选用系统广义矩估计(SYS-GMM)方法实现模型的估计,根据实证分

---

① 王凯.中国人口老龄化背景下的财政政策研究[D].中央财经大学,2015.

② 黄润龙.人口老龄化与我国社会保障财政支出的关系研究[J].信访与社会矛盾问题研究,2016(5):14-28.

③ 卢元.论老龄化过程中我国城镇职工养老保险的可持续发展[J].人口学刊,2000(4):27-30.

④ 左学金.面临人口老龄化的中国养老保障:挑战与政策选择[J].中国人口科学,2001(3):1-8.

⑤ 王振华.河南人口老龄化趋势及社会养老保险体系构建[J].经济经纬,2004(5):78-80.

⑥ 黄玉林.人口老龄化对我国社会养老保险的影响及对策研究[D].重庆理工大学,2010.

⑦ 毛毅.老龄化对储蓄和社会养老保障的影响研究[J].人口与经济,2012(3):91-99.

析结果，得到人口老龄化每增加一个百分点，养老保险支出水平将上升0.434个百分点的结论。① 苏宗敏等(2015)基于2002—2012年省级面板数据，利用SFA模型，实证分析中国基本养老保险的"产出效率"及其影响因素。经研究发现，人口结构、基本养老保险收入对基本养老保险支出有显著的正效应，而受教育程度则具有显著的负效应。② 董克用等(2017)认为，尽管中国人口老龄化2050年左右达到高峰，但并不会在此之后发生逆转，而是将长期持续下去，即进入高原时期。这决定了人口老龄化对中国养老金体系的影响是长期的，必须用战略眼光重构中国三支柱的养老金体系，并辅之以参量改革，以应对人口老龄化的长期影响。③

三、关于人口老龄化对医疗保险的影响研究

姜向群(2004)提出了旨在提倡离退休人员医疗费用社会统筹，建立合理的医疗保险费用筹措机制，建立医疗费用支出的制约机制，建立医疗保险基金的监管机制，对低收入弱势老年群体的医疗保障问题给予特殊关注的建议。④ 张媛(2006)认为：人口老龄化使医疗保险参保人员结构发生变化，而老年人对医疗保险的需求明显高于中青年人，因此人口老龄化对医疗保险制度的影响重大，不但对医疗保险基金的来源，同时，也对医疗保险基金的开支发生影响，总的说来是增加了基金的风险性。⑤ 彭俊等(2006)分析得出：人均医疗费用基金支出随着老龄化而增长，其中女职工的平均医疗费用增加更快。同时，按现行的医疗体系，从个人缴费层次及基金整体来看，基本医疗保险基金入不敷出，存在较大的缺口。现阶段的参保人群中30~40岁的人数显著多于其他年龄段，当这批人退休的时候，基金的运行也会受到极大的影响。并预测出基本医保统筹基金将在2020年到2025年间入不敷出，而这正是受到人口老

---

① 李慧. 人口老龄化对养老保险支出的影响研究[D]. 西南财经大学，2014.
② 苏宗敏，王中昭. 人口老龄化背景下中国基本养老保险支出水平的探析[J]. 宏观经济研究，2015(7)：59-64.
③ 董克用，张栋. 高峰还是高原？——中国人口老龄化形态及其对养老金体系影响的再思考[J]. 人口与经济，2017(4)：43-53.
④ 姜向群，万红霞. 老年人口的医疗需求和医疗保险制度改革[J]. 中国人口科学，2004(S1)：135-141.
⑤ 张媛. 人口老龄化对医疗保险的影响[J]. 中国卫生经济，2006，25(4)：53-56.

龄化影响的结果。① 陈琰等(2008)着重分析了人口老龄化在现收现付制和积累制养老体系下的福利影响效应,运用新古典增长模型,假设生育率下降导致人口结构发生相应改变,结果显示,人口老龄化的福利影响效应在不同的养老体系下各不相同。② 朱波等(2010)提出：为应对人口老龄化给医疗保险制度和老年护理带来的压力,应尽快健全和完善社会保障体系,在财富初次分配注重效率的基础上,合理再分配财富,促进社会公平和缩小收入差距,使这些曾经为社会经济的发展做出巨大贡献的老年群体能合理分享社会经济发展的成果。③ 颛慧玲等(2012)针对人口老龄化对山西医疗保险制度的影响,认为应采取措施增强医疗保障基金积累功能；落实政府公共财政责任,实现医疗保障制度的可持续发展；发展以社区为中心的老年医疗保健服务体系；建立老年保健评估制度。④ 林森等(2013)从国别比较的视角出发,探讨了人口老龄化对医疗保险的影响及对策,提出应汲取美、日、德三国医疗保险的改革经验,结合国情,我国的医疗保险制度改革步伐不宜过快,应以"立足国情、循序渐进、试点先行"为原则进行探索。⑤ 兰烯(2014)以中国健康与养老追踪调查数据、中国老人健康长寿影响因素跟踪调查以及中国各省的宏观数据为例,研究了年龄对医疗费用(需求)的效应,结果表明,老龄化水平的增加会显著增加门诊费用,但是老龄化水平对住院费用没有显著的影响。⑥ 谢婵娟(2017)采用计量经济学的研究方法,对江苏省2001—2014年的医疗保险基金支出与人口老龄化的关系进行实证分析,说明了人口老龄化对于医疗保险基金支出的影响较为显著。⑦

---

① 彭俊,宋世斌,冯羽.人口老龄化对社会医疗保险基金影响的实证分析——以广东省珠海市为例[J].南方人口,2006,21(2):5-11.

② 陈琰,许非.人口老龄化在不同养老体系下的福利影响效应[J].江西社会科学,2008(6):199-201.

③ 朱波,周卓儒.人口老龄化与医疗保险制度：中国的经验与教训[J].保险研究,2010(1):27-35.

④ 颛慧玲,侯志刚.人口老龄化对医疗保险制度的影响——以山西为例[J].经济问题,2012(6):57-60.

⑤ 林森,张军涛.人口老龄化对医疗保险的影响及对策——基于国别比较的视角[J].宏观经济管理,2013(6):57-59.

⑥ 兰烯.人口老龄化对医疗费用的影响及其机制的实证研究[D].西南财经大学,2014.

⑦ 谢婵娟.人口老龄化对于医疗保险基金支出的影响与对策研究——以江苏省为例[J].人力资源管理,2017(6):359-361.

第二节 湖北省人口老龄化对养老保险的影响

一、相关概念界定

(一)城镇职工基本养老保险

1. (参保)职工人数

指报告期末按照国家法律、法规和有关政策规定参加城镇职工基本养老保险并在社保经办机构已建立缴费记录档案的职工人数,包括中断缴费但未终止养老保险关系的职工人数,不包括只登记未建立缴费记录档案的人数。

2. (参保)离退休人员人数

指报告期末参加城镇职工基本养老保险的离休、退休和退职人员的人数。

3. 基金收入

指根据国家有关规定,由纳入基本养老保险范围的缴费单位和个人按国家规定的缴费基数和缴费比例缴纳的养老保险基金,以及通过其他方式取得的形成基金来源的收入。包括单位和职工个人缴纳的基本养老保险费、基本养老保险基金利息收入、上级补助收入、下级上解收入、转移收入、财政补贴和其他收入。

4. 基金支出

指按照国家政策规定的开支范围和开支标准从养老保险基金中支付给参加基本养老保险的个人的养老金、丧葬抚恤补助,以及由于保险关系转移、上下级之间调剂资金等原因而发生的支出。包括离休金、退休金、退职金、各种补贴、医疗费、死亡丧葬补助费、抚恤救济费、社会保险经办机构管理费、补助下级支出、上解上级支出、转移支出、其他支出等。

5. 基金累计结余

指截至报告期末基本养老保险基金收支相抵后的累计余额。

(二)城乡居民基本养老保险

1. 参保人数

参保人数指报告期末,参加城乡居民养老保险(在经办机构参保登记并已建立缴费记录以及制度实施当年已经年满60周岁并在经办机构参保登记)的总人数(不包括已经办理注销登记手续的人数)。

2. 达到领取待遇年龄参保人数

此人数指报告期末,实际参保人员中已经通过城乡居民养老保险待遇核定的已经年满60周岁的人数。

3. 基金收入

基金收入指根据国家有关规定,由参加城乡居民基本养老保险的个人按规定缴费的城乡居民基本养老保险基金,以及通过集体补助、财政补助等其他方式取得的形成基金来源的收入。包括个人缴费收入、集体补助收入、政府补贴收入、利息收入、转移收入、上级补助收入、下级上解收入和其他收入。

4. 基金支出

基金支出指按照国家政策规定的开支范围和开支标准从城乡居民基本养老保险基金中支付给参加城乡居民基本养老保险的个人养老金待遇支出,以及由于参保人员跨统筹地区流动而发生的支出等。包括养老金待遇支出、转移支出、补助下级支出、上解上级支出、其他支出。

5. 基金累计结余

基金累计结余指截至报告期末城乡居民基本养老保险基金收支相抵后的累计余额。

二、2000—2015年湖北省养老保险的现状

湖北省一直将养老问题作为改善民生的重要抓手,养老保障体系建设日趋完善,但仍不能满足绝大多数退休人员的基本生活和生存需要。本节从养老保障水平、养老保障投入及社会养老保险收支等三个方面来说明湖北省养老保险的现状。

(一)养老保障水平

养老保障水平即养老保障体系能涵盖的人群范围。高水平的社会养老覆盖对社会、经济和政治稳定会产生重要影响,是体现社会公平、反映人民生活幸福指数的关键性因素。根据中国统计年鉴历年"分地区城镇居民基本养老保险情况"统计数据整理得到表6-1。

由表6-1和图6-1可知,湖北省近年来城镇居民参保人数总量、职工参保人数及离退休参保人数均有所增长,且离退休人员参保增长速度明显快于职工参保人数,参保职工人数2016年是2001年的2.06倍,而离退休人员参保人数2016年是2001年的3.33倍,相较于2001年,2016年离退休人员参保人数净增加320.3万人。

表 6-1　　湖北省城镇职工基本养老保险情况

年份	年末参加城镇职工基本养老保险(万人)			
	合计	职工	离退休人员	离退休人员与在职职工之比(%)
2001	474.4	436.1	137.7	31.58
2002	481.5	405.5	147.2	36.30
2003	554.4	501.1	177.9	35.50
2004	780.5	585.1	195.4	33.40
2005	804	597.6	206.4	34.54
2006	850	630.3	220.5	34.98
2007	886.8	651.4	235.3	36.12
2008	932.3	680.4	252	37.04
2009	982	708.4	273.6	38.62
2010	1039.8	738.2	301.6	40.86
2011	1113.4	771.7	341.7	44.28
2012	1171.4	804.1	367.3	45.68
2013	1219.4	823.5	395.9	48.08
2014	1266.2	847	419.2	49.49
2015	1315.5	874.9	440.6	50.36
2016	1355.0	897.1	458.0	51.05

资料来源：根据中国统计年鉴历年"分地区城镇居民基本养老保险情况"统计数据整理得到。

另外，根据湖北省人力资源和社会保障厅官网的统计数据，湖北省2011年以前均只有城镇职工参保的相关信息，自2011年开始才有了以城乡居民养老保险试点范围的数据。从表6-2可知，湖北省参加城乡居民养老保险人数相对于湖北劳动年龄人口而言偏低，不到50%，说明劳动者对购买养老保险的

第二节　湖北省人口老龄化对养老保险的影响

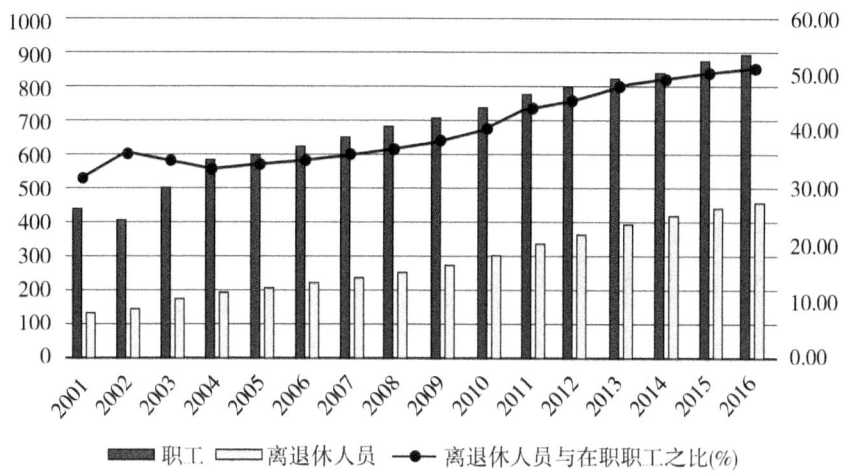

图 6-1　城镇居民职工及离退休人员参加基本养老保险情况

热情不高,尚需要当地政府的引导。但根据最新公布的 2017 墨尔本美世全球养老金指数显示,中国养老体系指数在 2015 年为 48%,到 2016 年跌至 45.2%。① 可以看出,湖北省近年来养老保障体系建设速度略快于全国平均水平。

需要说明的是,我国的养老保险制度一直处于城乡分割的状态,广大的农村劳动者缺乏基本的养老保险。尽管目前包括湖北省在内的部分地区已经建立了农村养老保险制度,但还处于起步阶段。由于农村老年人口占全省老年人口的绝大多数,因此从某种意义上说,农村养老保险的问题是人口老龄化带给我们的最大挑战。

(二)养老保障投入

理论界通常把社会保障支出占国内生产总值(GDP)的比重及公共社会保障支出占财政支出的比重作为衡量社会保障支出水平的主要指标。本书养老保障投入可以从养老保障基金支出占地方财政支出的比重来进行分析。养老保障基金支出包括离退休金、各种补贴、死亡丧葬补助费、抚恤救济费、社保经办单位管理费等。根据中国统计年鉴和湖北统计年鉴相关数据(表 6-3),湖北省基金支出占财政支出的比重本世纪以来基本稳定在 18.5% 左右,上下波动范

---

① http://finance.ifeng.com/money/insurance/hydt/20121018/7165350.shtml.

围不超过 3%。

表 6-2 湖北省城乡居民养老保障水平

年份	开展城乡居民养老保险试点范围	年末全省参加城乡居民养老保险人数(万人)	领取待遇人数(万人)	参保人数占劳动力人口比重(%)
2011	17个市(州)的65个县(市、区)	1737.7	422.7	37.30
2012	17个市(州)的103个县(市、区)	2266.3	580.5	48.92
2013	17个市(州)的103个县(市、区)	2236	605	48.22
2014	17个市(州)的103个县(市、区)	2231	640	49.08
2015	17个市(州)的102个县(市、区)	2214	664.9	49.01
2016	17个市(州)的65个县(市、区)	2218.8	695.1	49.23

资料来源：由湖北省人力资源和社会保障厅网站 http://www.hb.hrss.gov.cn/hbwzweb/html/home/index.shtml 历年事业发展统计公报数据及湖北统计年鉴计算整理。

表 6-3 湖北省养老保险基金支出占财政支出比重

年份	年末参加城镇职工基本养老保险人数(万人)			基金支出(亿元)	财政支出(亿元)	基金支出占财政支出比重(%)
	合计	职工	离退休人员			
2001	474.4	436.1	137.7	82.3	484.4	16.99
2002	481.5	405.5	147.2	105.2	511.39	20.57
2003	554.4	501.1	177.9	117.6	540.44	21.76
2004	780.5	585.1	195.4	133.7	646.29	20.69
2005	804	597.6	206.4	154	778.72	19.78
2006	850	630.3	220.5	201.9	1047	19.28

续表

年份	年末参加城镇职工基本养老保险人数(万人)			基金支出（亿元）	财政支出（亿元）	基金支出占财政支出比重(%)
	合计	职工	离退休人员			
2007	886.8	651.4	235.3	243.5	1274.27	19.11
2008	932.3	680.4	252	294.9	1650.28	17.87
2009	982	708.4	273.6	350.6	2090.92	16.77
2010	1039.8	738.2	301.6	419.8	2501.4	16.78
2011	1113.4	771.7	341.7	523.4	3214.74	16.28
2012	1171.4	804.1	367.3	647.8	3759.79	17.23
2013	1219.4	823.5	395.9	798	4371.65	18.25
2014	1266.2	847	419.2	950.6	4934.15	19.27
2015	1315.5	874.9	440.6	1103.6	6132.84	17.99
2016	1355	897.1	458	1225.1	6422.98	19.74

资料来源：根据中国统计年鉴"分地区城镇居民基本养老保险情况"摘录编制数据及湖北统计年鉴财政支出数据计算而得。

(三)养老保险收支状况

养老保险收支平衡是指养老保险基金的收入与支出在一定时期内相等的状况。如果基金收入远大于基金支出，表明当期投保主体负担过重，不利于激发劳动者的工作和缴费积极性；如果基金支出远大于收入，则表明基金收入不能足够支付养老金支出，部分退休人员无法足额领取养老金，使其社会保障的功能无法完全实现，这会影响到社会和谐和人们的生活，会阻碍社会经济的持续健康发展。

根据中国统计年鉴的概念界定，基金收入包括由纳入基本养老保险范围的缴费单位和个人按规定的缴费基数和比例缴纳的基本养老保险基金，以及通过其他方式取得的形成基金来源的收入，如利息收入、上级补助收入、下级上缴收入、转利收入等。基金支出包括离退休金、各种补贴、死亡丧葬补助费、抚恤救济费、社保经办单位管理费等。

表6-4　　　　　　　湖北省城镇居民养老保险收支状况

年份	基金收入（亿元）	基金支出（亿元）	累计结余（亿元）	征收养老保险费(亿元)	实发养老保险金(亿元)	当期结余（亿元）
2001	83.4	82.3	15.4			
2002	105	105.2	41.2	79.1	104	-24.9
2003	119.7	117.6	43.5	92.6	116.7	-24.1
2004	146.4	133.7	66.3	103.5	132.7	-29.2
2005	180.7	154	93	144.2	152.2	-8
2006	239.8	201.9	131	146.8	196.7	-49.9
2007	287.5	243.5	176.4	184.6	235.8	-51.2
2008	379.4	294.9	260.9	267	292.8	-25.8
2009	435.1	350.6	345.4	314.7	347.4	-32.7
2010	501.9	419.8	427.6	375.4	417.8	-42.4
2011	733.9	523.4	638.1	551	517.5	33.5
2012	764.3	647.8	754.6	565.9	640.8	-74.9
2013	860.5	798	817.1	624.6	780.6	-156
2014	977.8	950.6	821.6	697.9	926.2	-228.3
2015	1132.4	1103.6	850.4	780	1074.4	-294.4
2016	1196.9	1225.1	822.3	798.4	1210.1	-411.7

资料来源：基金收入、基金支出及累计结余数据根据中国统计年鉴"分地区城镇居民基本养老保险情况"摘录编制；征收养老保费、实发保费数据来源于湖北省人力资源和社会保障厅网站http：//www.hb.hrss.gov.cn/hbwzweb/html/home/index.shtml。

由表6-4和图6-2可知，近年来湖北省养老基金收入均大于基金支出，不存在养老基金缺口。但从养老保险费的当期征收和当期实发看，除2011年外，每年均存在一定的缺口，尤其是自2012年以后，当期征收和当期实发的缺口相当显著，呈扩大趋势。这说明尽管湖北省近年来由于前期结余，养老金能保

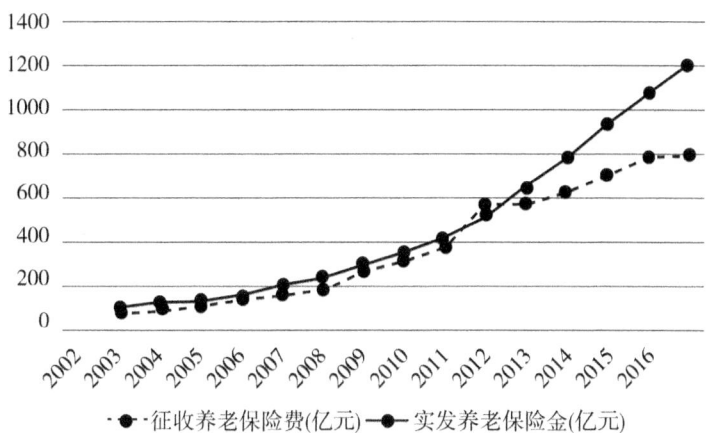

图 6-2　湖北省 2001—2016 年征收养老保险金与实发养老保险金的变动趋势

证足额发放,但未来随着老年人口不断增加,养老金极有可能出现短缺,无法满足老年人生活需要,这必然会给人们生活和社会安定带来挑战。

三、湖北省人口老龄化对养老保险影响的实证分析

人口老龄化程度的加深必然引起养老保险支出的增加,它们之间是否存在一定的数量关系?如果存在,又存在什么样的数量关系?下文将通过对湖北省老年抚养系数和社会养老保险支出两个变量进行回归,量化地分析湖北省老龄化的发展对养老保险支出的影响。运用 Eviews 软件对表 6-5 的数据进行回归分析。

(一) 样本数据的选取

选取的样本数据的期间范围为 2001—2016 年,人口老龄化指标用老年抚养比表示,设定为字母 ODR,养老基金支出用字母 PFE 表示。湖北省相关年份社会养老保险基金支出总额数据来源于《中国统计年鉴》历年"分地区城镇居民基本养老保险情况",老年抚养比数据由《中国统计年鉴》人口变动情况抽样调查样本数据推算,见表 6-5。可以看出,我国老年赡养比和养老保险基金支出都呈现出上升趋势。由于老年抚养比是相对数据,养老保险基金支出是绝对数据,为了减少数据的异方差性,将湖北省养老保险基金支出的数值取对数,用 $\ln(PFE)$ 表示。

表 6-5　　　　　老年抚养比及养老保险基金支出情况　　　　　亿元

年份	PFE	ODR	ln(PFE)
2001	82.3	9.51	4.41
2002	105.2	12.94	4.66
2003	117.6	11.12	4.77
2004	133.7	11.29	4.90
2005	154	12.75	5.04
2006	201.9	13.37	5.31
2007	243.5	13.28	5.50
2008	294.9	13.47	5.69
2009	350.6	13.5	5.86
2010	419.8	11.8	6.04
2011	523.4	13.38	6.26
2012	647.8	14.32	6.47
2013	798	13.18	6.68
2014	950.6	13.9	6.86
2015	1103.6	15.27	7.01
2016	1225.1	15.87	7.11

(二) 平稳性检验

由于该回归涉及的数据是时间序列数据，观察两组数据的长期关系需要对模型中的数据进行平稳性检验，检查其是否存在单位根，判断其是否具有协整关系。这里采用 ADF 单位根检验法。用 Eviews7.2 得到平稳性检验结果，如表 6-6 所示：

表 6-6　湖北省老年抚养比与养老保险基金支出的单位根检验结果

变量	检验类型	ADF 值	临界值($\alpha=0.05$)	结论
ODR	(c, 0, 0)	−2.467091	−3.081002($p=0.1420$)	非平稳
d(ODR)	(c, 0, 1)	−4.738499	−3.119910($p=0.0032$)	平稳
ln(PFE)	(c, t, 1)	−3.589191	−3.791172($p=0.0686$)	非平稳
d(ln(PFE))	(c, 0, 2)	−3.355759	−3.144920($p=0.0354$)	平稳

注：(c, t, n)分别表示 ADF 检验中是否有常数项、时间趋势、滞后阶数，且滞后阶数根据 SIC 准则确定。

检验的结果显示(表 6-6)，湖北省老年抚养比和养老保险基金支出的原水平序列的 ADF 值均大于 Mackinnon 临界值，一阶差分以后 ADF 值均小于 Mackinnon 临界值，因此拒绝单位根假设，原变量序列都是非平稳的且是 I(1)的。

(三)协整检验

单个时间序列非平稳不能排除两个同阶单整时间序列的线性组合的平稳性，即不能排除协整关系。如果这两个变量不是协整的，残差则一定存在单位根。因此，检验协整性其实就是检验同阶单整变量回归方程的残差是否平稳。运用 Engle-Granger 检验法，利用 Eviews7.2 进行回归分析，对 ODR 与 LN(PFE)做协整回归方程如下：

$$\text{LN(PFE)} = -0.126309 + 0.452697\text{ODR} + \mu_t \qquad (6.1)$$
$$(-0.105808 \quad 4.985746)$$
$$R^2 = 0.63971 \quad \text{DW} = 1.156489 \quad F = 24.85766 \quad P = 0.0002$$

该模型的 t 值和 F 值均显著。利用 Eviews7.2 对于 μ 进行单位根检验，即对于该模型的残差 resid 进行 ADF 检验，检验结果如表 6-7 所示：

表 6-7　μ 的单位根检验结果

变量	检验类型	ADF 值	临界值($\alpha=0.05$)	结论
μ	(c, 0, 0)	−2.422094	−1.966270($p=0.0194$)	平稳

结果显示：误差项不存在单位根，即为平稳序列，说明 ORD 和 LN(PFE)是(1,1)协整的。模型(6.1)是 2001—2016 年间湖北省老年抚养比和养老保险基金支出之间长期稳定的均衡关系。老年赡养比每变动 1 个单位(即 1%)，

湖北省养老保险基金支出的对数值将同方向变动 45.27%，老年赡养比与养老保险基金支出存在一定的正相关关系，养老保险基金的支出会随着日益严重的老龄化而扩大。

(四) 结果分析

上述过程可以看出，湖北省的老年抚养比和养老保险基金支出虽然不具备平稳性，但老年抚养比和养老保险基金支出之间具备长期均衡的协整关系，老年抚养比每变动 1%，养老保险基金支出将同向变动 45.27%，老年赡养比与养老保险基金支出之间存在正相关关系。

由表 6-5 可知，2001—2016 年间，湖北省老年抚养比以年均 3.25% 的速度增长，而养老保险基金则以年均 18.39% 的速度增长，根据回归方程式 (6.1) 可知，老年赡养比每变动 1 个单位，养老保险基金支出的对数值将同方向变动 0.4527 个单位。虽然近年来老年赡养比的增长速度不及养老基金支出，然而随着湖北省老年抚养系数的急剧上升，老龄化程度的加剧，养老基金支出将会急剧上升。如果养老保险基金支出的增长跟不上抚养比的发展速度，老龄化带来的影响就将更加严重。为应对这种危机，可试图从增加养老基金和减轻老龄抚养比两方面考虑：一方面加大对养老保险基金的支出，但这无疑会给养老保险基金收入以及社会保险基金收入更大的压力，极大地增加劳动力的负担系数，或者达不到保障的目的；另一方面可以控制抚养比的增长速度，想办法增加劳动人口数量，减少老年抚养比，如进一步采取切实可行的政策鼓励适当提高生育率、合理延长退休年龄、吸引人才流入等。

第三节 湖北省人口老龄化对医疗保险的影响

一、相关概念界定

1. 参保人数

参保人数指报告期末按国家有关规定参加相应基本医疗保险的人数。

2. 基金收入

基金收入指由用人单位和个人按照国家规定的缴费基数、缴费比例或缴费标准缴纳的基本医疗保险基金，财政补助资金以及通过其他方式取得的形成基金来源的款项，包括：单位缴纳收入、个人缴纳收入、财政补助收入（含医疗救助补助个人收入）、财政补贴收入、利息收入和其他收入。

3. 基金支出

基金支出指按照国家政策规定的开支范围和开支标准,从基本医疗保险基金中支付给参保人员的医疗保险待遇支出,以及其他支出。包括住院医疗费用支出、门急诊医疗费用支出、个人账户基金支出、其他支出。

4. 基金累计结余

基金累计结余指截至报告期末基本医疗保险基金累计结余金额。

二、湖北省医疗保险的现状

(一)参保人员结构的变化

由于受数据的可获得性限制,本书参保人员结构变化以城镇职工基本医疗保险为例,对职工和离退休人员参加基本医疗人数进行分析。且2001年以前该数据均无法获得,因此,根据中国统计年鉴"分地区城镇居民基本医疗保险情况"摘录编制得到相关数据如表6-8所示。

表6-8 湖北省城镇职工基本医疗保险情况

年份	年末参加城镇职工基本医疗保险人数(万人)			
	合计	在职职工	离退休人员	离退休人员与在职人员的比例(%)
2002	338.1	257.5	80.6	31.30
2003	416.7	306.6	110.1	35.91
2004	466.8	334.3	132.5	39.64
2005	520	372.8	147.2	39.48
2006	565.3	398.7	166.6	41.79
2007	664.5	468.2	196.3	41.93
2008	714.9	504	210.9	41.85
2009	820.4	584.2	236.2	40.43
2010	847.8	608	239.8	39.44
2011	903.8	649.2	254.6	39.22
2012	921.2	656.5	264.7	40.32
2013	922.8	642.1	280.7	43.72

续表

年份	年末参加城镇职工基本医疗保险人数(万人)			
	合计	在职职工	离退休人员	离退休人员与在职人员的比例(%)
2014	933.3	646.4	286.9	44.38
2015	949.4	653.1	296.3	45.37
2016	961	660.5	300.5	45.50

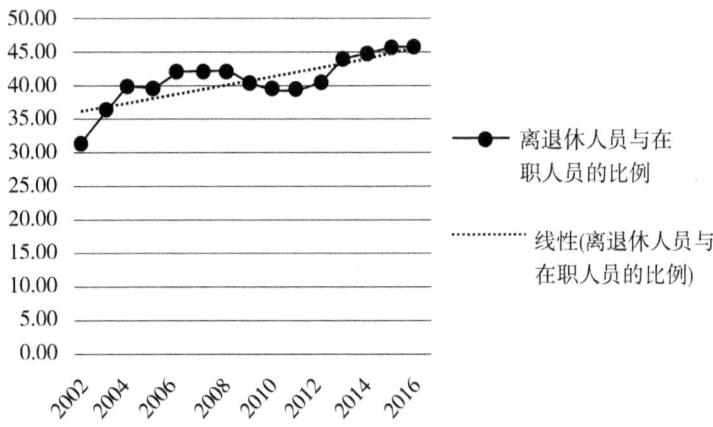

资料来源：根据中国统计年鉴"分地区城镇居民基本医疗保险情况"摘录编制。

图6-3 离退休人员占在职人员比例(%)

由表6-8和图6-3可知，自2002年以来，城镇职工参保总人数由338.1万人增加至2016年的961万人，净增622.9万人，增加了184%，其中在职职工由257.5万人增长至660.5万人，增长了1.57倍，增幅低于总参保人数的平均增幅；离退休人员由80.6万人增至300.5万人，增长了2.73倍，离退休人员的增幅高出参保总人数增幅0.89个百分点，更高出在职人员1.16个百分点。这说明湖北省劳动力负担在不断增加，医疗保险参保人员中老年人比例显著增加，参保人员结构老年化。

(二)医疗保险收支状况

根据中国统计年鉴的概念界定，医疗保险基金收入是指由用人单位和个人按照国家规定的缴费基数、比例或标准缴纳的基本医疗保险基金、财政补贴以及其他方式取得的基金来源的款项。基金支出指按规定从基本医疗保险中支付给参保人员的保险待遇支出，如住院医疗费、门诊医疗费等。城镇基本医疗基金收支分为城镇职工基本医疗保险基金收支和城镇居民基本保险收支两部分。依据中国统计年鉴"各地区城镇基本医疗保险基金收支"统计数据，整理得到表6-9。

表6-9　　　　　　湖北省城镇基本医疗保险基金收支　　　　　　亿元

年份	城镇职工医疗保险基金收支情况			城镇居民医疗保险基金收支情况		
	基金收入	基金支出	累计结余	基金收入	基金支出	累计结余
2002	15.6	8.1	10.8			
2003	24.8	14.2	21.6			
2004	34.4	22.1	34.4			
2005	41.6	29.6	46.3			
2006	52.6	37.2	63			
2007	61.7	46.1	78.4			
2008	80.6	61.3	97.6			
2009	101	77.3	121.4	10.5	5.9	14
2010	111.5	95.1	137.8	16.5	9.3	21.2
2011	150.3	123.1	165.4	26	13.3	33.8
2012	167.3	154.8	177.9	29.2	19.3	43.5
2013	196	184.1	189.8	36.3	29.2	50.6
2014	219.5	216.7	192.6	40.6	30.6	60.6
2015	265.8	236.4	222.1	50.7	36.4	74.9
2016	299.1	259.6	262.2	56	42.3	88.8

由表6-9及图6-4可知，无论是城镇职工还是居民，医疗保险基金收入和支出均呈上升趋势，其中城镇职工基金收入年均增速为21.76%，基金支出年

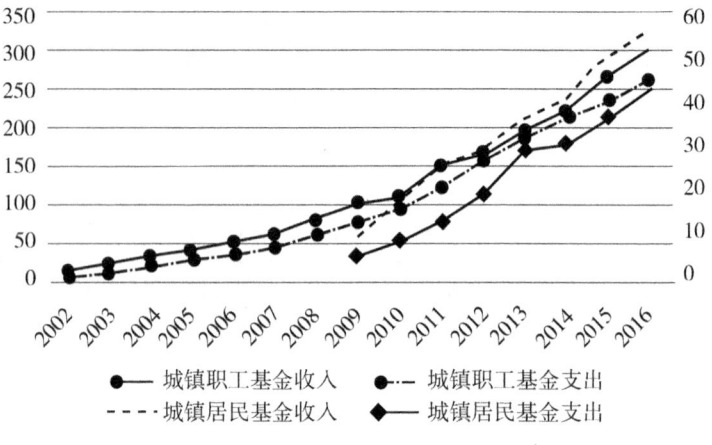

图 6-4　湖北省城镇基本医疗保险收支状况

均增速则达到 26.01%，基金支出速度明显快于基金收入的增长速度。这说明一方面城镇职工保障水平在提高，另一方面，将来可能会存在基金入不敷出的危险，基金缺口最终会降低保障水平。城镇居民基金收入年均增速为 23.27%，基金支出年均增速为 27.92%，基金支出速度也快于基金收入的增长速度。相对于其他年龄结构群体，老年人口对于医疗的需求明显要大，随着我国人口老龄化的不断加深，劳动年龄人口比重的不断下降，必然导致保障能力的下降，社会负担的加重。

(三) 征收和支付医疗保险费用情况

根据湖北省人力资源和社会保障厅历年事业发展统计公报，统计得到近年来湖北省城镇职工和城镇居民医疗保险费征收和支出数据，如表 6-10 所示。由表可知，近年来，无论是城镇职工保费收支还是居民保费收支总的来说都是收入大于支出(2014 年除外)，存在一定的结余，且结余额在增加，但收支结余率总的来说呈下降趋势(图 6-5)。这表明，在现有的保险费用收支政策不变的情况下，随着劳动力人口比重的下降，老龄人口比重的增加，医疗保障水平会逐渐降低。我们知道，如果增加保险费用的征收比例，势必增加企业和劳动者个人的负担，不利于实体经济的增长，但如果不增加保险费用的征收比例，人口年龄结构的变化又会导致社会医疗保障水平无法保证，这之间的矛盾是值得我们思考应对之法的。

表 6-10　　湖北省征收和支付城镇医疗保险费用情况　　亿元

年份	城镇职工医疗保险费收支情况		城镇居民医疗保险费收支情况	
	征收保费	支付保费	征收保费	支付保费
2003	18.2	14.6		
2004	30	26		
2005	42	30		
2006	52.6	37.2		
2007	61.7	46.1		
2008	71.8	61.3	10.3	1.4
2009	84.8	77.3	10.4	5.9
2010	105.5	95.1	16.4	9.3
2011	131.2	123.1	25.7	13.3
2012	161.2	154.8	28.5	19.5
2013	189.8	183.6	36.3	26
2014	213.8	216.3	39.4	30.6
2015	259.5	236.1	49.3	33.4
2016	290.4	259.1	54.6	38.6

数据来源：由网站 http://www.hb.hrss.gov.cn/hbwzweb/html/home/index.shtml. 统计整理而得。

(四) 医疗保健支出变化

依据本书第四章相关表格统计数据整理得到 65 岁及以上老龄人口比重及城乡人均医疗保健支出数据，根据中国统计年鉴整理得到城镇人口比重，由城乡年人均医疗费用支出和历年城乡人口比重加权计算得到年人均医疗费用支出，相关数据如表 6-11 所示。可以看出，近年来湖北省城镇和农村的年人均消费支出中医疗费用支出均呈现出增长的态势，而与此同时老年人口系数也呈现出增长的趋势。

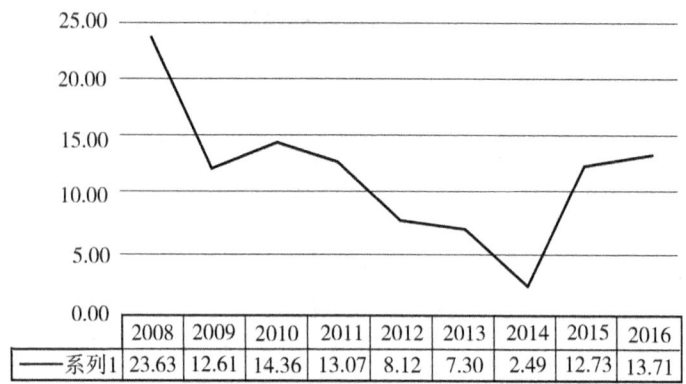

图 6-5 城镇医疗保险费用总结余率变动情况

表 6-11　湖北省 2000—2016 年人口老龄化与医疗费用相关数据

年份	65 岁及以上（%）	城镇年均医疗保健支出（元）	农村年均医疗保健支出（元）	城镇人口比重（%）	年均医疗保健支出（元）
2000	6.31	208.9	69.67	36.22	120.10
2001	6.73	241.87	87.6	37.66	145.70
2002	8.81	370.5	90.51	39.09	199.96
2003	7.89	397.5	95.55	40.53	217.93
2004	8.19	461.4	110.73	41.76	257.17
2005	9.17	499.4	135.37	43.2	292.63
2006	9.79	517.19	172.4	43.8	323.42
2007	9.88	525.32	178.77	44.3	332.29
2008	10.13	675.32	210.36	45.2	420.52
2009	10.17	694.61	236.31	46	447.13
2010	9.09	709.58	295.24	49.7	501.17
2011	10.11	915.72	438.2	51.83	685.70
2012	10.76	1029.55	591.87	53.5	826.03
2013	9.91	1033.46	624.4	54.51	847.38
2014	10.25	1187.81	907.33	55.67	1063.47
2015	11.23	1482.05	985.09	56.85	1267.61
2016	11.57	1792.04	1213.47	58.1	1549.62

三、湖北省人口老龄化对医疗保健支出影响的实证分析

一般地说,一个国家和地区医疗费用的增长受到经济发展水平、人均收入、医疗技术、就医成本、社会保障、人口结构等诸多因素的影响。下文将在前面研究的基础上,通过计量分析作实证研究,探讨湖北省人口老龄化与医疗费用的增长是否存在影响,如果存在,有没有数量间的关系。

(一)样本数据的选取

选取的样本数据的期间范围为2000—2016年,人口老龄化指标用老龄人口比重表示,设定为字母APP,年均医疗保健支出用字母AME表示。具体数据见表6-11。由于老龄人口比重是相对数据,年均医疗保健支出是绝对数据,为了减少数据的异方差性,将湖北省年均医疗保健支出的数值取对数,用ln(AME)表示。

根据图6-6至图6-9可以看出,2000—2016年湖北省老龄人口比重和年均医疗保健支出总体上均呈增长态势,而两者一阶差分后都呈随机变动趋势。

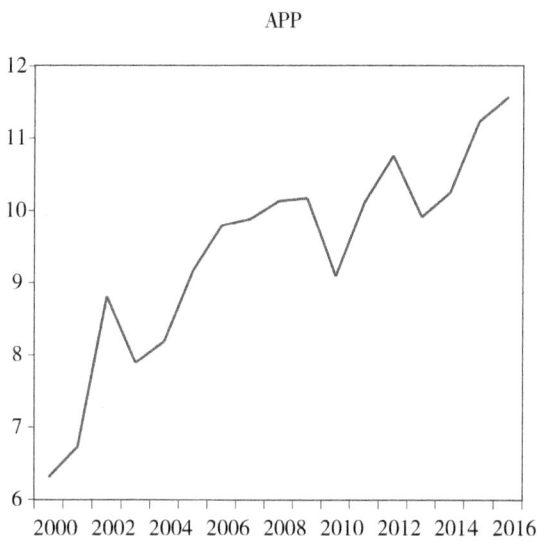

图6-6 老龄人口比重变动

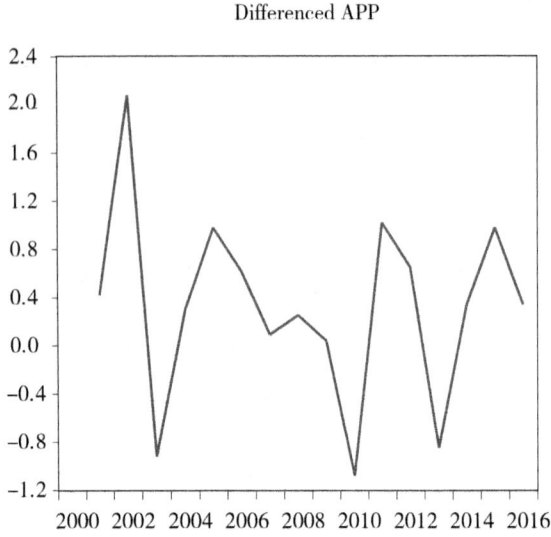

图 6-7　老龄人口比重一阶差分变动

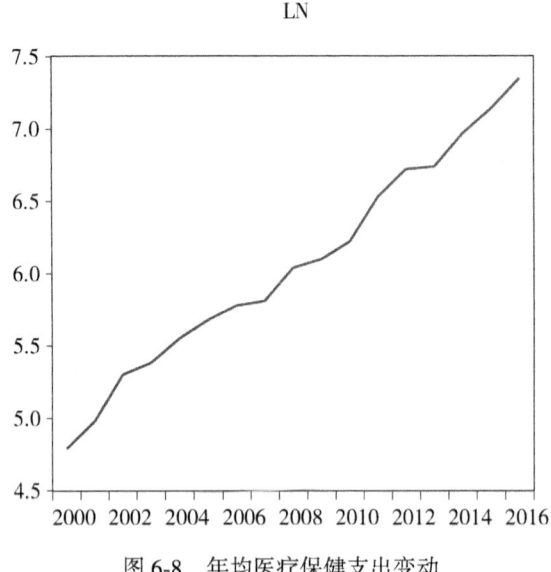

图 6-8　年均医疗保健支出变动

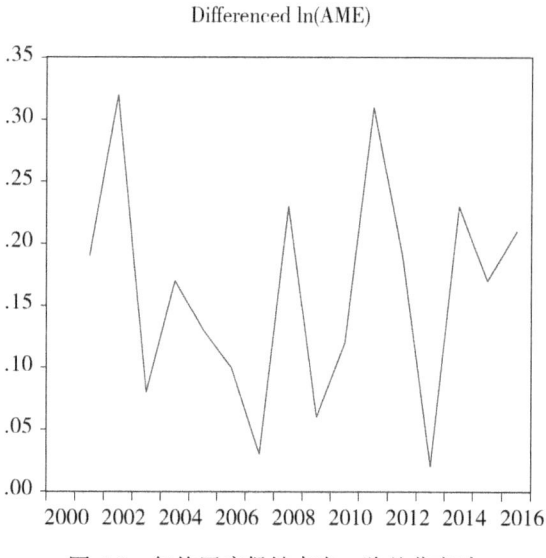

图 6-9　年均医疗保健支出一阶差分变动

(二)平稳性检验

这里采用 ADF 单位根检验法。用 Eviews 8 得到平稳性检验结果,如表 6-12 所示:

表 6-12　湖北省老龄人口比重与年均医疗保健支出的单位根检验结果

变量	检验类型	ADF 值	临界值($\alpha=0.05$)	结论
APP	$(c, t, 1)$	-3.744254	$-3.759743(p=0.0513)$	非平稳
d(APP)	$(c, 0, 1)$	-6.043099	$-3.098896(p=0.0003)$	平稳
ln(AME)	$(c, t, 0)$	-2.441281	$-3.791172(p=0.0686)$	非平稳
d(ln(AME))	$(c, 0, 0)$	-4.470788	$-3.081002(p=0.0039)$	平稳

注:(c, t, n) 分别表示 ADF 检验中是否有常数项、时间趋势、滞后阶数,且滞后阶数根据 SIC 准则确定。

检验的结果显示(表 6-12),湖北省老龄人口比重和年均医疗保健支出的原水平序列的 ADF 值均大于 Mackinnon 临界值,一阶差分以后 ADF 值均小于 Mackinnon 临界值,因此拒绝单位根假设,原变量序列都是非平稳的且是

$I(1)$ 的。

（三）协整检验

运用 Engle-Granger 检验法，利用 Eviews 8 进行回归分析，对 APP 与 ln(AME) 做协整回归方程如下：

$$\ln(AME) = 1.652271 + 0.468726 APP + \mu_t \quad (6.2)$$
$$(2.964982 \quad 8.004358)$$
$$R^2 = 0.810294 \quad DW = 0.891345 \quad F = 64.06975 \quad P = 0.0000$$

该模型的 t 值和 F 值均显著。利用 Eviews 8 对于 μ 进行单位根检验，即对于该模型的残差 resid 进行 ADF 检验，检验结果如表 6-13 所示：

表 6-13　　　　　　　　μ 的单位根检验结果

变量	检验类型	ADF 值	临界值($\alpha=0.05$)	结论
μ	(0, 0, 0)	-4.771216	-1.966270($p=0.0001$)	平稳

结果显示：误差项不存在单位根，即为平稳序列，说明 APP 和 ln(AME) 是 (1, 1) 协整的。模型 (6.2) 是 2000—2016 年间湖北省老龄人口比重和年均医疗保健支出之间长期稳定的均衡关系。老龄人口比重每变动 1 个单位（即 1%），湖北省年均医疗保健支出的对数值将同方向变动 46.87%，老龄人口比重和年均医疗保健支出之间存在一定的正相关关系，年均医疗保健支出会随着日益严重的老龄化而扩大。

（四）结果分析

上述过程可以看出，湖北省的老龄人口比重和年均医疗保健支出之间虽然不具备平稳性，但老龄人口比重和年均医疗保健支出之间具备长期均衡的协整关系，老龄人口比重每变动 1%，年均医疗保健支出将同向变动 46.87%，老龄人口比重与年均医疗保健支出存在正相关关系。

由表 6-11 可知，2000—2016 年间，湖北省老龄人口比重以年均 3.63% 的速度增长，而年均医疗保健支出则以年均 13.48% 的速度增长，根据回归方程式 (6.2) 可知，老龄人口比重每变动 1 个单位，年均医疗保健支出的对数值将同方向变动 0.4687 个单位。虽然老龄人口比重的增长速度不及年均医疗保健支出，然而随着湖北省老龄人口比重的急剧上升，老龄化程度的加剧，年均医疗保健支出将会急剧上升。如果年均医疗保健支出的增长跟不上老龄人口比重的发展速度，老龄化带来的影响就将更加严重。

第七章 应对人口老龄化的国际与国内经验借鉴

为了研究提出湖北省应对人口老龄化的政策措施,课题组研读了国家应对人口老龄化战略研究国际应对人口老龄化战略研究课题组的专著《国际应对人口战略化研究》,摘录了发达国家——欧洲国家和美国、发展中国家印度和已经崛起的发展中国家韩国的应对人口老龄化的战略要点,学习他们的成功经验,为本地区制定政策措施提供理论依据。

在国内经验借鉴方面,上海、江苏、浙江三省市,经济发达,老龄事业基础较好,课题组编写了"上海市发展老龄产业的经验"、"浙江省加强老龄产业创新"、"江苏省老龄事业的特色"三节,介绍他们的成功经验。四川省老龄化程度较高,居全国第二。他们克服重重困难,特别在农村工作中取得了很大的成绩,课题组编写了"四川省应对人口老龄化的压力振兴农村经济的举措",学习他们振兴农村经济的经验。

第一节 应对人口老龄化的国际经验借鉴

一、欧洲国家应对人口老龄化的战略重点

从世界范围来看,欧洲是老年人口比例最高的地区,世界上人口老龄化最早、老年人口比例最高的国家大多是欧洲国家。例如,法国和瑞典在19世纪最早出现了人口老龄化趋势,到1900年,其65岁及以上的老年人口占总人口的比例已略高于8%。[①] 从联合国2007年的统计数据中可以看出,2007年世界上老年人口比例超过20%的国家,有19个是欧盟成员国,其中意大利、德国超过25%。为了应对人口老龄化带来的挑战,欧盟制定了积极老龄化战略。

---

① 杜鹏.欧盟的老龄问题与老龄政策[M].北京:中国人口出版社,2000:8.

欧盟所提出的解决老龄问题的根本战略方针是促进"积极老龄化",该战略的内容是通过各种方式为老年人参与社会创造条件,鼓励老年人更好地适应老龄社会的发展变化,抓住机遇,提高生活质量。这一战略还包括教育其他社会成员,使每个人都认识到不应只从年龄上去评价一个人,更重要的是对其能力的认识和评价。欧盟委员会认为,积极老龄化将使欧洲的社会生活更加舒适、老年人更能发挥积极作用,社会各界更容易理解和支持这一战略。

欧洲提倡积极老龄化战略的目的主要有四个方面:①鼓励50岁以上的人继续工作,以弥补老龄化造成的劳动力短缺,保持欧洲的经济持续增长;②促进就业,消除失业。提高50~64岁人口的就业率被认为是提高总体就业率的一个重要环节,欧盟成员国目前正在制定措施,通过终身教育和灵活的工作安排,重新审议税收和福利政策等,以刺激老年人参加培训和工作,以期提高老年人的就业率,并实现总体就业率提高的目标;③提高公共财政的可支撑力,由于人口老龄化所产生的一系列支出的增长将会对经济预算带来深刻影响,因而确保公共财政的长期可持续性成为欧洲老龄化战略的主要政策目标之一;④为老年人提供经济保障,老年人的家庭和住房状况、教育和健康状况、收入和富裕状况直接影响老年人的生活质量。虽然与以往相比,欧洲国家中的大多数老年人的生活都得到了很好的保障,但对老年人的社会排斥现象和老年贫困的风险依然存在。与其他国家相比,虽然欧洲在推进老年经济保障方面已经走在了前面,但欧洲养老金制度仍存在着诸多问题。而在没有其他劳动收入的情况下,养老金的收入水平很大程度上决定了老年人的生活状态和水平。因而,推进老年经济保障也依然是欧洲积极老龄化战略的主要目标之一。

面对人口老龄化所带来的危机重重的前景和挑战,欧盟认为有必要制定整体的应对战略。不论是对于欧盟还是对于各成员国来说,都非常有必要对当前的政策进行回顾,从而决定是否需要调整以应对人口变动所带来的挑战。因而,欧洲提出了五个重点应对战略领域,并强调需要每一个成员国对这五个领域加以重视。

(一)为欧洲的人口复兴创造条件

人口复兴,简而言之就是为提高出生率排除障碍,从而有助于欧洲实现理想的家庭规模。基于欧盟对未来几十年人口出生率的预测,欧盟认为低出生率应该成为各成员国政府关注的焦点问题之一。

但是否生育是人们的个人选择,自由社会中政府只有通过消除阻碍生育的因素来影响出生率。如对于年轻人而言,没有工作和住房保障的情况下不会考虑组建家庭,而工作与家庭生活的不和谐也将会对生育产生消极影响。政府虽然无法对人们的生育产生直接的影响,但可以试图通过为家庭提供更多支持性的政策环境以帮助提高生育率,如提供经济激励、提供服务(包括人们支付得起的高质量的儿童照料和住房服务)、工作和休假时间的调整以促进在家庭与工作之间建立更好的和谐关系等。欧洲几乎所有的国家都通过不同的方式对家庭给予支持,主要政策类型包括如下三个方面:

1. 经济支持

欧盟各成员国的家庭政策对经济支持的重视度相当高,往往通过津贴支付和税收补贴的形式。这些措施一定程度上可以补偿家庭在抚养孩子方面所花费的直接和间接费用。欧盟数据显示,用于家庭和儿童政策的社会保护费用中,大约占3/4的部分是以现金津贴的形式发放的,另外1/4是实物补贴。2004年欧盟25国用于家庭支持的现金津贴占GDP的比例平均为1.5%,实物津贴占GDP的比例平均为0.6%。但各成员国之间差距较大,其中,西班牙的现金津贴水平最低,为0.4%,卢森堡最高,超过3%。对所列数据进行分析可以发现,家庭支持政策与总和生育率之间存在着一定关联,那些总和生育率较高的国家往往用于家庭支持的支出相对较高。如家庭支持占GDP的比例高的丹麦为3.9%、芬兰为3.0%、瑞典为3.0%,总生育率就高,丹麦为1.78%、芬兰1.8%、瑞典为1.75%;家庭支持占GDP的比例低的波兰为0.9%、拉脱维亚为1.3%、捷克为1.6%,总生育率就低,波兰为1.23%、拉脱维亚为1.24%、捷克为1.23%。

(1)德国的生育政策。德国在1970年进入人口更替水平,1975年总和生育率降到1.48%,出现人口负增长。为鼓励生育,提高人口自然增长率,联邦政府采取了一系列的经济措施,例如子女补贴、母亲补助等。原联邦德国妇女生孩子,并收入在《孕妇及产妇保护法》所规定的14周期限内,由本人所在的医疗保险机构及其雇主给予100%的保证。《联邦德国儿童补助法》规定:夫妇生第一个孩子以后,劳动局每月向他们提供50马克的补助金,生第二个孩子每月补助100马克,生第三个孩子每月的补助金将提高到200马克,生第四个孩子以后每月可获得的补助金则一律为240马克。这样,一个有四个孩子的家庭,每月共计可从劳动局那里得到610马克的儿童补助金,直至孩子满18岁为止。

然而,这些措施效果也并不显著。2005年德国的总和生育率降到1.30%,新生婴儿数量大量减少。因此,提高生育率成为德国的一项重要国策。德国政府于2006年9月出台了一项鼓励双职工夫妇多生育的法规。根据规定,在2007年1月1日当天或之后出生的孩子都可享受这一福利。颁发标准为父母一方净收入的 65%，即停职在家照顾孩子的父母全年每月可得到相当于税后月收入三分之二的补贴，每月可高达 1800 欧元。如果父母中的另一方继续停职两个月，则可享受 14 个月的补贴，即最高为 2.52 万欧元的生育福利津贴。

(2) 北欧国家的家庭政策。北欧国家以其所实施的慷慨而全面的家庭政策著称，主要包括儿童/家庭津贴、父母双亲假和儿童护理服务。

各国有关津贴的规定和给付方式不同，但大多呈现出鼓励生育的政策倾向。如瑞典对养育子女年龄小于 16 岁（如果是学生，可延长至 20 岁，学习有困难者可延长至 23 岁）的家庭给付家庭津贴。养育一个子女的家庭每月可获得 1050 瑞典克朗的津贴，养育子女数量为两个以上的家庭可获得附加补贴：养育第二个孩子的家庭可额外获得 100 瑞典克朗；养育第三个孩子的家庭可额外获得 354 瑞典克朗；养育第四个孩子的家庭可额外获得 860 瑞典克朗；养育第五个及以上孩子的家庭可额外获得 1050 瑞典克朗。

2. 儿童照料服务

人们支付得起的高质量儿童照料服务是政府所能提供的最重要的家庭服务政策。儿童照料服务的家庭支持政策在许多国家中发挥着重要作用，尤其是北欧国家和法国，2003 年北欧国家用于正式日托照料的公共支出占 GDP 的比例均在 1% 以上。鉴于儿童照料对于平衡职业和个人生活、提高就业率（尤其是女性就业率）有着重要作用，2002 年的巴塞罗那欧洲委员会为欧盟设立了到 2010 年所要实现的共同目标，即 33% 的 0~2 岁儿童以及 90% 的 3 岁以及未达上学年龄的儿童应该能够获得正式的儿童照料。从 2006 年的统计数据来看，欧盟已经接近目标了，但各国在两个年龄段的表现并不相同，如丹麦在 3 岁以下儿童的照料中做得非常好，而对于 3~6 岁儿童来说，有八个国家超过或达到了巴塞罗那所设立的目标，分别是比利时、德国、法国、丹麦、爱尔兰、瑞典、西班牙和意大利。

3. 弹性工作时间和工作形式

兼职工作在欧盟成员国中被广泛地应用于协调工作和家庭生活，尤其对于女性而言更是如此。2005 年，欧洲有 33% 的女性从事兼职工作，这一比例要远高于男性 7% 的比例。女性就业中兼职工作形式的普及也反映出相对于男性而言，家庭中主要是女性通过调整职业形式等方式来满足家庭生活的需求。

灵活掌握的工作时间也可以为父母亲提供可选择的机会以协调家庭和工作。欧洲建立的致力于改善生活和工作条件的第四次工作条件调查（2006 年）发现，越来越多的欧洲人开始采取弹性的工作时间安排。尤其是北欧国家，大约 50% 的工人可以根据个人的特殊需求在一定范围内调整工作时间，而相比较而言，南欧和东欧国家中，这一比例不足25%。此外，该调查还发现生育对女性的劳动力市场参与率所带来的消极影响仍然非常大，主要反映在女性就业率较低、从事兼职工作较高的比例以及工资支付的性别差异。女性的劳动力市场参与率比男性低15%，但从事兼职工作的数量却比男性高4~5倍，而女性的平均工资收入要比男性低15%。

(二)促进就业

对于欧盟成员国而言，提高就业率的关键在于提高老年工人和女性的就业率。一般情况下，教育水平越高，就业率就越高。2005年，欧洲高技能人群的平均就业率为82.5%，中等技能为68.7%，而低技能者仅为46.4%。欧盟25国的教育水平近年来不断上升，表现为高技能人才比例的增加而低技能人才比例的降低。其中，女性教育程度提高的人数增多是造成此现象的主要原因。但是，养育孩子会对女性就业率产生不利的影响，尤其是对于低教育水平者。因此，要注重提高女性的教育水平。

延长老工人的工作年限，是欧洲提高就业率的关键因素。欧盟成员国法定的退休年龄为65岁，但实际退休年龄2005年平均为60.4岁。在以推迟退休年龄来提高就业率方面还大有潜力。

(三)提高劳动生产率和竞争力

当劳动年龄人口下降，就业率不再增加时，欧洲的经济增长只能依靠提高劳动生产率。劳动生产率水平依赖于一个国家的科技水平和教育水平。欧洲对教育水平提出了三项指标：提前退学的年轻人数量不能超过10%，应该有85%的22岁年轻人完成高等职业教育，25~64岁人群中终生学习的参与率在12.5%以上。

劳动生产率的提高还来源于改革创新。在知识经济时代，新知识新技术的产生、传播和应用，高技能人才、创新人才的培养主要靠高等教育。高技能人才的缺失会限制整体研发水平的提高。研发资金投入不足也会导致高技能人才的流失。从有关欧盟2006年用于研发的费用占GDP的比例来看，瑞典和芬兰最高，占3.5%；而欧盟成员国中发展最落后的国家研发支出也最低，如斯洛伐克、保加利亚、罗马尼亚研发费用占GDP的比例都在0.5%以下，大约只有欧洲平均水平(占GDP1.84%)的1/4。

(四)接受和融入移民

2015年，欧洲的总体人口不再出现自然增长，这就意味着积极的净移民将成为推动人口增长的唯一因素。欧洲若要保持其2008年的劳动人口比例，那么在2008—2020年，还需要额外2500万人的净移民流入。如果再加上已经在欧洲的移民数量，则所需要的总移民数量将达到4400万人，占2008年总人数的9%。

欧洲预计为了弥补劳动年龄人口的减少，至少需要大约5600万名移民进入欧盟成员国就业。那些人口出生率较高的国家（如爱尔兰）可能不要额外引入移民来保持当前的就业水平。但另外还有一些国家甚至需要更多额外的移民，如德国、西班牙、意大利和波兰。总体来看，未来欧洲的净移民水平要高于近些年的水平，才能弥补欧洲劳动年龄人口的下降。

欧盟成员国中有两个国家在1999—2005年的经济增长水平略高于欧盟平均水平，即爱尔兰和西班牙。正是它们的经济增长显示出了移民的重要作用，因为如果没有大量的外来劳动力，这两个国家都不可能实现如此强大的经济增长和就业增长；而对这两个国家人口自然增长和移民数量的评估也显示出移民对就业人口的增长所做出的巨大贡献（将近一半），虽然这一贡献在两个国家中存在明显的差异，爱尔兰要明显优于西班牙。此外，从两个国家移民的来源来看，也大不一样，西班牙的移民主要来自于非欧盟成员国，而爱尔兰则主要受益于来自其他欧盟成员国的移民。

（五）可持续的公共财政

大多数欧盟成员国的公共财政都面临着长期不可持续的危机，原因主要在于大量负债和赤字以及未来的支出趋势超出了政府的税收。这种危机之下，再加上人口老龄化所带来的不可支付的费用，真是雪上加霜。公共财政面临如此形势的国家将无法满足人口老龄化的需求，无法为老年人提供足够的养老金、卫生保健和长期照料。

利息支出占政府收入的比重过高会严重破坏公共财政的可支撑能力。2016年，欧盟政府债务占GDP的比重已超过80%，较欧洲债务危机前增长了40%。2016年全球政府债务量点GDP比重最高的10个国家排名中有6个是欧盟国家，这种情况下，政府显然没有足够的资金用于为进入老龄社会做准备。因此，预计的较大规模的老龄化相关支出与并不乐观的初始财政预算现状给诸多成员国带来了严重的财政危机。

因此，抓住机制，通过鼓励"婴儿潮"一代人延长退出劳动力市场的时间，充分发挥其潜力将是确保老年人拥有充裕的生活标准同时又不危及年轻一代人生活的关键因素。此外，通过提倡更健康的生活方式来预防慢性病和残疾的发生，从而鼓励人们减少未来对卫生保健和长期照料的需求，也可以一定程度上减轻公共财政支出的压力。最后，通过改革提高养老金、卫生保健和长期照料制度运行的有效性与推动在这些领域建立合理的财政可持续关系同样重要。

二、美国应对人口老龄化的措施

美国位于北美洲,国土面积 937.26 万平方公里,常住人口约为 3.04 亿人,人口密度为 31 人/平方公里,自 20 世纪 90 年代以来成为仅次于中国和印度的世界人口第三大国。但从人口结构上来看,美国 15 岁以下的人口占世界 15 岁以下总人口的 3%,在所有国家中居第四位,美国的老年人口占世界老年人口总数的 8%,在所有国家中居第三位,属于比较年轻的发达国家。

预期寿命的增加,人口死亡率的下降直接导致美国在 20 世纪中期就进入人口老龄化时代。1950 年,65 岁及以上人口已经占美国总人口的 8.1%;2008 年,美国 65 岁及 65 岁以上的老年人口占总人口 12.8%。据预测,2030 年,老年人数将达到 7210 万,占总人口的 19%。未来美国老龄化将会达到相当严重的程度。

面对日益加速的人口老龄化,美国历届政府都在想方设法维持财政的可持续运转,根据美国国会、国会预算办公室、财政部、劳工部和美联储等部门发布的各项报告,本文将美国应对老龄化的措施总结为以下几点。

(一)完善法律体系

立法先行是美国社会政策运转的基本规律。从美国的立法实践看,保障老年人权益的立法存在两种模式:第一种是专门的老年人立法,即老年人权益保护法律法规针对老年人群体的特殊性,直接规定了老年人所应享有的权益,表现为单独的老年人法律;第二种是分散在许多相关法律中的老年人权益保护条款。这两种模式相互交叉、相互补充,为老年人权益提供了非常严密和稳固的法律保障。

1935 年,美国国会通过了以养老保险为主体的《社会保障法案》;1965 年,针对不断突出的老年问题,美国国会制订了一部专门性法律——《美国老年人法》涵盖了与老年人相关的各项事务;1990 年,《反老年人就业歧视法》出台,明确规定用人单位不能在员工福利上歧视老年人,使老年人的合法权益得到了保障;2010 年,奥巴马总统核准了《老年人公平法案》为新健康照料制度、为成年人保护提供 4 亿美元的专项资金。

(二)搭建老龄服务网络

由于老龄化问题严重影响了经济和社会发展,美国政府高度关注老龄化问题。从 1961 年开始,每十年召开一次的白宫老龄会议为美国老龄工作的进行提供了战略性建议。白宫老龄会议主要通过为总统和国会提供老龄问题方面的政策建议,维护美国老年人的尊严、改善美国老年人的健康状况、加强美国老年人的经济保障。在历届白宫老龄会议的推动下，经过数十年的发展，美国老龄服务网络已比较完备，从立法到行政、联邦到基层、从政府到民间、从正式渠道到非正式渠道、从专业队伍到志愿者，覆盖面广、渗透力强，为老年人及其照料者提供了全面、系统、协调的家庭和社区服务。

层层渗透的政府体系为老龄服务网络提供了组织、领导、协调、监督和技术支持。这个体系包括联邦政府层面的老龄署，州政府层面上的56个州老龄办和240多个部落组织，以及各州以下地方政府设立的632个老龄办和19000多个多功能社区老年中心和老年人服务项目点。

除政府机构设置外，老龄服务网络中还有一些研究机构和非政府组织，如国家卫生部下设的、主要负责与老年议题相关的科学研究国家老龄研究所、国家老龄咨询委员会、老年研究联合会、老龄社会研究中心、老年人退休协会、退休者联合会、老龄未来基金会等，这些机构为老龄政策的研究与制定、老龄服务的提供都做出了不可或缺的积极贡献。

(三) 改革和完善社会保障计划

1. 养老金制度改革

人口老龄化给社会保障制度带来影响是个永恒且没有异议的话题，美国各届政府都在不断地致力于改革和建立一个可持续的社会保障计划。早在1981年美国社会保障制度危机暴露的一开始，里根总统就成立了"蓝带工作组"，专门研究美国财政、金融等涉及国民经济发展的重大政策和法律问题。在他们的努力下，1983年经过重大修改的《社会保障法》调整了社会保障税率、延长了退休年龄，使 OASDI 的基金规模在1997年达到5670亿美元。1996年将退休职工的联邦养老金最高限额从1996年的1.476万美元提高到了2002年的3万美元。

为了维持退休金计划的可持续性，美国政府在改革养老金筹资模式的同时还试图不断延长退休年龄。1935年《社会保障法》规定的退休年龄为65岁，经过数次调整，现在实行弹性退休制。目前，面对空前的财政危机，美国国会又提出，希望通过立法让美国的年轻人年满70岁才能领取全额社会保障待遇。

与此同时，政府还鼓励企业建立纷繁多样的 DC 型私人养老金计划。据统计，1975年至20世纪末，美国私人养老金计划的规模发展经历了四个阶段：1975—1987年期间的飞速发展阶段、1987—1994年的跌宕发展阶段、1994—1998年的坚挺发展阶段、1998年以后稳步发展阶段。从资产总量来看，美国私人养老金计划在1998年达到了4万亿美元。

经过许多年的发展，私人养老金计划在保障老年人退休生活方面已发挥了非常重要的作用。美国雇员福利研究所的研究报告表明，2008年，50岁及以上的人口中，有24.1%男性和18.1%的女性领取了公共养老金和（或）私人养老金，其中从私营雇主方面获得的年平均养老金收入，男女分别为15888美元和9700美元，均约为从公共养老金中获取的收入的50%。

2. 医疗制度改革

就医疗保险制度的发展来说，自1965年至90年代末，联邦政府陆续颁布了有关老年医疗保健的一系列法令和条文都在不断地扩大老年医疗保健服务对象的范围和老年医疗保健的服务项目，参保人数也由1966年的1900万人到2002年的3900万人。据预测，到2030年，老年保健计划将服务7700万名美国老年人。不断增多的服务对象和服务项目使人口老龄化下的医疗支出不断增加，自20世纪90年代以来，随着婴儿潮一代步入老年，医疗服务费用迅速上升的情况更加严重。

21世纪一开始，高昂的医疗开销就成为美国人日常生活中最大的一项支出压力，并由此引发家庭成员失去医疗保险的威胁和生病受伤后无力支付高质量医疗服务的担忧。

面对如此严峻的现状，奥巴马上台后积极推动医疗改革，其医改方案的核心是扩大医疗福利覆盖，为中低收入家庭自行购买商业医疗保险提供减税和补贴，并设立商业医疗保险交易中心和加强对商业医疗保险的监管。这个方案要求个人必须购买保险并对达到一定员工数的中小公司提供员工医疗福利做出了规定。为了支付扩大福利带来的开支，这个方案提出了一系列控制欺诈、浪费和滥用政府医疗福利的措施，并略微提高对高收入和公司高医疗福利的税收。

例如，增加对单人工资收入超过20万美元、夫妻收入超过25万美元的纳税人工资税中的联邦医保税，其中个人承担部分税率从1.45%上升到2.35%。对个人收入超过20万美元、夫妻收入超过25万美元的纳税人的工资超线部分或投资收入中的低者，加征3.8%的联邦医保税。根据国会税收联合委员会的估计，全国这项税收到2019年共可征得2102亿美元，是联邦政府扩大医疗保障覆盖的最大的单项筹资渠道。

（四）完善移民政策

随着生育率的下降，移民也越来越成为发达国家人口增长和经济增长的决定因素。联合国的研究发现，移民对于解决一个国家的人口下降、劳动力数量下降和人口老龄化等问题是非常必要的。美国每年的移民均超过100万人，如果没有移民，为保持一定的赡养率，必须延长劳动者的退休年龄。如果可以增加劳动人口参与率，赡养压力就会减轻一些，例如，如果到2050年，25~64

岁间的所有劳动力都实现就业，即劳动参与率为100%，那么由于老龄化造成的赡养率就会下降21%，所以，不断调整和完善的移民政策使移民成为美国劳动力市场的坚实力量。

同时，美国政府还非常注重移民的年龄结构。2009年取得美国长期居留证的人口中，15岁以下的人口占15%，15~64岁处在劳动年龄阶段的人口占80%，而65岁以上的人口只占5%。这样的年龄结构为美国在未来几十年里维持合理的人口赡养率储备了充足的力量。目前，美国是发达国家里人口最为年轻的国家之一，到2050年60岁及以上人口占人口比例将为27.4%，而日本届时将高达44.2%，西欧是35.2%，俄罗斯是31.7%，中国是31.1%。移民政策带来的人口结构优势也为美国社保制度财务的可持续性提供了一个重要基础。

(五) 开拓老年劳动力市场

充足的劳动参与率是推动经济发展的必要因素，老龄化背景下，鼓励劳动力延长工作年龄既可以刺激经济增长，又可以减少社会保障支出压力，还可以提高老年人的生活水平。因此，开发老年劳动力(50岁及以上)的潜在参与率既有必要也具有可行性。OECD报告认为，为减少阻碍老年劳动力参与劳动力市场的不利因素，美国至少应该从减少提前退休、消除雇主歧视、提高老年劳动力素质等方面入手。事实上，美国也已经采取了许多措施：

(1) 1983年立法将领取全额退休金的年龄由65岁延长到67岁。

(2) 在政府政策引导下，企业退休金计划在过去数十年内也倾向于延长老年劳动力的退休年龄，多数企业建立了缴费确定型的养老金计划，而非可能鼓励提前退休的待遇确定型养老保险模式。此外，政府和社会还推出了各种各样鼓励雇主雇佣老年劳动力的项目。

(3) 1967年《就业年龄歧视法案》的通过和之后的反复修改废除了对参与市场的劳动力的年龄限制，将一大批60岁左右的老年劳动力留在了劳动力市场上。1990年的《残疾人法案》禁止雇主在招聘、解雇和职位提升等方面歧视残疾人，并要求雇主为残疾人提供合理的工作环境。

(4) 美国政府曾在20世纪90年代中后期开展了一场针对公共就业服务的大检查，建立了融合就业与培训的"一站式职业中心"；2000年，《劳动力投资法案》正式实施，对有效满足老年劳动力的需求和偏好的工作服务提供要求。

(5) 开展老年社区服务就业项目，为55岁及以上的低收入老年人提供公共部门或非营利组织的就业岗位。此外，还通过社区大学为潜在的老年劳动力提供技能培训。美国成人教育调查显示，2001年，参加与工作相关的培训人口的比例为25.1%，接受成人教育的比例为43.7%。OECD的比较研究表明，美国包括老年劳动者在内的各年龄段劳动者接受职业相关培训的标准都比OECD其他成员国家高，老年工作者和非老年工作者接受培训的次数差距也更小。接下来，美国政府还拟采取措施扩大对有劳动能力的老年劳动者的技能培训，以提高其劳动参与率。

（六）积极发展老年服务和社会工作

美国老年工作的行政网络较为完备，社会各方面提供的老年服务也较为完善，为各个阶层人们的晚年生活提供了多种选择。目前，美国老年人的养老方式主要有居家养老、社区养老和机构养老等几种方式。近些年，随着养老方式的多样化，选择机构养老的人口数量有所下降。生活在养老院的85岁以上的老人占同年龄段的比例为16%，而75岁以上的老人占同年龄段的比例仅为7.4%。社区养老(也有人称之为"就地养老")和居家养老的规模和数量发展较快，设施形式也多种多样，根据老人的身心健康程度和社交的需求不同，有日托照料、老年痴呆病院、老年活动社区、临终关怀、暂缓照料等。私营公司、民间组织和个人在这一领域的涉足对美国联邦和地方政府机构养老院资源不足提供了补充，这些组织和政府间是合作的关系，政府扮演的角色主要是监管和服务购买，同时为享用设施的低收入老年人提供补贴。

为了更好地照顾独居老人，特别是体弱和高龄老人，美国社区又开辟了各种老人服务项目，其中包括送饭上门、送医上门、送车上门、定期探望、电话确认、紧急救助等，而且许多服务是免费的。为了预防独居老人发生突然意外，部分社区还为老人配备了全新监测系统，该系统由一个与互联网连接的电脑、电视界面、电话和一系列传感器组成。依靠这一系统，即使相隔千里，老人也能和家人经常交流。此外，针对美国亲人疏远、邻里冷漠的现象，美国许多城市的公众广播电台通过制作小节目不定时地发起向邻里送友情活动，促使美国人改变老死不相往来的生活习惯，主动为街坊邻里送去关怀和帮助，特别是对独居的老人。

三、印度的老年人国家政策

印度2010年人口总数为12.14亿人，60岁及以上老年人口数量为0.92亿人，占总人口的比例为7.5%；65岁及以上老年人口数量为0.60亿人，占总人口的比例为4.9%，并不是严格意义上的老龄社会。

以目前印度的人口增长比率估算，联合国预测印度进入老龄社会的时间是在2020年左右，印度60岁及以上人口将达到1.35亿人，依然是继中国之后世界上老年人口第二多的国家。

对于像印度这样的发展中国家来说，老年人口比重似乎并不大，但由于存在着巨大的人口基数，老年人口相对于发达国家还是要多很多。印度的人口老龄化还具有以下几种状况：

(1) 大部分老年人分散居住在农村，这无形中增加了中央政府提供养老服务的层级；

(2) 到2016年，老年人中的女性比例首次超过男性，这将会在事实上需要相关的政策向女性老年人倾斜；

(3) 老年人口中更老年龄段人口数量的不断增加，将加大养老的压力；

(4) 接近三分之一的老年人生活在贫困线之下，使应对老龄化的问题同时肩负着反贫困的多重任务。

为此，印度政府鼓励各种社会力量的参与，动员全社会投入到对于老年人的生活保障中来，因为"政府不仅无力负担所有老年人的养老保障的支出，这点不仅在财政上无以为继，而且哪怕是幻想也应该尽快抛却"。

1999年，也就是在联合国宣布这一年为"世界老人年"的时候，印度政府推出了"印度老年人国家政策"，效仿联合国，印度将政策提出之后的2000年定作"印度老人年"。

印度"老年人国家政策"，将为老年人在诸如经济保障、营养和医疗服务、安居、教育、福利和生命财产保护等领域提供服务，并充分发挥诸如NGO、家庭、研究所、大众传媒等组织机构来协助政策的执行。

(一) 对于老年人的经济保障

在1999年制定"老年人国家政策"的时候，当时印度政府对于处在贫困线之下的老年人口的估算是三分之一，而另外三分之二的老年人中，又有一半属于低收入者，所以整体上一共有三分之二的老年人口处在收入的底层，这不得不让印度政府在"老年人国家政策"中开宗明义地将对于老年人的经济保障放到第一位。

1. 社会保障体系的覆盖

在"老年人国家政策"发布之前，印度的老年人养老金计划到1997年为止，仅仅覆盖了276万人，而此项政策的最终目标是要实现覆盖所有老年人。

2. 税收的优惠

税收的政策将反映老年人对于享受医疗、交通和社会支持服务成本的敏感性。国家老年人协会一直在要求给予老年人在医疗方面的年度税收优惠，尤其是那些没有从雇主方获得医疗保险的退休人员。此外，出于对年轻人的激励，应该给予那些和老年人同住并照顾他们的子女以税收减免。

3. 长远储蓄计划与退休咨询计划

所谓长远储蓄计划,实际上是号召那些还没有步入老年的人们,在他们工作的时候为退休之后的生活进行储蓄,并给予最优惠的存款利率,最优的利率可达9%。另外,各种针对老年人退休后生活安排的咨询计划也应该提倡,尤其是为老年人提供退休后再次就业的职业咨询服务。

4. 立法保护没有收入的老年人

于1956年通过的《印度收养和赡养法》保障了那些没有收入的老年人有权利得到子女充分的赡养,保障那些没有收入的老年人不至于被遗弃和虐待。

(二)建立四级医疗体系,保障老年人的健康权益

随着年龄的增长,老年人可能会不可避免地遇到一些老年病,有些是慢性和长期的,有些可能还会带来一定程度的行动不便和残疾,这些都需要长期的医疗照顾和营养补充。

1. 建立四级医疗体系

老年人的健康医疗服务应该放在优先重视的地位。理想的目标是建立一个四级的综合医疗体系:第一级为公共医疗服务体系;第二级为医疗保险服务体系。这两级都需要政府来主导;第三级是各种非盈利性质的慈善信托机构建立的医疗体系;第四级是私人医疗服务体系。

2. 医疗保险的覆盖

目前的医疗保险仅仅覆盖了正规部门部分的收入阶层,政府应该给予老年人购买医疗保险一定程度的优惠和补贴,扩大医疗保险的覆盖范围。

3. 鼓励各类慈善团体

自愿组织的发展,推行补充医疗服务。政府可以通过授权、税收优惠、土地出让等等方式,鼓励各类慈善信托团体、自愿团体的发展,为那些贫困的老年人提供免费的床位、药品和治疗,为义务从业人员提供老年人照顾的专业培训,并在合理的范围内向其他的阶层收取适当费用作为运营基础。

4. 医疗教育

应该给予老年人和他们的家庭成员以卫生健康教育,并通过现代化的大众传媒手段和各种民间渠道传播给更广泛的人群。应该告诉老年人和他们的家人,什么样的食物适合食用,什么样的食物有害身体,并对于不同地区的人们,推荐符合他们口味的健康食谱。将"预防性保健和早期诊断是老年人健康保证"的概念深入人心。

5. 注重老年人的精神需求

老年人的精神状态是最不应该忽视的一个健康因素。要给予家庭一些这方面的免费咨询服务,因为对于老年人的情感需求来讲,家庭是无法替代的。

(三) 让老年人老有所居

安居是人类的基本需要,政府对于城市和乡村低收入阶层的安居计划,要拿出10%专门针对老年人的居住需求,比如"英迪拉房屋计划"等政府计划。正在工作的低收入者将被鼓励投资于住房,这样在他步入老年的时候不会有安居方面的风险。老年人购房应该享受优惠的贷款利率和付款计划。

住宅的社区规划将会影响到老年人的生活方式,在老年人活动的半径内要消除所有物理障碍,保证老年人可以方便和安全地到达诸如购物中心、社区服务中心、公园和其他的公共设施。三层或以上的老年人公寓一定要建有电梯,社区里的一层公寓都应该首先考虑老年人的居住申请。

(四) 教育是老年人的基本需要

教育、培训和对信息的获取,作为老年人生活的基本需要之一,在过去长期被印度社会所忽视。信息,尤其是那些与老年人生活有关的教育信息,应该通过大众传媒或传统媒介广泛的传播给社会各阶层。老年人退休后的继续教育将在全国范围内推广,这些课程将包括养生、艺术修养、传统文化、社区工作技能、职业培训和各种福利活动等等。

(五) 福利政策是老年人最后的庇护所

福利政策被视为老年人最后的庇护所,主要来源于对老年人群体中弱势群体的关注,比如那些生活在贫困线以下的老年人、有残疾的老年人、体质弱或者患有慢性病的老年人,以及那些失去了家庭支持的老年人。

不仅如此,NGO组织(非政府组织)将被鼓励去建立更多的"老年之家"。政府将会为这样的组织提供财政补助,并给予免费的人力资源培训。作为老年人生命最后阶段与外界联系的地方,"老年之家"的设计和建设需要在老年问题专家的帮助下来进行。白天看护、市民综合服务中心、拓展服务、残疾人和老年人设施的告知服务、短期陪护、社工家访,NGO组织在老年人生活中似乎无处不在。

那些独居的老年夫妇和鳏寡老年人,家里一定要有电话帮助热线,NGO组织会帮助他们与亲戚朋友邻居等就近的人员保持联系,购物中心和诸如此类的公共场所都应该设有专门为老年人服务的设施。老年人会被鼓励在社区中成立他们自己的团体,举行各种娱乐活动,彼此互动。

(六) 保护老年人的生命财产

老年人是弱势群体,不仅容易受到各种罪犯的伤害,还有可能成为家庭暴力的受害者。他们有时会遭到遗弃,并被夺走本应属于自己的财产权利。在印度,寡妇的财产继承权、占有权和处置权就总是会被她自己的子女和亲戚所霸占。

对于老年人生命财产的保护还得落实到法律层面,给予老年人法律援助,利用现行的法律武器来保护自己,比如刑事诉讼法和租赁法案,后者保障了老年人、尤其是鳏寡老年人对于房产的所有权。

(七)大力发展各级 NGO 组织

中央政府清醒地认识到,单凭政府的财力是无论如何也不可能为所有的老年人提供充分的养老服务的。大力发展各级 NGO 组织成为了政策的可能选择项,依靠社会的力量来补充养老服务体系。

NGO 组织的活动范围应该不限于中央和邦一级,还应该深入到县,与各级潘查雅特组织(印度独特的基层组织——村一级的自治机构)进行合作,换句话说,NGO 组织的规模不限大小,有建立四级组织的 NGO,也有仅仅与地方潘查雅特组织合作的志愿组织。

政府同样鼓励现行的各信托慈善机构、宗教团体和其他社会组织,投入到老年人服务的事业中来,并鼓励老年人组织自己的团体,发出自己的声音,建立自己的老年人服务中心,充分调动老年人的能动性。

政府也鼓励志愿者参与到老年人服务领域来,给他们提供从业知识的培训,期待他们能够投身于老年人服务事业,帮助孤寡老人克服晚年孤独的精神状态。

工会、雇主协会和所有职业团体,应该给成员的退休生活以足够的重视,为他们设立相关的养老计划。

(八)认同老年人是社会的财富

老年人,尤其是女性,她们操持家务,培育下一代,实际上在家庭中扮演着长期被忽视的重要角色,社会应该提醒家庭中的其他成员学会尊重她们的劳动和付出。老年人是国家未被开发的资源,相关的政策措施应该有所引导地提倡这种认识,平等地给予老年人发展的机会。

(九)继续发挥家庭在养老体系中的重要地位

家庭是印度的核心社会组织,家庭养老也是印度老年人最重要的非正式养老形式。大多数的老年人都和一个或几个子女居住在一起,对于他们来说,家庭是寄托精神和感情的地方,是他们最钟爱的养老之处。社会应该在年轻人当中提倡家庭的观念,增强代与代之间的纽带作用,让年轻人明白为人子女的责任。

(十) 注重理论研究和老年人相关数据指标的收集

研究老年人问题，数据收集是非常重要的，政府应该鼓励私人企业、银行、信托基金和各类慈善等组织投入其中来，协助大学、医学院、研究机构等与老年人和老龄化研究有关的组织建立相关的老年疾病和老年人问题研究中心，设立研究基金，帮助学术机构开展老龄化问题研究，并进行必要的跨学科合作，专门为60岁以上各个年龄段设立单独的数据库。

(十一) 老年人服务体系的从业人员需要专业的培训

国家老年人政策非常重视人力资源的培训。医学院要提供有关老年疾病的专业培训咨询，设计培训课程，并提供课程资料。在护士和各类辅助医疗人员的课程教育和实际培训中，一定要有老年疾病的相关内容。要成立专门的机构，来对那些从事涉老服务业务的NGO组织的从业人员进行培训。

(十二) 让大众传媒等现代化传播手段服务于老年人

国家政策非常重视大众传媒在应对老年人问题中的作用。媒体的从业人员将会接受专门的有关老龄化的知识培训，并有意识地让他们参与到老年服务的工作中来，了解老年人的生活。通过现代化大众传媒手段，可以对个人、家庭和社会各群体进行教育，加强代与代之间纽带联系，使人们更好地理解和解决老龄化的问题。这将有助于传播"积极的老年生活"的概念：老年不是依赖的开始，也不是割裂开的一个阶段，而是不可分割的生命周期的一部分。

四、韩国的老龄政策

韩国老龄和未来社会总统委员会是目前老龄社会和人口政策总统委员会的前身，建立于2003年，成员包括10位部长和13位相关领域的专家和研究人员，委员会的主要任务是预测韩国人口老龄化的未来并出台中长期的应对战略。除了总统委员会外，韩国其他颁布和执行老龄政策的主要部门为卫生和福利部、劳动部。韩国应对人口老龄化的政策主要集中在五个方面：老年收入维持、老年健康照料、老年安置、老年社会服务、提高生育率。

(一) 老年收入维持

在保障老年人收入方面，韩国政府一方面通过养老金等养老保障制度实现，另一方面是通过促进老年人再就业来保障老年收入。主要包括以下几个方面：

(1) 公共养老金体系。目前韩国的公共养老金体系主要包括两方面内容：国民养老金(NP)和职业养老金，其中职业养老金主要分为政府雇员养老金(GEP)、军人养老金(MSP)和私立学校教师养老金(PSTP)，三种养老金仅覆盖韩国劳动人口的6.2%，因此国民养老金成为韩国老年退休收入的主要来源。该制度的资金来源为雇主和雇员的缴费，自雇者需要缴纳正常雇员缴费的两倍，政府对农业和渔业从业人员进行缴费补贴。2001年，大约有76.2%的韩国劳动人口被该制度覆盖。国民养老金一直不断进行改革，主要是提高缴费率和降低替代率。

(2)公共救助制度。为了更好地向低收入群体提供收入保障，1999年，韩国将原有的社会救助制度整合为国家基本生活保障制度，老年人群也是其中受益人群之一。老年人领取该救助津贴的条件为：收入低于贫困线且无法定抚养人（有法定抚养人但该法定抚养人没有工作能力），该津贴主要满足老年人的五种需求。该制度的资金来源主要是税收。在受益对象方面，2007年，韩国共有85.2万个家庭、155万人接受了该津贴，其中受益人口占总人口的比重为3.15%，另外一个老年人救助项目为午餐服务项目，主要是向没有能力支付餐费或由于其他原因不能在家就餐的老年人提供午餐。2001年，韩国全国大约有841个餐点为84.1万老年人提供了该服务。

(3)敬老金。敬老金是由中央政府和地方政府共同支持的非缴费型养老金制度。本来，韩国设立敬老金的目的是为了向所有为韩国发展做出贡献的老年人表示敬意，应该覆盖所有老年人，但由于财政限制，该制度的覆盖面限制在低收入老年人。2001年，大约有71.5万的韩国老年人领取了该养老金。

(4)老年折扣计划。对于65岁及以上的老年人，在使用公共交通工具或进入某些收费的公共场所，如公园、博物馆等，都可以享受一定的现金折扣优惠。

(5)老年就业促进计划。目前，韩国实施了五项老年人再就业项目，包括老年就业中心、老年工作小组、老年工人银行、老年工作选择和老年工人就业配额项目等。这些项目主要充当了老年劳动力和雇主之间联系人的角色，关注55~64岁群体的就业。同时《老年工人就业促进法》规定政府应该创造并关注适合老年人的工作，同时鼓励企业雇佣老年工人，建议在拥有300人以上全职工人的企业中，老年工人所占的比例不得少于3%。

(6)退休待遇制度。根据该制度，雇主要为每个雇员建立退休待遇账户，并且雇员工作每满一年，雇主要向雇员的退休待遇账户填充一个月的雇员工资，因此，任何一个全职雇员只要工作满一年，他都有资格享受退休待遇，当雇员退休或以其他理由离开工作岗位时，雇主要将账户中的资金一次性地支付给雇员。

(二)老年健康照料

1. 医疗费用支付体系

韩国的医疗费用支付体系主要包括医疗保险制度(NHI)和医疗救助制度(MA)。其中,医疗保险制度主要支付患者的诊疗费用、住院费用、门诊费用和药费等,其中保险支付门诊发生费用的50%~70%,其余费用由患者支付。医疗保险制度的资金来源主要是雇主、雇员以及被保险人的缴费,政府对农村人口和自雇群体进行补贴。

医疗救助制度的覆盖人口主要是国家基本生活保障制度的对象,同时还包括一些老兵和受灾人口等。医疗救助制度的资金来源主要是中央政府和地方政府补贴,以及受保人支付的医疗费用。2001年,大约有3.5%的韩国人和8.5%的65岁及以上老年人接受了医疗救助。

2. 健康照料服务体系

目前,韩国的健康照料服务体系主要分为五部分内容:老年健康检查、护理院、养老院、护理医院和来访护士项目。

(1)老年健康检查项目。主要是对老年疾病进行检测和预防。

(2)护理院项目。护理院项目主要是为了满足老年人对长期照料服务的需求而设立的,并且根据收费和专业化程度,韩国的护理院可分为五类:免费护理院、低费护理院、全费护理院、免费技术护理院和全费技术护理院。2001年,韩国的护理院一共有177间,其中一半以上为免费型护理院。但护理院服务并不在医疗保险的补偿范围之内。

(3)养老院项目。养老院提供长期照料服务,60%生活在养老院的老人不能完全实现日常生活的自理。2000年,韩国大约有119间养老院,共容纳5696名老年人。

(4)老年护理医院项目。1999年,韩国共有7家这样的医院。

(5)来访护士项目。是社区照料服务的主要类型,主要由综合医院、社会卫生服务中心、韩国护理委员会和社区福利中心提供。

(三)老年安置

韩国的老年安置分为两类:社区老年安置政策和机构老年安置政策。

1. 社区老年人的安置项目

虽然老年人的居住需求越来越大,但目前仍没有为社区老年人制定专门的法律,主要是由于以下两个原因:①目前韩国房屋的整体短缺现象比较严重,在这种情况下,政府不可能专门制定关于老年人居住的政策;②一直以来,韩国政府主要关注机构老年人的情况,忽视了社区老年人的需求。

2. 机构老年人的安置项目

过去韩国的老年安置政策一直强调机构老年安置，机构老年安置项目的发展要快于社区老年安置，但具体到机构老年安置本身的发展来看，由于该项目仅仅依靠政府补贴，机构服务水平相对低下，在韩国人心中的印象较为负面。在此情况下，韩国应大力发展住房服务设施，包括免费的和付费的在内。

(四)社会服务项目

目前，韩国的老年社会服务主要包括两大类：康乐项目和社区照料项目。其中康乐项目包括老年中心、老年俱乐部、老年学校和老年度假村等项目；社区照料项目包括家庭帮扶项目、成人日间照料项目、短期照料项目和来访护士项目等，这些项目也可视为社区老年人长期照料服务的内容。

1. 老年康乐项目

(1)老年中心项目。老年中心主要是向老年群体提供诸如健康促进、老年教育、老年康复、老年咨询与指导等服务，同时提供相关信息。老年中心的运营费用主要由地方政府承担。在2001年，韩国约建有114个这样的老年中心，其中参与的老年人达到了33万多人。

(2)老年俱乐部项目。各地的老年俱乐部一般由当地居民自愿组建，资金来源主要是个人捐赠，政府有时也提供小部分运营经费。老年人在俱乐部进行一系列的娱乐活动，如看书、读报等。2001年，韩国约建有4万多所这样的俱乐部，参与的老年人数占老年人口的1/3。

(3)老年学校项目。老年学校一般由自愿组织、老年中心和社区福利中心建立，主要是为了满足老年人对文化、教育等的需求。2001年，大约有600所老年学校在健康和福利部注册，95.7万名老年人参与其中，除了这些已经注册的，韩国还有其他600所老年学校没有进行注册。政府对这些学校的资助通常较少。

(4)老年度假村项目。该项目主要是向老年人提供康乐和休息设施和服务，并且这些设施和服务的价格相对较贵，数量也较少。在2001年，韩国大概有6个这样的老年度假村，每月使用这些设施和服务的老年人大概有3000名。

2. 社区照料项目

(1)家庭帮扶项目。目前韩国家庭帮扶项目提供的服务是免费性质的，主要提供给那些符合国家基本生活保障制度的对象。在服务组织的监督下，家庭帮扶服务由志愿者提供，这些服务包括家庭生活支持、咨询和教育等。在2001年，大约有3.5万名志愿者提供家庭帮扶服务，还有552个家庭帮扶服务组织。政府主要向这些组织提供志愿者招募、培训和维持的费用。

(2) 成人日间照料项目。在2001年,韩国大约有100所这样的日间照料中心,许多老年服务中心、社区福利机构也开始逐步提供这样的服务。但是和韩国其他的许多项目一样,该项目也主要是针对低收入的老年人,中高收入的老年人并没有享受该服务的机会。

(3) 短期照料项目。对于那些患有老年失智症的居家老年人,短期照料需求就更加明显。该项服务主要是提供给低收入老年人,付费服务仍旧没有很好地发展起来。

(4) 送餐项目。韩国的送餐项目始于2000年,主要是为了向那些生活不能完全自理以及接受敬老金的、贫困和低收入的老年人提供午餐。午餐主要由敬老餐馆、社区福利中心、老年中心或学校提供,并有志愿者将午餐送至老年人那里。送餐项目的资金主要来源于中央和地方政府资助。

(五) 提高生育率

韩国政府在2006—2010年之间投入32万亿韩元(约占GDP的0.8%)来提高总和生育率,其主要目标包括两个方面:减轻家庭在抚养儿童方面的负担、建立更多的家庭友好型工作场所来减少妇女在兼顾就业和抚养儿童方面的困难。

1. 减轻家庭在抚养儿童方面的负担

韩国政府主要采取了以下几方面的措施来达到该目的:

(1) 扩大5岁以下儿童抚养和教育支持待遇的覆盖率。目前,政府已经为那些抚养儿童的、收入低于平均水平的家庭建立儿童支持待遇制度,在2006年,大约有60万名的韩国儿童接受了该待遇(每月为27万韩元左右,为平均工资的14%),于2010年,将享受育儿补贴的儿童范围扩大至目标儿童全体的80%。

(2) 进一步发挥小学在照料儿童方面的作用。到2010年,提供学生照料服务的小学所占的比重从2006年的20%增加至100%。学校要增加课余活动以此来减轻家庭在照料儿童方面的负担。

(3) 改革社会保险制度使其更加有利于需要抚养孩子的家庭。首先,要改革医疗保险支付体系来消除那些不利于有两个或两个以上儿童家庭的方面,其次,在国民养老金体系中增加针对母亲的养老金"儿童出生记账",第二个孩子将记账1年,第三个孩子将记账18个月。

(4) 向那些抚养三个或三个以上儿童的家庭提供住房优惠政策,包括公共抵押贷款、房屋租赁等政策。

除此之外，由于目前的税制不利于鼓励人们生育，对此政府想通过税制改革改变这种现象。在2005年，一对同时领取工资并抚养2个孩子的夫妇需要承担的税负占到了其工资收入的16%，而那些没有抚养孩子的税负也不过16.4%。

2. 鼓励家庭和工作责任的结合

(1)通过增加在公共儿童照料设施方面的投资，来提供高质量的公共儿童照料服务，预计从2005年到2010年，儿童机构照料占儿童照料服务的比重从11.2%升至30%。

(2)向照顾2岁以下儿童的私营机构提供补贴，为了保证这些私营服务的质量，韩国引入儿童服务评估体系，并且每3年进行一次评估。

(3)鼓励弹性工作计划，包括减少需要照料儿童的父母的工作时间等。

(4)创建家庭友好型工作场所，并向在这方面做得好的公司企业提供建立和经济鼓励等。

(5)使父母因照料儿童的工作离开更加灵活和方便。从2008年开始，父母在孩子3岁之前可以离开工作1年来照料儿童。

第二节　应对人口老龄化的国内经验借鉴

一、上海市发展老龄产业的经验

上海是我国老龄化程度最高的城市。2000年上海户籍人口中65岁及以上人口193万人，占总人口比重为11.53%，在全国排名第一，比全国平均水平高4.57个百分点；比湖北高5.22个百分点。据预测，到2020年上海户籍人口中60岁以上的老年人口将达到542万，占户籍人口比重的36%。上海经济发达，科技与文化水平较高，居民收入较多。无论从需求侧，还是从供给侧这两个方面来看，上海发展老龄产业都将走在全国的前面。

(一)依托上海购物中心功能，培育银发消费市场

上海在引进国外老年人时尚品牌的基础上，结合我国老年人的消费习惯和消费水平，开发设计新的、适合国内老年人消费的产品。在老年人保健品市场等方面，上海走在全国的前面。在国内老年人消费广阔的市场空间，上海正在重点培育老年人消费的品牌企业。通过品牌、管理输出等方式，进军全国市场，发挥老年人消费品牌企业的总部经济效应。

(二)突出城市休闲娱乐特色,繁荣银发休闲市场

上海有锦江乐园、欢乐谷、迪斯尼等针对儿童和青年的大型游乐项目,今后将增加适合老年人的游乐项目。上海是文化产业最发达的城市,未来上海将重点打造几个老年人文化项目品牌,如举办金婚和银婚展、老年人"婚博会"、老年人艺术节、老年人文化节等活动,繁荣老年人休闲娱乐市场。上海世博会是全国的旅游热点,目前余温未退,更进一步开发老年人旅游市场。老年人不适合攀爬,与青壮年人一起旅游有许多不便。老年人有空闲时间,不必在旅游高峰期与年轻人拥挤。为此,上海有上百家旅行社开辟了"银发旅游",还有5家旅行社专门承办老年人旅游业务,并加强对老年人旅游市场的监管力度,推动老年旅游市场健康发展。

(三)顺应上海结构转型,发展老年服务市场

(1)发展养老医疗服务。上海拥有30多家三甲医院,聚集了大量世界先进的医疗设备和国内外一流的医疗专家,具有发展老年人医疗服务市场的良好基础。上海对内可利用先进的医疗水平吸引国内老年人前来接受医疗服务,对外可利用价格优势吸引国外老年游客来医疗旅游,从而带动观光旅游、餐饮住宿等延伸消费市场。

(2)开发老年房地产业,发展异地养老服务。上海参照发达国家机构养老的比例一般为5%~7%,计划到2020年养老机构的比例达到4%,需要新建养老床位30万张。上海平均每个养老床位所需投资为50万~80万元,上海将有500多亿元的养老建设市场空间。与此同时,上海还开展异地养老服务,今年内,扬州、常熟、昆山、吴江、嘉兴、安吉等地纷纷筹建以养老为主题的楼盘,形成了"环沪养老经济带"。海南岛房地产市场也吸引了许多上海的老年投资者。

(3)完善养老服务人才的培养和评估机制。护工是养老服务的提供主体,需要生活照料、生理卫生等多方面的知识和技能。在加拿大等发达国家,护工需要经过培训,考试合格者才能上岗。但目前我国大多数养老机构的护工专业素质较低,上海也未能例外。上海计划建立护工的培训和考核机制,提高养老机构的服务质量。

二、浙江省加强老龄产业创新

浙江省是国内较早进入老龄社会的省份之一。2000年,浙江65岁及以上人口的数量已达414万人,占全省人口的比重为8.84%,比全国平均水平高1.88个百分点,比湖北高2.53个百分点。随着时间的推移,人口老龄化程度

将加重。预计"十三五"期间老年人口年均增长4%，到2020年，60岁以上老年人口将达到1197万人，约占全省户籍人口的23.39%。随着人口老龄化进程加快，老年人口尤其是高龄、独居、失能老人数量不断增加，对生活照料、康复护理、健康服务、精神文化、适老化生活环境等需求日益增长，老龄事业发展投入的压力加大。为了应对人口老龄化的压力，浙江省组织力量对人口老龄化的现状进行调查分析，提出了创新发展老龄产业的战略。

(一) 老龄产业供给侧分析

1. 老龄产业已形成一定基础

2015年，全省共有各类养老机构2242家，养老床位34.79万张，每千名老人拥有养老床位51.74张，比全国平均水平多21.43张。居家养老服务网络基本建立，人群覆盖面不断扩大。享受政府购买养老服务的老年人达25万人。基本医疗卫生养老服务能力不断提升，60岁以上老年人健康管理率达64.3%。城市居家养老服务站和具有居家养老服务功能的农村星光老年之家基本覆盖城市社区和广大农村。据省老龄办统计，2013年，浙江与老龄产业相关单位共有1891个，其中，老年用品生产企业37个，营业收入1.97亿元；养老地产90个，投资总额为270.23亿元；老年食品、保健品、生活服务205家，营业收入50.74亿元。反映浙江省老龄产业在各个领域已有布局，涉及老年用品、医疗保健、生活照料、养老地产等方面；养老服务体系相对完善。

2. 民间投资较为活跃

"十二五"以来，全省社会力量投入兴办养老机构的资金达到22.8亿元。目前，全省民办机构床位有12万余张，占床位总数量48%，其中温州、台州等地民办床位占比已经超过65%。全省参与养老服务领域的社会组织达到1.6万家。养老地产成为民间资本投资的热点。截至2013年年底，全省在册的养老地产项目总共90个，床位5.9万张，其中护理床位数1.6万张，投资总额约为270.23亿元。

3. 产业品牌开始形成

在老龄产业的部分领域，浙江省涌现出一些有一定知名度和影响力的企业和品牌，生活照料服务如杭州三替服务集团，民间养老机构如温州红景天，医疗康复护理业如杭州绿康，养老地产如万科随园嘉树养老地产综合养老社区等。

4. 数字养老工程方兴未艾

目前，全省已有52个县(市、区)建成了养老服务信息系统：①社会公共服务信息平台。以"96345"、"81890"为统一号码，统一标识、统一服务功能，通过这一平台实现养老服务双方有效对接。②各地开发了个性化的养老服务信息系统。如温州全面推进居家养老"990"信息服务工作。③省民政厅开发并已运行"浙江省养老服务信息系统"、"浙江省社会福利网",通过网络,推进"阳光养老",为社会公众提供有效服务。

(二)老龄产业供给侧存在的问题和面临的竞争形势

1. 产业规模小层次低

除养老地产外,其他产业发展规模小,发展水平不高,处于探索中迈进的阶段,产品市场细分不充分,产品开发研制力度不够,不能满足不同层次、不同要求的老年人群需求,缺乏品牌意识,产品的知名度不高。

2. 产业扶持政策碎片化

省有关方面缺乏对老龄产业的顶层政策设计,全社会对老龄产业发展的重要性认识尚不到位,适应老龄产业发展的法规政策、标准规范、扶持政策缺失,呈碎片化状态,现有的优惠政策落实不到位。

3. 存在三个不平衡

包括:①老龄产业与养老服务不平衡;②农村与城镇不平衡;③养老服务日常照料与康复护理、医养结合不平衡。

4. 市场环境不完善

总体上民间社会资本进入老龄产业还有不少障碍,民间资本融资、产权分割与投资收益受制于现行法规政策。

5. 专业人才严重缺乏

从业人员总量短缺,目前全省专职养老机构护理人员1.47万人,居家养老护理人员1.08万人,尚有15.83万人的缺口;高层次人才缺乏,在国内养老机构中,具有专业护理技能、医学知识的人员仅占8%左右。民办机构留人难。由于制度原因,民办养老护理医疗机构招医生、护士专业人才难,留人难。

6. 浙江经济发达,居民收入较多

2015年,浙江全省居民人均收入35537元,是全国平均值的1.62倍,是湖北的1.77倍。老年人的收入稳定,保持较高的水平。据浙江省老龄办2013年抽样调查统计,年人均收入在1万~5万元的老年家庭比例占67.1%,年人均收入在5万元以上的老年家庭比例占5.1%,年人均收入在1万元以下的老年家庭比例占27.2%,随着经济的发展,老年人的收入将增加,消费需求将扩大,为开发老龄产业提供了广阔的市场。

7. 老龄产业的巨大市场潜力正吸引更多市场主体关注

自 2012 年起，日本日用品厂商加快开拓亚洲老龄化市场；上海、北京等地积极主动抢抓老龄产业发展机遇，在基础设施建设、扶持政策构建等方面都取得了一些成绩。

(三) 加强老年产业创新

针对老龄产业供给侧现状，存在问题和面临的竞争形势，浙江省提出了加强老年产业创新的发展战略，力争老龄产业与全省经济同步发展，走在全国的前列。

1. 管理体制创新，突出市场主体地位

包括：①清理和消除社会资本进入老龄产业各种政策障碍和制约因素，吸引国际资本、港台资本和民间资本进入老龄产业；②要促进养老服务业社会化发展，推进办公养老服务机构改革，发展公建民营、民办公助等模式；③推进政府购买服务；④明确老龄产业发展政策导向，培育老龄产业体系。

2. 创新人才培育模式

包括：①大力培育和发展老龄产品设计研发、营运推广等各类高端老龄产业人才，纳入浙江各级政府优秀人才评选和政府扶持范畴；②加强老年服务、护理人员培养，解决"谁为老人服务"问题；③研究制定养老护理员就业激励政策；④制定政策鼓励医护人员参与养老服务。

3. 鼓励企业自主创新

加强对企业创新的引导，鼓励高校、科研院所和企业开展有效合作；发挥省和地方科技计划对企业自主创新的导向作用；引导企业研发、设计、生产和销售贴近老年人消费需求的老年产品；鼓励企业创建研发机构，提高自主研发能力，实现重点领域技术突破。

4. 扶持龙头企业

通过土地、财政、金融等扶持政策，鼓励企业加大研发投入、创新产品与服务，培育一批老龄产业龙头企业；引进国际和港台资本、老龄产业知名品牌和企业；依托现有产业集群，建立老年产品产业园区，促进老龄产业资本、技术、人才、管理等资源要素的集聚集群。

5. 培育知名品牌

发挥浙江沿海优势，培育一批老龄照料护理康复企业品牌，及一批老龄用品用具器具设计制造品牌，抢占东南亚、国内中高端老龄服务市场和产品市场。

6. 创新管理运营模式

探索医疗机构与养老机构合作新模式，促进养老服务与医疗、家政服务、养老地产、医疗、保险、教育、文化娱乐、健身、旅游等领域互动发展，建立养老养生示范基地，推动医养融合发展；改革和创新办公养老机构运营模式，推进政府购买服务。

7. 促进产学研合作融合

促进老龄产业的产学研的融合，促进老龄产业要素聚集群。通过老龄产业园区和养老服务业基地建设，促进学校、科研机构和企业合作模式。积极推动老龄产业的产学研的结合、融合和一体化。

8. 构建发展平台保障

组建浙江和地市老龄产业行业协会和促进会，发挥行业协会衔接政府和企业桥梁的功能。例如，加强政府、中介组织和企业的合作，举办老龄产业博览会；制定行业、产品和服务标准；开展老龄产业统计工作。

9. 规范产业管理保障

包括：①建立老龄产业市场准入制度，加强老龄产品检查认证；②加强对民间养老机构的引导和规范管理；③加强对养老地产的监督管理，探索建立养老地产预留金制度，防止出现资金抽逃等带来的社会风险；④加强公共财政投入养老项目的审批、资金使用审计和监督管理，防止腐败，提高资金使用效率。

三、江苏省老龄事业的特色

江苏省是我国较早进入人口老龄化社会的省份之一。2000年，江苏65岁及以上的人口651万人，占总人口的比重为8.76%；2010年，江苏65岁及以上的人口857万人，占总人口的比重为10.89%，位居全国第三，比全国平均水平高2.02个百分点，比湖北高1.8个百分点。进入"十三五"时期，江苏省老龄化程度持续加深，预计到2020年全省老年人口将达1950万人，占总人口的25%，年均净增老年人口近60万。家庭小型化、少子化趋势更加明显，医养需求将越来越旺盛。经济发达，居民收入较多，是江苏的特色。2015年，江苏省GDP达到70116.38亿元，位居全国第一，占全国总量的10.23%；城乡居民人均可支配收入29538.9元，是全国平均水平的1.34倍，是湖北的1.48倍。根据本省老龄化程度较深、经济发达居民收入较多、老龄事业基础较好等特点，制定了具有江苏特色的"十三五"规划。

(一) 社会养老保障更加完善，老年健康保障将有新突破

社会养老保障更加完善，老年健康保障将有新突破。2020年企业职工基本养老保险和城乡居民基本养老保险参保率将达98%，65周岁以上老年人健

康档案建档率达到90%。社区居家养老服务大发展,城乡社区居家养老服务覆盖率达到95%以上,千名老人拥有各类养老床位数在40张以上,护理型床位数占养老机构床位总数比例达到50%以上。

(二)突出居家和社区养老的基础性地位

《江苏省老龄事业"十三五"发展规划》突出了居家和社区养老的基础性地位。大力推进城乡社区居家养老服务中心建设,提升社区居家养老服中心功能,优先满足老年人的助餐、日间照料等基本服务,逐步向其他服务拓展。到2020年,街道开展日间照料服务、城市社区开展助餐服务占比达到90%,着力构建15分钟服务圈,让老年人就近享受养老服务。

1. 强化老年宜居环境建设的新理念

在城乡规划建设中,充分考虑老年人需求,加强街道、社区"老年人生活圈"配套设施建设;推进老年人住区设施无障碍设计、建设、改造;既有住区通过改造加装电梯、扶手等设施,方便老年人日常出行。开展适宜养老社区建设。常州市朝阳四村北区是全省第一批进行适老化改造的老小区,独居、失能、困难老人家庭适老化改造已完成,家中有方便轮椅进出的厨房、适应老人身高的灶台、装有扶手助浴凳和防滑地砖的浴室。这个建于20世纪80年代的老小区,新建起设备齐全的健身广场,统一定制投递箱、牛奶箱和可供耕种的100个花箱,由破旧库房改造的助餐点和活动室已投入使用。"十三五"期间,每个设区市每年至少启动1个新建适老住区和1个既有住区适老化改造试点项目,新建适老住区和既有住区适老化改造项目达到100个以上。

2. 对老年人精神关爱提出了新要求

加快发展老年教育。优先发展城乡社区老年教育,完善基层社区老年教育服务体系,整合利用现有的社区教育资源,开展老年教育活动。到2020年,全省参加老年学校学习的老年人比例达到20%。通过新建、改造和整合等途径,增加老年文化活动设施和场所。推动各级各类文化服务设施向老年人免费、优惠开放。宣传、文化、新闻出版等部门组织力量,支持创作老年人喜闻乐见的文艺作品,增加老年文化产品供给。开展适合老年人特点的体育健身活动,办好老年体育节,推动老年人体育健身活动常态化。吸引社会力量参与老年人公共体育服务。到2020年,社区(村)老年健身场所建有率达到95%以上。"十三五"期间,重点扶持150个老年精神关爱项目。

"家庭养老支持体系"的重要一环是加强子女赡养父母的教育和补贴政策。今后,赡养父母行为将被纳入公民个人社会诚信档案;还将探索家庭适老化改造补贴政策、子女护理技能免费培训和补贴政策、有利于家庭养老的税收和住房政策、老年人随子女迁移的户籍政策、子女照料失能半失能老人带薪休假制度等，全面支撑老人居家养老。

(三)推进医养融合深度发展

"十三五"末，每个县(市、区)建成1所以上老年护理院或老年康复医院，全省老年护理院达到200所以上，护理型床位占养老机构床位总数50%以上。全面加强养老机构医疗服务能力建设，全省100%的养老机构按照标准内设医务室或与医疗卫生机构签订医疗服务合约。鼓励医疗机构开办养老服务机构，促进医疗资源与养老服务的合理对接。推动基层医疗卫生机构开展家庭医生签约式服务，为行动不便的居家老年人提供上门服务。鼓励社会资本建立医护型居家养老服务机构，满足老年人日益增长的长期护理、失能康复等需求。

(四)大力推进社会资本进入养老市场

"十三五"期间将大力推进社会资本进入养老市场，支持社会力量参与老龄产业发展。建立老龄产业财政分级补贴制度，对从事老龄产业的企业和社会力量给予相应的税收减免，在用地、用电、用水、用气等方面给予优惠。推进一批养老服务业重大项目建设，培育打造一批主导产业突出、产业链条完整、服务功能完善的养老服务业园区。着力培育老龄产业集群，扶持连锁经营并具有一定规模的品牌养老机构，探索建设一批县(市、区)级老年服务产业园区及街道(乡镇)老年服务街区。支持有条件的地区建立老年生活用品用具和服务产品特色产业制造基地，支持设区市建立老年生活体验馆。

据测算，到2030年，全国养老服务产业规模将突破10万亿元，成为推动经济增长、拉动消费的新引擎。从中央到地方，各类扶持政策接连出台，刺激更多资本向养老产业集聚。近年来，江苏省内养老市场吸引一波波外来资本：上海养老运营商"佰仁堂"已在江苏并购1万多张养老床位，合众人寿斥巨资收购5家民营养老机构；银城地产首个养老项目运营。

(五)整合改造社会闲置资源，发展养老服务

为缓解养老服务设施供需矛盾，江苏省12个部门联合出台支持整合改造社会闲置资源发展养老服务的政策，整合范围包括闲置厂房、医院、办公场所、政府培训中心、疗养院等，促进资源循环利用、降低投入成本。到2020年，每个县(市、区)建成1所以上老年护理院或老年康复医院，全省老年护理院超过200所，护理型床位占养老机构床位总数50%以上，每个设区市建成2所以上二级老年病专科医疗机构。全省100%的养老机构按标准内设医务室或与卫生机构签订服务合约，养老机构和日间照料中心按标准设立护理站，50%的城市社区和有条件的农村社区要设立老年人康复活动场所。失能、半失

能老人的护理需求多,但老年人经济能力有限,在支付政府购买以外的服务方面有顾虑。这一问题的解决已破冰。南通市被人力资源和社会保障部列为全国试点,长期护理保险覆盖市区近110万人。这一模式将在全省推广。江苏省将支持有条件地区建立老年人长期护理险制度,按"政府主导、社会参与、专业运作、责任共担"的机制,建立社会互助共济的筹资方式。

(六)抓住机遇促进老龄产业发展

随着经济社会发展和医疗水平的提升,江苏省老年人平均寿命2016年达79.19岁,高于全国水平。未来养老服务业涵盖生活照料、文化娱乐、教育培训、休闲旅游、精神慰藉等,发展潜力巨大。"十三五"时期,人口老龄化尚未达到峰值,劳动年龄人口较为充足,社会抚养负担相对不重,是积极应对人口老龄化难得的窗口期。相关部门将抓住机遇促进产业发展,建立老龄产业财政分级补贴制度,对社会资本给予一定税收减免,在用地、用电、用水、用气等方面给予优惠。"十三五"期间,全省将培育10个省级健康养老服务业集聚区、20个省级养老服务业综合发展示范基地,以及30家省级养老服务创新示范企业,扶持一批养老服务产业连锁品牌,促进需求和产业发展有效对接。

四、四川省应对人口老龄化的压力振兴农村经济的举措

四川省人口老龄化程度严重。2000年,全省65岁及以上的人口623.2万人,占总人口比重的7.45%,比全国平均高0.49个百分点,比湖北省高1.14个百分点。2010年,全省65岁及以上的人口880.7万人,占总人口比重的10.95%,位居全国第二,比全国平均高2.08个百分点,比湖北省高1.85个百分点。据预测,四川省到2020年,60岁及以上的人口将达到1866.72万人,占总人口的比重将达到22.66%;65岁及以上的人口将达到1488.3万人。四川省人口老龄化程度之深,进程之快,在全国是最严重的。

四川省是农业大省,全省有农村人口4291.5万人,占总人口比重的52.31%,比全国平均高6.41个百分点,比湖北省高10.41个百分点。四川省有耕地916.4万公顷,按农村人口平均,人均3.2亩,比全国平均少0.1亩,比湖北省少0.5亩。四川省每年有两千多万青壮年进城务工,约占农村人口的50%以上。这样产生了两方面的效果:一方面减少了农村的劳动力,给农村经济发展带来了困难;另一方面,四川人多地少,半数以上的劳动力输出了,留下来的土地就为农业规模化经营提供了机会。

(一)推进农业农村改革,规范土地流转加速规模经营

四川省是我国农村改革的先行者之一。2014年,四川省又开全国先河,

在新一轮农业农村改革中明确"主攻方向",其中放活土地经营权是重点。随后,因地制宜、形式多样的经营权流转在全省如雨后春笋般铺开。在转包、出租、互换、转让之外,土地入股、土地托管等流转新形式也在各地成功试水。

流转速度加快,风险防范难度也增大。为此,四川省先后出台《引导农村土地经营权规范有序流转发展农业适度规模经营的实施意见》《加强对工商资本租赁农地监管和风险防范的实施意见》,对农户流转土地按面积实行分级备案管理,流转风险防范机制基本建立。各地在实践中不断突破创新,眉山彭山区实施委托流转"土地信托"模式,建立区乡村三级服务机构对土地进行收储、整合、流转机制,真正实现"零风险"。

针对适度规模经营怎样种好地问题,全省各地不断探索新的路径。威远"发明"农业BOT模式(政府对业主地租部分补助,第六年达丰产标准,业主无偿移交农民或专合组织);引进金四方等公司,带动发展无花果5.3万亩,规模居全国第一;2015年7月全国加快转变农业发展方式现场会上,崇州的"土地股份合作社+农业职业经理人+新型农业综合服务"的"农业共营制"模式引来各方点赞;新津散户农民则搞起"生产大统筹、服务全托管",不流转也尝到规模经营甜头。

随着土地流转更加规范有序,适度规模经营也不断提速。2015年底,全省农地规模以上(30亩以上)流转1067.5万亩,占流转总面积的65.9%,带动农民户均增收1000元左右。2015年全省种粮大户达15327户,比上年增加17.4%;种植面积195.8万亩,同比增加44.2%。从2012年年底到2015年年底,全省新型职业农民从无到有,共培育4万人;家庭农场发展到1.7万个;农民专合组织从2.7万个发展到5.5万个,带动40%以上农户;规模以上农业产业化龙头企业发展到8703家,位居全国前列。①

(二)建立覆盖全省的农村产权交易服务体系,农民在产权网上得实惠

早在2008年,成都农村产权交易所便在全国率先成立,短短8年时间,累计交易额达443亿元,在全国同类交易所中名列第一,成为全国最大的农村产权交易平台。

随着农村改革迈向"深水区",为了让农村各种要素在更广阔城乡间自由流动,让各类农村产权潜在价值得到进一步提升,各地从建立交易平台、打通交易渠道发力。2014年7月,遂宁市农村产权交易服务中心揭牌,成为成都

---

① 李淼.四川农村改革:规范土地流转 适度规模经营不断提速[N].四川日报,2016-06-16.

以外率先成立农村产权交易服务中心的市州。当时,佳溪农业公司负责人杜凤鸣想扩大中药材种植,到中心试试运气,没想到竟有几十条土地流转信息等着,很快公司便将千余亩土地收入囊中,成为中心运营后首笔业务。2015年,四川省在全国率先出台《关于全省农村产权流转交易市场体系建设的指导意见》,各地交易平台建设快马加鞭,目前共建成市级交易平台8个,县级交易平台118个,乡镇服务站1876个,累计完成交易额584.36亿元。为彻底连通各"信息孤岛",四川省以成都农村产权交易所为中心,建立全省统一的交易信息发布平台、数据平台、业务处理平台。去年,巴中市农村产权交易平台开通运行,不仅"八权一股"交易火爆,更成功与成都农交所"联姻",成为全省第一个实现省、市、县三级农村产权交易联网运行的市。

"一中心多后台"的农村产权联网共享交易系统在全省铺开。目前,成都农交所已同巴中等5市和15县联网运行,累计交易额达443亿元。2015年5月,成都农交所联合剑阁县成功实现750.6亩林权网络竞价流转,9家企业竞价52轮,最终以279.17%的溢价率成交,有效实现林权价值的最大化。目前,四川省基本建成覆盖全省、联网运行、规范有序的农村产权流转市场体系,在全国处于领先,正不断释放出农村产权更大的价值。①

(三)加强农民教育培训,培养新型职业农民队伍

为了适应农业现代化建设的要求,提高农民的科技水平,培养宏大的职业农民队伍,政府的农业、教育、科技、财政等部门,与共青团、工会、妇联等群众团体联合,从省府到市州县乡村,建立了完善的农民教育培训体系。

人口众多,教育事业兴旺发达,是四川省的特色之一。2015年,全省人口8204万人,位居全国第四;普通高等学校109所,教职工122099人,位居全国第六;普通高中726所,教职工159042人,位居全国第二;中等职业学校467所,教职工52539人,位居全国第六;初中3864所,专职教师198832人,位居全国第四;普通小学6487所,专职教师308059人,位居全国第五。完整系统的教育体系,宏大优质的教职工队伍,为国家培养了大批人才,推动了科技经济社会的发展,从整体上四川人民的科学文化技术水平,为培养宏大的职业农民队伍奠定了坚实的基础。

四川农广校——四川农民教育培训网,是教育培训农民的重要体系。该校1981年成立,现在已经建立了21个市州中心分校,140个县分校。该校除了招收中专学员外,主要进行绿色证书培训、实用技术培训、劳务输出培

---

① 李淼.产权网上"转" 农民得实惠[N].四川日报,2016-06-14.

训，还要联办大专本科。三十多年，已培养毕业生数十万人，这些人很多担任了乡镇村社干部、农业技术员和乡镇企业的厂长经理，是带领农民脱贫致富的骨干。

根据农村生产生活特点，办好"农民夜校"是我国农村的老传统，四川省的"农民夜校"特别红火。2017年，《四川省"农民夜校"教育培训大纲（试行）》（以下简称《大纲》）正式出台，对夜校教育培训的相关方面作出了明确规定，根据农村经济社会发展和农民群众现实需要，特别是贫困地区和贫困群众的实际需求，"缺什么学什么，需什么教什么"。以技术技能为例，贫困地区要根据脱贫规划突出脱贫致富方面的技术技能；外出务工人口较多的地区要突出劳动力转移就业创业方面的技术技能；高原地区要突出传统工艺、特色种养等方面的技术技能；经济较发达的地区要突出现代农业、农产品初加工等方面的技术技能；旅游资源丰富的地区要突出与发展乡村旅游相关的技术技能。在教学形式方面，《大纲》提出了课堂教学、现场教学和网络教学三种主要形式。这样的设定主要是考虑到地理位置、民族文化、产业发展、个人文化程度和流动情况等不同实际，分类施策，避免了"一刀切""一锅煮"。按照设计，课堂教学将通过集中讲解、分片学习、分组讨论等方法授课答疑；现场教学则通过现场演示、实践操作、实地体验等方式，帮助群众更直观地掌握讲授知识；网络教学主要依托远程教育站点等平台，满足农民群众个性化学习需求和外出务工农民学习需要。在地形地貌复杂、农户居住分散的地方，还可采取田间辅导、马背课堂、帐篷学校等形式进行教学。

发挥"1+6"村级公共服务设施作用，不再另外新建阵地；从基层干部、驻村工作组干部、"土专家"、"田秀才"、致富能人等中择优选拔教师；推出一批具有地方特色的乡土实用教材……为基层探索创新预留了空间，让基层更有信心把"农民夜校"办实办好办出成效。①

2017年8月，四川省农业厅日前下发通知明确，今年全省将培育各类新型职业农民4万人，贫困地区符合条件对象优先纳入培育范围。今年新型职业农民培育项目将在179个县（市、区）实施，并以绵阳等3个部级整市示范推进市、81个部省级示范县作为新型职业农民培育重点示范区。重点依托新型职业农民培育工程，实施现代青年农场主培养和新型农业经营主体

---

① 林凌. 四川"农民夜校"将开设五类教学内容 突出差异化需求施教[N]. 四川日报，2017-02-05.

带头人轮训计划。各地将以县为单位按主导和优势特色产业建立培育对象库，遴选有意愿有需求的农民参训。有意愿者可登录中国新型职业农民网，通过"新型职业农民培育申报系统"或手机下载"云上智农"APP在线报名。对现代青年农场主调训，每人连续支持两年，2016年人均补助3000元，2017年人均补助3500元。

四川省按公共基础、专业技能、能力拓展和实训操作等模块构建培训课程，强化农业科技应用和创新创业发展能力，提升品牌创建、市场营销等现代农业经营管理能力；重点建设一批示范性综合培育基地、实训基地、创业孵化基地和农民田间学校，打造10所示范学校和培训基地；以县为主开展新型职业农民认定管理工作。

(四)建立农村现代流通体系，"川字号"农产品行销天下

政府号召种什么产品，什么产品就销售难，这是农民普遍碰到的难题。道理很简单，政府号召，种的人多了，销售就难了。为此，近年来四川省把农村市场体系建设重点项目纳入各级政府的年度目标考核，以线上线下融合发展为方向，构建连接城乡、双向流通的农村现代流通体系，不仅释放了农村消费潜力，更助推"川字号"农产品行销天下。

全省"一盘棋"，舒张流通"经络"，农村现代流通体系基本完善。在"最初一公里"，依托系列国家主导的民生工程等，全省村镇星罗棋布建立起数万个商品配送中心和农家店。在此基础上，启动供销合作社综合改革试点，到2015年底，全省供销系统共发展基层社2071家、综合服务社(中心)1.2万余家、农民合作社6841家。与此同时，按市场容量和区域承载能力，全省积极完善提升县、乡(镇)、村(社区)的商贸网点，以物流配送为纽带，将农村流通网络"串联成珠"。在"最后一公里"，加快建设全省骨干农产品批发市场和农贸市场、便民菜店、生鲜超市等，积极探索线上线下融合一体化经营模式。截至2015年，全省共建起126家农产品批发市场、3847家农贸市场。

着力创新模式，推动农产品上网。截至目前，全省创建37个国家级电子商务进农村综合示范县，为全国之最，另有省级示范县20个。探索出以仁寿、资中为代表的"农户+合作社+电商平台三方合作"的农村电商模式，以渠县、中江为代表的"产品供给+综合服务平台+体验店"模式，以安岳、西充为代表

的"互联网+三产互动"模式。全省县级电商综合服务中心覆盖率超过60%,镇(乡)电商综合服务站覆盖率达33.2%,2016年第一季度,全省农村电商实现网络零售额119.02亿元,交易规模全国第四。①

---

① 黄大海、曾小清.现代流通体系发力 "川字号"农产品行销天下[N].四川日报,2016-06-15.

第八章　湖北省应对人口老龄化的典型调查

老龄化程度的加深给社会带来了巨大挑战,养老问题牵动着社会的每一根神经,影响着社会的和谐与安定。为了研究应对人口老龄化危机的对策,探讨如何建设养老服务体系,广泛动员社会力量,充分利用社会帮扶资源,实现更好地养老,达到缓解社会矛盾,调动低龄老人的能动性和积极性的目的,本文借鉴国内外应对人口老龄化危机的经验,从老年人力资源开发、社区养老、贫困地区助老扶贫三个方面,选取了武汉大学、武汉市武昌区东亭社区以及麻城市乘马岗镇三个单位进行典型调查。

第一节　武汉大学退休教师教学科研创业养老活动调查

如何开发低龄老年的人才资源,减轻人口老龄化对经济社会发展的压力,是人口老龄化研究的重要课题。武汉大学有8000多名离退休教职工(含校属人民医院、中南医院和口腔医院),退休教师在教学科研创业活动中取得了很大的成绩,总结交流他们的成绩和经验,对于开发老年人才研究,应对人口老龄化危机将产生重要的启迪作用。认真总结武汉大学做好养老工作的经验,对于指导大型事业单位做好养老工作有一定的借鉴意义。

一、做好教学工作,培养优秀人才

大学教师退休以后,大部分还在教育战线辛勤耕耘,教书育人。

1. 创办民办大学,是退休教师发挥余热的主战场

武汉大学与企业合作,创办了两所民办大学——东湖分校和珞珈学院。这两所民办大学的各学院院长(系主任)都是退休教师,专职教师中的高级职称教师全部是退休教师。这些退休教师在教学科研和实训实习工作中,起了领衔和骨干作用。经过十多年的建设,2011年4月,武汉大学东湖分校经教育部、湖北省政府批准,转为独立设置的全日制普通高校,定名为武汉东湖学院。在

校生 1.7 万人。2014 年、2015 年，文史类、理工类本、专科录取分数线位居湖北省同类高校第一，学校已成为享有良好社会美誉度的高等学校。珞珈学院于 2016 年 4 月，改制定名为武汉晴川学院，办学水平与武汉东湖学院旗鼓相当，难分伯仲。

武汉大学师资力量雄厚，在国内外影响很大。全国许多地方的民办大学前来慕名求师，诚心求教。十几年来，仅经济与管理学院，就有 40 多名退休教师在湖北、广东、福建、浙江、上海等地的民办大学任教，其中 18 人担任学院院长（系主任）。武汉大学成人教育学院前院长王文海教授，国际交流部前部长彭元杰教授，校办前主任任珍良教授等，在民办大学担任校级领导职务。

还有退休教师参与创办民办大学，担任校级领导职务。哲学学院张巨青教授，现在是 83 岁的耄耋老人，15 年前参与创办武汉商贸学院，担任校学术委员会主任，为学校的建设和发展，殚精竭虑，鞠躬尽瘁。生命科学学院教授利容千教授，在 2000 年参与创办武汉生物工程学院，担任校长职务。2014 年，老先生泰然仙逝，他参与创办的学校已成为生物工程特色鲜明的民办大学。在校学生 2 万多人，校园终年鸟语花香，四季风景如画，被誉为"中国最美丽的校园"之一。

2014 年，全国有民办大学 728 所，专任教师 29.40 万人，在校学生 587.15 万人，当年毕业生 141.96 万人。近十年来，培养应用型人才 1400 多万。据笔者从在湖北、广东、浙江、陕西等地民办大学任职任教的朋友处了解，民办大学在创办的头十年内，绝大部分是由公办大学退休教师担任学院院长（系主任），有的担任校级领导职务，专任教师中的高级职称教师绝大部分是公办大学退休教师。大学退休教师在学科建设中发挥了领衔和骨干作用。全国民办高等教育事业兴旺发达，大学退休教师功不可没。

2. 加强"五老"（老干部、老战士、老专家、老教师、老劳模）队伍建设，关心下一代工作呈现特色

通过校老年协会（以下简称"老协"）和二级老协推荐，目前有 300 多名"五老"成员分别在学校关工委教学督导组、党建工作组、理论宣传组、素质教育组、心理咨询组参加活动。在"五老"成员的带动下，参与关心下一代的老同志越来越多，全校有 800 多名老同志参加本科生教学督导工作、大学生党建工作、大学生素质教育和文化活动、大学生健康义诊和心理咨询活动、大学生环保宣传教育活动，形成了武汉大学的特色品牌。例如，由生命科学学院发起并在全校推广的烛光导航工程；由人民医院、中南医院和口腔医院 30 多名老专家、老教授参加的一年一次的"关心下一代，情系大学生"健康义诊和心理咨

询活动；由老年大学学员为主体的每年6月5日环保宣传主题活动；由老年社团和老年大学相关班级参加的"大手牵小手，手牵手同行"的文体系列活动；由200多名老教授组成的学校本科生教学督导团和院系督导组开展的"青蓝工程"等深受大学生和青年教师的欢迎。

3. 校老协调整办学思路，衔接教育取得成效

校老年协会充分发挥老教授的优势，开展学历教育和项目培训，为社会培养实用人才。四年来，先后开办"复合型人才培养"、"应用型管理人才培训"、"高自考辅导"、"商业高管培训"等，共培养学员900多名。2012年，教育主管部门规定了校老年协会的办学范围：一是"专套本"的衔接教育，二是中高端培训，停止办低端培训。校老年协会及时调整办学思路，把主要精力放在依托高职高专在校生"专套本"的衔接教育上，与武汉商贸学院、武汉商学院、长江职业技术学院签订合作协议，目前在校学生有1000多名。

二、开展科学研究，攀登科技高峰

退休教师学术水平高，科研经验丰富，在各自的专业领域做出了丰硕的成果。退休以后，他们壮心不已，继续在崎岖的科学道路上，攀登高峰。据校离退休工作处统计，近十年来，退休教师出版专著、教材191种，发表学术论文334篇，建言献策咨询报告14份；批准科研项目14项，课题研究13个；获得专利18项；获省部级以上奖励31项；在各种媒体发表文章2000多篇。

1. 在国防军工领域埋头苦干

在国防军工科研方面，许多退休教师隐姓埋名，埋头苦干，为加强国防、捍卫国家主权奉献了心血和智慧。测绘学院一位80多岁的老教授，退休后完成3项国防军工科研项目，为我国卫星导航定位系统发展做出了贡献。化学与分子学院一位年逾古稀的老教授，是国家载人航天工程生命保障系统研究项目的专家，专门研究解决航天员在太空中呼吸空气的问题。他们的研究成果荣获中央军委总装备部颁发的全军优秀科研成果科技进步二等奖。我国载人航天飞天成功，11位航天员身体健康，在太空中呼吸正常，顺利完成各项工作任务，都与生命保障系统的研究成果密切相关。现在，这位老教授又参加了核潜艇的科研攻关，专门研究解决在核潜艇上工作海军官兵呼吸空气的问题。

2. 在自然科学领域潜心探索

在自然科学领域，发表SCI论文和国外期刊检索论文是考查国家科技水平的重要指标。年满76岁的生命科学学院教授沈萍，巾帼不让须眉，退休后主持完成了2项国家自然科学基金项目，发表学术论文42篇，其中SCI论文36

篇。62岁的水利水电学院教授宋星原,发表学术论文17篇,其中4篇被国外期刊检索。

3. 在工程科技领域攻坚克难

在工程科技领域,76岁的土木建筑工程学院欧珠光教授,退休后主持、参与完成了高压闸门水封研究、四川锦屏一级电站160m级冲压缩水封形式试验研究、长江三峡升船机下闸首工作门冲压止水装置物理模型试验等科研项目,总研究经费928.8万元。科研项目完成后,研究成果在全国十多个大型水利工程中应用,研究水平在国内领先,部分处于国际先进水平。为国家节约了大量资源,一个项目就能创造成百上千万元的财富。

4. 在人文社会科学领域著书立说

哲学学院72岁的段德志教授,退休后在人民出版社、商务印书馆出版著作16部,先后荣获第八届、第九届湖北省社会科学优秀成果一等奖,是全省唯一获得这两届一等奖的学者。译著《神学大全》第一集被评为商务印书馆2013年十大好书之一;专著《莱布尼兹哲学研究》荣获教育部第七届人文社会科学优秀成果一等奖。

历史学院肖致治教授,88岁了,退而不休,笔耕不辍,出版著作11部,发表学术论文120篇。他主编的《鸦片战争史》在1997年荣获中宣部第六届"五个一工程"作品奖;2004年,他参与主编的《林则徐全集》获第四届全国优秀古籍整理图书一等奖;2008年,专著《黄兴评传》荣获首届中国出版奖图书奖、首届中国文化产业创新奖。肖致治教授光荣当选首届感动荆楚"十大杰出好人"。

马克思主义学院,76岁的梅荣政教授,退休后,作为中央马克思主义理论研究和建设工程首席专家、主要成员,参与主持、完成《马克思主义发展史》、《马克思恩格斯列宁历史理论经典著作导读》两部国家重点教材。主持完成国家重大科研项目一项,出版专著3部,在《求是》、《光明日报》等权威期刊发表学术论文100多篇。2009年,荣获教育部人文社会科学优秀成果一等奖;2013年,荣获教育部人文社会科学优秀成果二等奖。

三、创办高新技术企业,投身经济建设主战场

改革开放以来,武汉大学一批教师创办高新技术企业,投身经济建设主战场。创业之初,大多数教师年富力强。经过十几、二十几年的生产经营,企业发展壮大了,创业者进入了老年。他们坚守在高管岗位上,运筹帷幄,奉献余热。

第一节　武汉大学退休教师教学科研创业养老活动调查

退休教授钟金昌是我国电厂化学专业奠基人之一。1992 年，邓小平视察南方讲话不久，钟教授与青年教师陈义龙商量创办公司，将自己的一系列科研成果产业化。师生二人联系了几位老师，集资 6 万元，于 1992 年 6 月成立凯迪科技开发公司，钟金昌任董事长，当时 72 岁；陈义龙任总经理，当时 33 岁。凯迪公司确定依托学科专业优势做产业，重点解决电厂安全清洁生产难题，是利国利民的环保产业。由于钟教授在电力界的影响力，凯迪公司的产业化之路走得很快，成为电厂水处理行业的龙头企业。1999 年 9 月，凯迪电力 A 股股票在深圳证券交易所挂牌交易。陈义龙任董事长，并被选为湖北省工商联副主席；股东大会授予钟金昌"终生名誉董事长"称号。2011 年，凯迪公司发展成为阳光凯迪集团公司，总资产超 280 亿元，年收入超 100 亿元，年利润总额超 18 亿元。2011 年 5 月 9 日，钟教授以 92 岁高龄与世长辞，他所开创的阳光凯迪，正迎着朝阳蓬勃发展。

生命科学学院张廷璧教授，1994 年，他研制成功的"卟啉铁补血强化剂"列入国家火炬计划项目。该产品对于治疗缺铁性贫血有一定功效。红桃 K 集团将其定名为红桃 K，大规模生产销售，受广大用户欢迎。红桃 K 集团的产值、销售收入、利润均以年均 300% 的速度递增，到 20 世纪末，红桃 K 集团已成为闻名全国的高新技术企业。张廷璧教授担任集团副总裁、总工程师，持有企业 10% 的股份。2000 年，张教授的个人资产达 1.3118 亿元，成为湖北省第一个拥有亿万资产的科学家。这时，张教授 62 岁。他不满足，继续探索，发掘促进大众身体健康的新产品。他在红桃 K 集团履行高管职能，还成立武汉市彼尔生物医药技术公司，生产销售他开发的新产品"花栓豆"，力争为降低我国心脑血管的发病率做贡献。

为了更好地组织教师，创办高新技术企业，学校成立了高新技术产业发展部（后改名为资产经营管理公司），主要职能有：规范参控股企业的管理，确保国有资产保值增值；继续推进科技成果转化与产业化工作，搭建平台促进合作；发挥国家技术转移示范机构的引领带动作用，探索校地产学研合作结合点；继续组织教师参加各类科技成果交易会，广泛宣传推介产品，展示成果，扩大影响。学校参股控股的高新技术企业在不断成长壮大。

武大弘元股份公司是依托武大氨基酸技术成果创建的。武大氨基酸研究根据周恩来总理的指示，从 20 世纪 60 年代开始，经过十多年的探索，终于研究出从猪鬃中提取多种氨基酸的新工艺，研究成果 8 项获奖，在世界上处于领先地位。从 20 世纪 80 年代开始，武大通过办培训班和技术咨询等方式，支持全国上百家氨基酸工厂，其推广应用取得了年产值超过 10 亿元的经济效益，出口创汇总值超过10亿美元。曾任全国氨基酸协会会长、武汉大学生命科学学院副院长的刘爱福教授，从青年时代开始氨基酸研究，1989年开始创办武大弘元公司，现在已经72岁，担任公司副董事长、总工程师，把毕生心血献给氨基酸系列产品的研究开发应用，促进大众健康的惠民事业。

武大巨成结构股份公司是水利水电学院高作平教授创办的，主要从事对既有建筑物进行检测、设计、施工与材料四大经营方向。公司成立十几年来，已获得专利100多项，主编或参编了20多个国家和地方规范规程，完成工程项目6000多项。2016年，公司资产3亿多元，营业收入2亿多元，利润总额1千多万元。高教授年过花甲，志在千里，决心把巨成打造成建筑物改造的艺术大师。

经过20多年的努力，武汉大学已建成校办高新技术企业37家，2016年资产总额4.8亿元，实现利润总额1.87亿元。校办高新技术企业促进了科技成果产业化，壮大了学校的经济实力，实现了科研、产业、学科建设全面发展的目标。

大学教授在相关专业领域学习研究工作了几十年，积累了渊博的知识，丰富的经验，广泛的人脉，退休后很受企业欢迎。生命科学学院有一位教授，退休后先在民办大学任教，后来被一家企业聘为总工程师，年薪50万元，是在民办大学任教的10倍。要统计退休教师的工作情况非常困难。校离退休工作处曾经发表请退休教师填报，但反馈者很少，这项工作半途而废。仅据笔者了解，仅生命科学学院还有5位教授退休后在企业任职，收入颇丰，贡献更大。

四、建设养老服务体系，让离退休教职工健康快乐地安享晚年

武汉大学在原建制的基础上建立养老服务体系，学校和各院系、机关各处室、校直属单位都有一名领导分管养老工作，校离退休工作处专管养老服务体系。学校成立老年协会；各学院、机关各处室、校直属单位成立二级老年协会；各学院、机关各处室、校直属单位根据离退休人数的多少，设立1~3个离退休教职工党支部，做好离退休教职工的具体工作：组织学习党的重要文件，传达上级重要会议精神，了解离退休教职工的生活状况、具体困难和愿望，看望和慰问生病住院的同志，帮助去世者亲属办理丧事等。校老协和校离退休工作处关于建设养老服务体系，主要做了以下工作：

1. 关注民生反映民意，发挥桥梁纽带作用

校老协始终坚持以关注和反映老同志民生问题、维护老同志合法权益作为工作重点之一，及时了解和反映老同志最关心最直接最现实的利益问题。近几

年来，围绕生活补贴、医疗费报销、校外售房等问题，通过座谈会、书面报告、参加学校党代会、教代会等形式，向学校领导和有关部门反映。在校党委和行政的关心重视下，有些问题得到解决，有些问题正在努力之中。

关于生活补贴问题。学校召开专题会议，研究提高离退休人员生活补贴问题。2010年12月8日，学校下发了《关于增加离退休人员"成果共享"经费的通知》，新标准比原标准提高了30%。2012年12月学校执行武汉市的标准，实行"同城待遇"，从2010年1月开始补发、增发，按新标准全部落实到位，人均1万多元。

关于医疗方面的问题，校老协经过专题调研和广泛征求老同志的意见，形成了专题报告，呈送校领导、校医院等相关部门。学校为此召开办公会议并形成纪要，明确今后全校医疗费的预算将根据老同志的增加而增加，并适当增加校医院编制，引进人才，借助学校三个医院的优势开设专家门诊等。近几年来，校医院医疗服务水平逐年提高，医药费报销方式不断完善。

关于校外住宅售房问题，从2010年开始，校老协就多次参与方案征求意见座谈会，要求在分配原则和政策上向老同志倾斜。学校采纳了校老协的建议，将离休干部全部列入重点对象，并将年满70周岁以上、住房面积与相应职称差40平方米、且登记购买校外住房的退休教授列入重点照顾对象，仅此就有200户退休教授受益。

2. 办好老年大学，丰富老年生活

2006年，武汉大学创办老年大学，经过10年努力，已有10类20多门课程，每年办班70个，学员1200多人、2200多人次。常设的课程有：中国传统的琴棋书画、诗词歌舞、梨园戏剧、武林太极应有尽有；开放时尚的英语电脑、摄影图像、时装模特、拉丁摩登逐年完善。每天都有老年人在这里学习锻炼、演奏演唱，或者填词赋诗，或者对弈棋盘、球场竞技……他们过着丰富多彩、高雅时尚、老有所乐的幸福生活。

3. 围绕中心搞好配合，文化活动丰富多彩

武汉大学建校120周年等大事喜事，校老协配合离退休工作处、关工委、老年大学开展了系列庆祝和纪念活动。举办文艺演出4场，共96个节目；举办书画摄影手工艺作品展览4次，展出作品1600件；召开诗歌朗诵会4次，创作并朗诵诗词160首；组织开展庆祝建党90周年红歌比赛，共有30多名老同志参加；组织开展120周年"校庆杯"乒乓球比赛，共有10个球队参加团体赛，72名老人参加单打比赛。

校老协还组团组队积极参加校外的合唱、舞蹈、模特、交谊舞、乒乓球、

门球比赛活动，均取得骄人的成绩。丰富多彩的文化活动展示了武汉大学老同志的精神风貌，抒发了他们爱国、爱党、爱校的浓浓情怀。

4. 居家养老，培养教育子孙

武汉大学退休教师在他们处于低龄阶段时，即年满 70 岁之前，大部分仍在教学科研或者创业的岗位上工作。70 岁以后，才开始真正的退休生活。退休教师都有退休金，校园环境优美，生活设施完善，文化体育活动场地宽敞，大多数退休教师都采取居家养老方式。校园内，高龄老人、空巢老人、失能老人，一般请专人照顾，或者请钟点工帮忙。学校和院系领导定期对他们予以关心和照顾。退休教职工党支部经常与他们联系，帮助他们解决困难。经济条件好的老师，他们在南方北方都购有住房，过起了冬季南下夏季北上的"候鸟"生活。旅游是退休生活的重要内容，全国各地的旅游景点，五洲四海的风光胜景，都是退休老师们选择的内容。

许多老教师，尤其是女教师，退休以后，支持子女，照料培养孙子（女），含饴弄孙，其乐融融。武汉大学的子女遍布全国各地，世界各地。退休教师远涉重洋，到国外带孙子（女），是一道颇具特色的风景线。无法统计全校有多少老教师到国外带孙子（女）。仅以东中区 10 栋为例，这栋楼共居住 12 户教师，其中 4 户有子女移民海外，占总户数的三分之一。这 4 户教师在海外已繁衍子孙 29 人（含配偶）。这些子孙成人者都受过高等教育，大部分获得博士（或硕士）学位，跨进了中产阶级行列。中国人才走向世界，施展才华，有所作为，对于传播中国文化，弘扬中华民族自立于世界民族之林的精神，有积极作用。

第二节　武汉市武昌区东亭社区创建老年宜居社区调查

武汉市武昌东亭社区位于美丽的东湖之滨，是 20 世纪 80 年代武汉市第一个商业小区，居民楼 104 栋，居民 4644 户，15373 人，其中 60 岁以上老人 1681 人，空巢老人、独居老人、困难老人和重症老人约占 20%。经过社区工作人员和全体居民的共同努力，东亭社区已经建设成为全国社会服务示范社区。2015 年，国家民政部将其核定为全国和谐社区建设示范社区，湖北省老龄办将其核定为老年宜居社区。国务院前后两任总理温家宝、李克强都先后来东亭视察，看望平民百姓，表达党中央国务院对人民群众的关怀和爱护。

第二节 武汉市武昌区东亭社区创建老年宜居社区调查

一、党组织牵头，群策群力，为居民排忧解难

东亭小区建于1985年。30多年过去了，这个老旧小区也出现了很多问题，如楼顶水箱生锈、地下管网老化和化粪池漫溢等疑难杂症。在小区内没有一家实力雄厚的国有单位或民营企业，解决这些问题的难度很大。

2012年2月，王学丽担任东亭社区党总支书记、居委会主任。王学丽将改善老社区居民的生活设施，作为头等大事来办。家住13栋7楼的居民潘道谭说，以前，居民楼顶的水箱，长达20多年无人清洗，已生锈长虫，水质有腥味。她用了半年的时间，跑水务和燃气等单位，召开居民代表大会，争取各部门和居民支持，运用"惠民资金出一点、单位部门出一点、居民群众出一点"的办法，更换了64个水箱。居民们盼望使用天然气，王学丽找到各有关部门，兑现了社区居民用上天然气的承诺。

在居民心中，王学丽是位"解难"书记。平时，王学丽还为社区孤寡老人、残障人士、困难家庭等征集心愿。她请辖区20多个单位及其在职党员，为他们圆梦。经过多年努力，东亭社区刷黑了路面，整修了街道，种植了树木花草，把一个老旧的住宅小区改造成为绿树成荫，花草繁茂，环境优美的宜居小区。

二、整合资源，配套完善，建立"一圈五网"服务模式，让居民不出社区就可以得到全方位的温馨服务

在东亭社区内，有公办的幼儿园、小学和中学，小孩入托上学非常方便；为解决居民买菜不方便，引资修建了2000平方米的惠民菜场；建立了三家公共食堂，每个居民一天15元，就可以得到美味可口营养均衡的饭菜。

社区充分整合资源，主动和市场对接，建立"一圈五网"服务模式：即15分钟生活服务圈，15分钟便民服务圈、代办服务网、文化惠民网、生活照料网、医疗保健网、心理慰藉网。确保居民需要什么服务能就近找到人。他们引进百货、餐饮、家政、电力、电信、律师、社工、红十字紧急救护演练等服务项目，为商户免费做广告，在每家商户挂了牌，让居民不出社区就可以得到全方位的温馨服务。

东亭社区建有3个广场，1个大舞台，共计8000平方米的场地可供居民活动娱乐。社区现有1个社区卫生服务中心和1个老年公寓，1000平方米的医养结合居家养老服务中心和占地400平方米的免费素食馆可为社区及周边老年人提供全方位的居家养老服务。社区卫生服务中心每月两次开展卫生健康知

识讲座活动，为社区老年人建立健康档案，定期开展服务，定期体检，为社区居民提供免费咨询、检查、赠药和回收过期药品等活动，解决居民就近看病问题，增进居民健康意识和自我保健能力。社区鼓励周边社科院、工商局和东亭学校等有老年活动场地的单位向居民开放，通过轮流使用的方式，达到一场多用，既实现资源利用最大化又为老年人活动提供方便。社区配套完善周边老年人服务网点，形成食堂、超市、理发店、银行、物业维修、家政服务等服务设施，老年人生活需求一站式满足的便捷服务中心。

三、实行"网格+支部+团队"运作模式，对居民精准服务

东亭社区实行网络化管理，现有网格14个，负责采集信息、发现问题、服务群众等职能，为特殊群体提供计生、残疾、退休年审等12项代办服务。在楼栋里有网格公示牌，网格管理、采集信息是难点，也是精准服务的基础工作。为破解入户难的问题，网格员定制度，亮身份。网格员每天上午、下午到网格巡查。每天网格晨会、晚会，随机抽查网格员对群众的熟悉度。

比如谁家有人结婚了，谁家有人去世了，谁家老人65岁需办老年证，谁家老人需办高龄补贴了，谁家小孩需打疫苗了，网格员根据收集的信息，及时提醒居民，居民准备材料可直接办理，使网格服务更加精准、精细。

网格员有标准配置：有鞋套、手电筒、雨伞、民情日志、便民服务手册、工作手册、网格牌、网格包等。网格统一编号，社区将为每个网格绑定一个手机号码，网格员异动了，手机号码不变。这样最大限度地方便居民。

社区建立了区域党建议事厅。社区按照凝聚群众、巩固基础的目标，着力打造服务型、参与性、区域化、网格化的"两型两化"基层党组织。按照"1+6"治理模式：以社区党总支为领导核心，居委会、业委会、物业公司、辖区单位、社会组织、群团组织等党组织负责人共同参与，开展多元共治。社区党总支和党建联席会，业委会、物业公司都成立了党支部，业委会成员中有6名党员，社区党总支书记兼任物业公司总经理，实行交叉任职。东亭社区驻社区单位不多，实施"引进来"，党建联席会成员单位21个。在"党建引领"下，东亭社区党委实行社区、物业、业委会、单位"四方联席"，民主协商解决居民群众突出问题。

四、调查研究，倾听老人心声，明确工作方向

为了更好地开展东亭社区老年宜居社区创建工作，让社区老年人都能知晓和参与到老年宜居社区创建活动中，他们对社区老年人从经济状况、居住状

况、养老服务意愿、设施和环境改善意见等方面开展了入户摸底调查，倾听老人心声，明确工作方向。根据老年人的需求调查情况，确定了基础设施类5个、助老服务类5个，环境卫生类2个，共12个全方位的东亭社区创建老年宜居社区改造项目。在创建工作中，为了推动和扶持楼道爱心折叠椅和老年人家庭无障碍设施的改造，共为东亭社区高龄老人安装卫生间扶手400个，楼道座椅201个，手杖100个，坐便器60个。针对东亭社区老旧程度较高的特点，加强了对坡道、扶手、减速带等与老年人日常生活密切相关的公共服务设施的规划、建设、改造、维护和监管，坚持"预防为主，防消结合"的原则，为社区高龄、孤寡、空巢老人安装性能安全可靠，方便使用的灭火设备，定期组织开展老年人消防安全培训，教授老人防火安全自救常识和如何正确使用消防设备，提高老年人的消防安全意识和自护自救能力。社区建设了以逃生演练为主题的消防体验馆，武汉市消防大队将其作为全市社区消防站的样板在全市进行示范和推广。

五、创办老年大学，开展文化体育娱乐活动

东亭社区大力发展老年教育，先后创办武昌区社区教育学院水果湖街东亭分校和武昌区老年大学水果湖街分校，满足了老年人就学需求。老年大学既有中国传统的国学班、国画班、书法班，也有现代时尚的电脑班、模特班、歌舞班，还有民族特色浓郁的二胡班、古筝班、葫芦丝班等。共有33个班，700多人参加学习。社区老年人入学率达18%，老年教育参与率达20%。还有许多老人担任老年大学教师。

在老年大学学习的基础上，东亭社区组建了合唱队、舞蹈队、民族器乐队、太极拳队、乒乓球队、柔力球队等，经常组织演出和比赛。东亭社区文体团队有44支，各类演出团队33个，全年文化活动累计50次。在丰富多彩的文艺体育活动中，享受生活，享受快乐，享受积极健康的晚年。

六、童叟同乐，多代同乐，街坊邻里同欢乐

东亭社区把所有场地都拿出来为居民服务，设有网格管理服务站、"童叟同乐"多代屋、"夕阳苑"果蔬多代屋、"盛世天颐"居家养老等活动阵地，户外活动广场2000平方米，社区大舞台等设施。最具特色的是"小孩房"与"老人房"。

东亭社区有一间"小孩房"，社区利用"绿房子"（绿房子起源于法国，意在为0至3岁的孩子提供接触他人适应集体的场所）等阵地，与东亭学校、幼儿

园设立青少年活动站推行服务青少年的计划,开设多彩兴趣班。

十年树木,百年树人,对社区青少年进行教育,使其健康成长,不仅关系到家庭的幸福和社会的稳定,还关系到国家富强以及民族繁荣。东亭社区社会组织最具有代表性地是早教服务"绿房子",每周二至周六上午免费对居民开放,这个天地极大地满足了孩子和家长的日常生活需求,提升了多代居民的融合度。这里每天都有一群和蔼的志愿者,也有一群可爱的小朋友和家长,有的小朋友一起玩耍,总想抢其他宝宝的玩具,在得不到东西的时候号啕大哭。为此绿房子经常开展寓教于乐的系列活动。关爱儿童快乐成长有你、我、他,让孩子们的笑容更加灿烂。

东亭社区还有一间"老人屋",社区利用居家养老服务,使社区独居老人、空巢家庭老人老有所养、老有所依。我们每一个人都有父母,每个父母都会一天天变老,帮老之举、解难之基重在感情和行动。东亭社区有一位98岁高龄的老人朱爷爷,子女不在身边,平时靠小保姆照顾生活起居,由于年岁已高,身体差,经常生病,社区居家养老成员经常入户看望,并时常带着老人下楼晒晒太阳,享受大自然的快乐,逢年过节社区工作人员还带着礼品进行慰问,老人对社区的关怀感到非常满意,现在老人虽然离世,但是社区居家养老的贴心服务还在继续。

七、欢度节日喜盈盈,集体庆生乐融融

每逢节日、生日,东亭社区都要开展各种生动有趣的文化、文艺、体育或游戏活动,一年四季,社区男女老少融汇在欢快和谐的氛围中。

"喜气临门红色妍,家家户户贴春联;旧年辞别迎新岁,时序车轮总向前。"每逢春节,社区老年人和社区青少年一起写春联,送给家家户户。

1. 邻里"粽"有情

绿粽飘香,又是一年端午节,东亭社区以"民族节日,代代相承,同享端午,共品粽香"为主题,组织社区党员、志愿者和社区居民在东亭广场开展端午节包粽子爱心传递活动。当天东亭社区和盛世天颐养老服务中心提供包粽子原料粽叶和糯米,由社区志愿者和居民包粽子,随着活动开始,大家兴高采烈包起了粽子,场面十分火爆。

2. 欢庆国庆喜迎重阳健步行

在重阳节来临之际,东亭社区组织社区老党员、老年居民、老年志愿者到沙湖公园开展"欢庆国庆喜迎重阳健步行"活动。在健步行过程中,年轻居民步履矫健、神采奕奕,老同志也不甘示弱、脚步利索,紧随其后,十月的沙湖

公园空气清新怡人、阳光明媚。健步途中大家边走边看沙湖的美景，不知不觉地就走完了全程。

3. 九九重阳，悠悠爱心

重阳节，开展了关爱辖区空巢老人、看望百岁老人和困难卧病老人慰问活动，给他们送去节日的问候和诚挚的祝福。东亭社区社会组织"弘文尚德"关怀老人活动在东亭社区养老中心举行，活动中心的老人们脸上洋溢着幸福及快乐的笑容，省委宣传部喻部长在会场上对大家宣扬"感恩父母，尊老敬老，中华传统美德"，为老人送去节日的问候及祝福。东亭社区为老人安排了重阳特色美食，供老人品尝。"慈母手中线——特色饸饹面""游子身上衣——蔬菜包饭""慈孝馒头""九九菊花宴""福禄寿宴"等慈孝宴寓意温馨，味道鲜美。最后，社区工作者为老人送去舞蹈"小苹果"，欢快的音乐迎来了老人的阵阵掌声。

4. 集体庆生，乐享生活

2016年4月7日，东亭社区联合盛世天颐养老服务中心在东亭社区居家养老中心开展了为社区老人集体过生日活动。活动现场一片欢声笑语，十三位寿星老人、社区困难老人和工作人员欢聚一堂。活动开始了，盛世天颐舞蹈队表演的舞蹈《红灯笼》带来一片欢乐喜庆，东亭社区京剧班表演的京剧《智取威虎山》赢得满场喝彩，东亭社区合唱团的《红梅赞》歌声慷慨激昂，鼓舞人心，社区文化志愿者李贻清的诗朗诵《老人是秋天的诗》引起现场老人的强烈共鸣。文艺表演结束后，东亭社区和盛世天颐的领导一起切生日蛋糕分给在场的老人，老人们开心地吃蛋糕、唱生日歌，现场一片欢乐。

为了庆祝振振等小朋友们的生日，社区这个大家庭的成员们一起齐聚到东亭社区居委会，大家一起分享美食，玩游戏，其乐融融。

时值暑期，为了促进居民之间、亲子之间的感情交流，增强小朋友的社交能力，帮助一些独生子女们认识新的小伙伴，8月19日上午，水果湖街东亭社区开展了快乐生日会活动，辖区的26位小朋友和他们的家长共同度过了一个热闹难忘的庆祝会。

幼儿园是小孩子踏入正式学习的第一步，东亭社区联合志愿者举办了庆祝开学的活动，提高孩子对幼儿园的兴趣，鼓励他们在幼儿园里开心快乐的学习。为了促进社区与居民之间、居民亲子之间的感情交流，增强小朋友的社交能力，社区这个大家庭的成员们一起齐聚到东亭社区居委会，大家一起分享美食，玩游戏，其乐融融。

这是一个非常特殊的日子，东亭社区社会组织"绿房子"两周岁了！他们邀请了法国驻武汉领事馆领导参加，社区儿童、家长、社区工作者，欢聚一堂庆祝"绿房子"两周岁生日。

在凛冽的寒冬，社区老年人们带着孩子前来东亭社区参加社区活动，大家欢聚一堂，其乐融融。

在炎热的夏天，社区老年人带着小孩前来社区纳凉点，大家一起看电视、吃糖果、玩游戏，老少欢快和美。

社区开展"大手牵小手，快乐常常有"亲子活动，通过游戏活动，获得愉悦的情绪体验，锻炼身体、培养勇敢的品质、团结的合作精神。每次亲子活动，都促进了家庭之间的联系，加深了社区与居民彼此的沟通！

东亭社区举办"邻有情趣运动会"，丰富居民群众的文化生活。拔河比赛、贴鼻子、快乐套套圈等项目，社区居民积极踊跃参加，大家兴致高昂，精神振奋，赛场气氛异常活跃。比赛中加油声、欢笑声不绝于耳，运动会场沉浸在一片欢乐和谐的氛围中。

八、组织社会力量参与为老服务

东亭社区居委会只有18名专职工作人员，怎样完成那么多的服务工作呢？社区党总支书记居委会主任王学丽同志说："坚持以党建引领社会治理创新，按照'区域党建一体化、社会治理一张网、多元主体一股力'路径，社区治理必须有更多社会力量协同参与。我们孵化引进社会组织32个，组建志愿者服务队，人员达到2000余人。既有绿房子、东亭社工站等公益类组织，也培育了东亭义工队等自助组织，还有乒乓球协会、舞蹈队等群众文化团体组织，为居民提供居家养老、早期教育等特色服务。他们既是公共服务的参与者，也是提供者和享受者，成为社区治理的有力帮手。"

东亭社区为落实鼓励和支持社会力量参与为老服务的工作，引进了盛世天颐养老服务组织，培育3个社会组织"七宝巡逻队""文明养犬萌宠协会""丝网花学艺班"，社区老年人积极参与，极大丰富了社区老年人的生活。东亭社区积极探索建立养老服务和互联网的联系，通过微信公众号平台和线上线下互动模式，实现了社区对老年人个性需求的"知情—分析—落实"的有机融合，打造"互联网+养老服务"发展模式，为老年人提供健康管理、居家照护、老年教育、公益服务以及童叟同乐五大服务体系，为社区老年人积极打造了足不出户就能实现基本生活需求的全新生活区。社区垃圾实行集中收管、分类回收，清运定点、及时。及时更换果皮箱、垃圾箱等环卫设施，加强社区园林和绿化养护，做到绿化面积大、无卫生死角、无污水流，推进老年宜居社区环境建设。

社区全部安装了照明路灯，确保居民出入平安。加强居民小区楼院的绿化美化建设，绿化率达60%以上，为社区居民创造了一个良好、舒适的生活空间。

随着越来越多的社区居民积极参与，宜居社区理念目前已逐步深入人心，东亭社区创建安全、稳定、和谐、宜居的社区环境日益成型，创建工作取得了良好成效，形成了"社区是我家，宜居靠大家"齐抓共管的良好社会氛围。

第三节　麻城市乘马岗镇人口老龄化状况与对策调查

湖北省麻城市乘马岗镇①地处大别山区，全镇版图面积298平方千米，辖43个行政村，257个村民小组，15459户，62098个村民。现有耕地6万亩，山林22万亩，水面5000多亩，是一个山区农业乡镇。

1927年11月，鄂东爆发了著名的"黄麻起义"，麻城县乘马岗区是主要的策源地之一。从此，乘马岗有两万多人参加红军，六千多人参加长征，在20多年的浴血苦战中，大多数人英勇牺牲了。在烽火连天的大别山区，在长征的雪山草地，在壮烈西征的祁连山脉，从西部的帕米尔高原，到东部的山东战场，从北方的白山黑水，到南国的海南岛，在中国革命的重要战斗中，都有乘马岗的儿女献出了宝贵的生命。中华人民共和国成立后，当年浩浩荡荡的两万多人的红军队伍，只有200多人幸存。在他们当中，走出了大将王树声，上将王宏坤、陈再道、许世友等33位开国将军和88位省军级领导干部。2014年11月13日，乘马岗镇被上海大世界吉尼斯中心授予"中国第一将军乡"称号。

一、理清发展思路，增强经济实力

在革命战争年代，国民党军队反复清乡剿杀，房屋被烧，山林被毁，共产党人被屠杀，百姓生活在水深火热之中。中华人民共和国成立后，在党和政府的关怀下，老区经济建设迅速恢复，民生逐步改善。党的"十八大"以来，党中央加大了扶贫力度，提出了扶贫攻坚的要求，促使乘马岗各项事业兴旺发

---

① 湖北省麻城市，原名麻城县，1986年撤县设市，更名为麻城市。乘马岗镇原名乘马岗区，1932年，民国政府为"剿共"之便，新成立河南省经扶县，将原乘马岗辖区的4乡、6乡、7乡部分区域、9乡全部划归河南省经扶县。中华人民共和国成立后，河南省经扶县更名为河南省新县。麻城市，1987年撤区建乡，1999年并乡建镇，乘马岗区就是现在的乘马岗镇。

达，经济实力逐步增强。

"十二五"期间，全镇人民紧扣"打造红色文化平台，推进新型城镇建设，发展高效特色产业，实现脱贫致富目标"的发展思路，励精图治，奋力进取，埋头苦干，各项工作都取得了很大的成绩，全镇的经济实力大大增强。五年来，累计实现地区生产总值61.2亿元，完成全社会固定资产投资4.2亿元。2015年，全镇居民人均可支配收入4981元，比2010年增长2101元。金融机构存、贷款余额分别达到5.8亿元和1.5亿元，是2010年的1.8倍和1.2倍。各行各业出现了兴旺发达的新气象。

(1) 农业稳定发展。粮食实现"十二年连增"，年产量稳定在3万吨以上。

(2) 林业欣欣向荣。五年来，共植树造林13600亩、森林抚育及长防林补植5760亩。现有过2万平方千米的林场15个，全镇森林覆盖率在70%以上。

(3) 畜牧业如火如荼。建成了将军湖万头养猪场、江树种鸡养殖场、颜家河生态养牛场、落衣山种猪养殖场等30多个基地。

(4) 平安农机、生态渔业意识逐步形成。

(5) 招商引资蓬勃发展。引进金马鞋厂建成流水线8台套，解决群众460人务工增收，人均年薪20000元；引进祥福顺花生厂，北京老干部南方疗养基地正在加紧建设；新引进九头鸟、黄商等超市3家；全镇新增规模上工业企业3家，限额以上商贸零售企业2家，重点服务业1家。

(6) 市场主体逐步形成。培育出骑路铺葡萄种植园、王家河苗木种植基地、王富村养牛场、得胜寨养牛场、上马石养鸡场、李家畈野猪场、肖家山天麻种植场、石河村猕猴桃种植场等一批市场主体198个。

二、传承革命精神，建设美丽农村

在和平建设时期，乘马岗人民在政府的支持下，开展了大规模的农田水利建设和村镇基础建设，仅"十二五"期间，就接收政府投资筹资4.2亿元，完成国土整理项目3万亩，建成4亿斤粮食稳产田；整险加固319座小型水库、3座集中供水站；完成水土保持工程2000亩；兴建了3座大桥，新建改建便民桥22座。

在镇区建起了变电站、水厂、电视转播机、电讯大楼、无线机站等基础设施，使山镇居民像城市居民一样地使用水电网络；镇区办起了高中、初中、小学、幼儿园，少年儿童可以就近入学、入托，享受公平教育；镇区福利院、卫生院，为居民提供医疗卫生服务，"五保户"入住福利院，集中养老。镇区公安派出所、司法所、法庭、信用社、邮政电信支局、农贸集市、商店、药店、粮油加工厂、石油加油站等设施配套完善。镇区面积1.5平方千米，镇区大部分居民配置电脑，有一百多户农民购置了小汽车。农民使用微信视频聊天、开小汽车旅游渐为时尚。

镇村之间硬化公路全线贯通，村组之间的公路升级工程正在推进。村村建有小学、幼儿园、托老所、卫生室、小型超市，农民生活非常方便。还有骑路铺、江树、王福店、石河、白果树、乘马岗、大河铺、李家畈、院子、易家畈、康家河、围棋畈等十几个村庄已建成了美丽乡村示范点。

现在乘马岗大地上，青山树木葱茏，绿水清澈见底，田野禾苗茁壮，村庄整洁美观，乘马岗人民正在走向小康的道路。

三、狠抓精准，脱贫致富强攻坚

乘马岗经济建设取得了很大的成绩，人民生活在逐步改善，但与全国相比，还有很大的差距。乘马岗居民人均可支配收入还不到全国平均水平和湖北平均水平的一半。脱贫攻坚是乘马岗的重要任务。镇党委和政府坚持整体推进与脱贫精准到户、争取支持与自身奋斗相结合，汇聚各方力量，积极构建政府、市场、社会协同推进的大扶贫开发格局。找准致贫"病灶"，坚持"靶向帮扶"，把精准扶贫抓紧、抓准、抓到位，确保全镇贫困人口于2018年实现精准脱贫。

1. 强力推进产业发展

寻求市场主体对接，用活盘活小额信贷资金，引导群众改变耕作习惯，发展规模产业、特色农业。加强扶贫项目监管，规范扶贫产业项目租赁。小额信贷工作名列麻城市前5位，借助金融支持，将乘马岗镇建设成为金融诚信镇、金融支持脱贫示范乡镇。

2. 狠抓扶贫政策落实

加强扶贫政策宣传力度，及时检查和督办扶贫政策落实情况，加大对新增贫困户帮扶需求的摸底排查，及时申报各种扶贫项目。确保医疗救助政策贫困覆盖率100%，教育扶贫覆盖率100%，惠农补贴发放率100%。对扶贫领域违纪违法行为"零容忍"。

3. 加快易地搬迁进度

对易地搬迁项目工程进行循环督查督办，确保快速、高质、安全推进。确保乘马岗镇342户675人易地搬迁不漏一人。加强唯一住房倒房户、危房改造户、减震抗灾示范户的项目申报和资金监管工作。真正让所有农户住的安全。

4. 强化结对帮扶

强化党员干部包保职责，细化脱贫任务，责任上肩，建立脱贫进度倒逼机制，工作落实问责机制，切实做到不脱贫不脱钩，确保脱贫验收。全面开展模拟验收工作，建立脱贫验收问题清单，强化脱贫验收问题导向，逐一督办，逐一消项，坚决杜绝数字化脱贫、应付式脱贫。

经过全镇干部群众的共同努力，乘马岗镇的精准扶贫脱贫取得了新进展。2015年全镇把精准识别贫困人口作为核心基础来抓，共识别出贫困户3583户10590人，建立"一户一档"，精准推进政策落实。两年多来，全镇共计易地搬迁户623户1088人。在医疗救助方面，全镇所有贫困户家家户户办理了《医疗救助证》，从2016年4月至8月全镇贫困户享受医疗救助住院报销人数共539人；全镇初中及以下学生享受教育扶贫资助共有1285人，发放教育扶贫资金共计60多万元。高中和大学阶段贫困学生已经由市教育局集中办理了扶持手续。在小额信贷方面，全镇43个村已完成授信3048户，授信金额3105万元，实际用信222户，贷款金额850.9万元；在政策兜底方面，享受五保437户508人，每人每年补助6800元；低保915户2444人，每人每年享受3420元低保金，已经发放到户。

四、积极应对人口老龄化，促进经济发展

改革开放以来，大批青壮年进城务工，使乡村人口老龄化比较严重。2015年，乘马岗有65岁及以上的人口6522人，占总人口的比重为10.5%，比全国平均水平高1.63个百分点。针对人口老龄化带来的压力，乘马岗主要采取了四项措施，促进农村经济发展。

1. 推广农业先进技术，实施科学种田

因为大量青壮年进城务工，乘马岗农村水田面积有抛荒趋势。镇党委、政府及时组织农业技术推广部门编印水稻轻简栽培技术要点，培训留守在家的妇女和老年人员，让群众进行学习水稻轻简栽培技术，减轻了劳动强度，提高了劳动生产率。

2. 组织专业合作社，发展特色农业

乘马岗镇现在已成立了87个专业合作社，组织村民集体致富。江树村在上级有关部门的大力帮扶下，村"两委"一班人攻坚克难，带领群众脱贫致富，全村形成了特色养殖、花卉苗木等高效特色农业。江树村成立了4个专业合作社，全村300多户，1000余人入社。分别有养鸡、养殖黑山羊、养殖黄牛、种植花卉等合作社。特色农业的发展，让村民日子越来越好。现在全村90%的居民盖起了楼房，很多人在城里买了房，还有30多户买了小轿车。

3. 加快土地流转,促进农业规模化经营

规模化经营是发展农业的根本出路。按照中央关于农村土地承包权和经营权分置的政策,乘马岗适时开展了土地流转工作。该镇土地流转的形式有三种:

(1)无偿转让。个别外出打工的农户,自愿放弃承包经营权,将土地无偿转移给其他农户。早在2003年,丁家畈村民丁绍全通过转让流转水田10.5亩种植水稻,产量过万斤。到2016年,全镇土地流转面积已有7104亩,像丁绍全这样的种粮大户日益增多。

(2)开发"四荒"(即荒山、荒沟、荒丘、荒滩)土地。举水河支流跳石河流经乘马岗村、得胜寨村、王福店村等十几个村,沿途荒滩面积3000余亩,上述村庄将闲置的荒滩集中起来流转,增加了村集体收入,把荒滩变成了财富。

(3)涉农公司流转。武汉升达公司在王家河村建立农业生态园,已种植樱花、红叶宝石、红枫、香樟等十几种观赏树木,还与150余户农户签订合同,租地种植观赏树木15万株,在红色的革命老区建成了绿色的旅游景点。

4. 创办乡镇企业,提高经济效益

全镇办起了123家乡镇企业,2015年共实现生产总值4.1亿元,占全镇生产总值的37%。王福店村乡镇企业搞得较好,二组村民陶为银创办养鸡企业,2015年(以下均指2015年)营业收入90万元,利润30万元;二十四组村民熊加海创办装修公司,年营业收入400万元、利润60万元;二组村民肖远清创办建筑公司,年营业收入600万元、利润100万元;六组村民吴联禄创办石英加工厂,年营业收入700万元、利润130万元。

第九章 应对湖北省人口老龄化对区域经济影响的对策

人口老龄化对区域经济发展有着广泛而深刻的影响,随着人口老龄化程度的加深,其对区域经济发展的影响效果会更加明显。因此,应该采取多方面的应对措施,促进区域经济发展。下面分别从五个方面给出有针对性的建议。

第一节 全面落实"两孩政策",提高人口出生率

提高人口出生率是应对人口老龄化危机的主要措施之一。在人民生活水平不断提高,医疗保健条件逐渐完善,人口寿命将继续增长这种情况下,只有提高人口出生率,多生孩子,才能有效增加劳动人口,降低老年人口抚养比,减轻人口老龄化的负面影响。政府针对我国老年人口规模大、人口老龄化进展快、社会抚养负担重等特点,2015 年,党的十八届五中全会决定,"全面实施夫妇可生育两个孩子政策",在全国产生了重大影响。经过一年的宣传贯彻落实,全面两孩政策平稳落地。2016 年,全年出生人口 1786 万人,比上年增长 8%。在育龄妇女总量下降 500 万左右的情况下,出生人口明显增加,两孩出生占比从 2013 年以前的 30%左右到超过了 45%。这说明两孩政策的实施正当其时,政策效果十分明显。

全面实施两孩政策以后,很多人都认为这个政策好,但同时又觉得养育孩子的成本太高了,实在不想生。根据国家卫生与计划生育委员会 2015 年生育意愿调查的结果,因为经济负担、太费精力和无人看护而不愿生育第二个孩子的分别占比 74.5%、61.1%、60.5%。[①] 针对以上情况,本书借鉴国外成功经验,分析影响落实全面两孩政策的相关因素,提出提高人口出生率的政策

---

① 大众网:养育负担太重不敢生二胎 http://www.dzwww.com/xinwen/guoneixinwen/201701/t20170122_15468442.htm.

措施。

一、两孩政策出台的背景

由于我国人口众多，人均资源太少，不利于经济建设、环境保护和人民生活水平提高，政府从20世纪80年代开始实行了以独生子女政策为核心的计划生育政策。这一政策的实行，有效地控制了人口的急剧增加，促进了经济发展和人均国力的提高。

2000年，我国65岁及以上年龄的人口占总人口的比例为7%，标志着我国开始进入了人口老龄化时期。到2015年，我国65岁以上年龄的人口达到2.22亿人，占总人口的比例为16.1%。我国老年人数量之大，人口老龄化进程速度之快，社会抚养负担之重，均居世界前列。人口老龄化的社会危机，对生育政策的改革提出了要求。

在学术界最早提出两孩政策的是中国人民大学社会与人口学院院长、中国人口学会副会长翟振武教授。他的研究组提出，从2011年开始，在部分省份试点"单独两孩"政策（即夫妻一方是独生女就可以生育二胎），逐步放开，到2015年在全国放开。翟振武教授的建议得到原国家人口计生委主要领导的支持，试点工作也开始实施。

主流人口学家们认为，放宽生育政策不会导致人口激增，还能带来促进出生人口性别比正常化，缓和社会矛盾等诸多益处。当时的国家计生委，从1980年代中期开始，选取甘肃省酒泉市等四个地区的农村进行全面二胎试点——即无论夫妇双方是否为独生子女，都可以生育第二胎。试点结果显示，从1990年代开始，酒泉的人口出生率和自然增长率持续下降，一直低于甘肃省和全国的平均水平，并未现人口激增。酒泉的出生人口性别比已回到106.30、106.83的正常水平。试点其他三个地区数据也基本如此。而全国实行独生子女政策30年后的2010年，出生人口性别比已上升到118.06，导致全国出现了3000多万个男性光棍。独生子女政策改革势在必行。①

湖北省长阳五峰两县地处老少边穷山区，2000年经省人大批准，在全县实行普遍允许生育二胎的政策以来，既没有出现出生堆积，也没有出现生育反弹，2007年这两县生育率分别只有0.88%、0.90%。

2013年，党的十八届三中全会决定启动实施"单独两孩"政策。2015年10

---

① 翟振武，李龙."单独二孩"政策的回顾与展望[J]. 人口与计划生育，2015(3)：8-10.

月 29 日,党的十八届五中全会决定:坚持计划生育的基本国策,完善人口发展战略,全面实施一对夫妇可生育两个孩子政策,积极开展应对人口老龄化行动。在党中央决策的指引下,两孩政策在全国全面推开,相关政策措施陆续出台。

二、养育孩子的经济成本

关于培养孩子的费用,著名社会学家徐安琪提出培养一个孩子到大学毕业要花费 49 万元,在社会上产生了广泛的影响。① 徐安琪是以上海市徐汇区为研究对象,采取抽样调查的方法,按 2003 年的不变价格统计计算出来的。父母生养孩子的直接经济成本包括:孕产期 1 万元,0~16 岁 25 万元,16 岁至高校毕业 23 万元,合计 49 万元。不同阶段孩子的费用在家庭总支出中所占的比重为 39%~52%。如果再加上孩子孕育到成长过程中,父母误工、减少流动、升迁等自身发展损失的间接成本就更高了。

徐安琪养育孩子的经济成本是按 2003 年的不变价值计算的。但是,价格是不断上涨的。按照国家统计局公布的居民消费价格的定基指数计算,2003 年的 49 万元,到 2016 年就上涨为 71 万元。

在养育孩子的经济成本中,占比最高的当属教育成本。教育成本费用,有必收费用和附加费用。

学校必收的费用,如学费、学杂费、书本费等。还有屡禁不止的违规收费,如强制推销的教辅参考书、报纸杂志、指定的文具用品、商业保险、营养品、纯净水、校服,强行要求的收费补课、培训,收费高或孩子并不喜欢的游乐活动等。这些屡禁不止的违规收费,虽然是违规的,但对于学生家长来说,都是必交的。

附加费用既是与孩子教育密切相关,又是可有可无的。有的父母为了把孩子培养成才,从幼儿园开始就交赞助费、择校费,把孩子送进重点小学、重点中学、"贵族学校";带着孩子参加课程培训班、才艺培训班、课外辅导班;有的家长为了进重点学校,或者希望老师对自己的孩子多加关照,送礼、送钱。像这样的家庭养育孩子的附加费用就很高了。

---

① 徐安琪:孩子的经济成本:转型期的结构变化和优化[J].青年研究,2004(12):1-8.

三、全面落实"两孩政策"的举措

（一）对育龄夫妻给予经济支持

经济负担太重，是不愿生育第二个孩子的主要原因。政府要把减轻经济负担——经济支持作为实施两孩政策的重要措施。国家卫生计生委等5部门作出了《关于进一步做好计划生育特殊困难家庭扶助工作的通知》，统一规定城乡特别扶助金的标准是每人每月340元，并建立动态增长机制。

这个规定解决了特殊困难家庭的生育难题。对非特殊困难家庭如何进行经济支持呢？笔者建议借鉴欧洲国家的经验，减免个人所得税和补助一般困难家庭。个人所得税的计算，与收入、减除费用和税率三者相关，制定税收法规是税务部门的职能。笔者建议，采用简便的方法，每个孩子每月减缴100元个人所得税；没有达到缴纳个人所得税水平的，属于一般困难家庭，每个孩子每月补助100元。

经济负担重，就重在教育支出太多，尤其以高等教育为甚。如何为家庭筹措高等教育费用呢？借鉴加拿大的经验，建立注册教育储蓄计划。家庭经申请、政府批准设立注册教育储蓄计划账户后，就可以往账户存钱了，每存入一笔款项，不仅得到本金和利息的收益，还可以得到政府给予本金额20%的补助。从孩子出生到年满18周岁，每年都可以办理。这笔钱专门用于孩子上大学的费用，包括学费、住宿费、书本费、电脑费、校内餐费、电信费等。家庭如果急需用钱，也可以从该账户中支取，但相应的政府补助金必须退还给政府。这样，一个生养两个孩子的家庭，每年存入2400元（这相当于一个孩子每月存入100元），就可以得到480元政府补助金，按期我国目前央行规定的五年期定期存款利率2.75%，按年金复利终值的计算方法计算，18年后的本利和就是63842元。这些钱可以支付两个孩子上公办大学的学费。这种作法，为国家增加了储蓄，为民众解决了上大学的费用，是利国利民之举。

（二）办好托儿所、幼儿园，加强儿童学前教育

养育孩子太费精力和无人看护，是影响生育第二个孩子的重要因素。据国家卫生计生委调查统计，约有60%的家庭就是因此而不愿生育第二胎。怎样解决这个问题呢？就是办好托儿所、幼儿园，加强儿童学前教育。

学前教育是教育事业的一部分。我国的学前教育取得了一定的成绩。2014年，我国有学前教育机构20.99万所，教职工314.22万人，专任教师184.41

万人,在园幼儿 4051 万人;其中在民办幼儿园的儿童 2125 万人,占 52%。①但是,从总体上看,学前教育仍然是各类各级教育中的薄弱环节,教育资源严重不足,城乡发展不平衡,师资队伍不健全,一些地方"入园难、入园贵"问题比较突出。托育服务短缺非常严重。0~3 岁婴幼儿在我国各类托幼机构的入托率仅为 4%,远低于一些发达国家 50%的比例。在我国 80%的 0~3 岁婴幼儿是靠祖辈抚育的。

针对这一学前教育的短板,教育部研究制定《关于实施第三期学前教育的意见》,要求加快普惠性幼儿园建设,进一步优化学前教育资源配套。要公私并举,使幼儿园建设有新的进展。在城镇每一个社区,农村每一个村,都要有一所公办幼儿园;要鼓励投资人利用场地、设备和人才资源兴办托儿所、幼儿园;新建小区要把中心地段用于建设幼儿园,使婴幼儿能够就近入托。托儿所、幼儿园要适当延长工作时间,有条件的要办理寄宿入托,为工作忙碌的家长排忧解难。教育部门要制定幼儿园工作规程,经常检查落实,确保保育质量。要大力培育幼教人才,提高幼教质量。

(三)重视家庭教育,效果事半功倍

父母是孩子的第一个老师,也是孩子终生的老师。父母的言行举止、待人接物、生活习惯都在影响孩子、教育孩子。孩子通过家长(父母和祖辈)的语言学习语言,通过家长和别人的交往学习和别人的交流,通过学习父母的表情来丰富自己的表情。尤其学龄前儿童更是如此。因此,家庭教育是整个教育的基础的基础,关键的关键。

很多家长认为,自己好好工作,挣钱养家,让孩子吃好、穿好、生活好、身体健康就行了,教育是学校的事,这是完全错误的。只有搞好家庭教育,尤其是学前教育,把孩子培养成品行端正、有学习习惯和生活自理能力的好孩子,再通过学校教育和社会教育,孩子就能成为有用之才。反之,不重视家庭教育,把孩子扔给学校和社会,孩子养成了许多不良习惯,将来屡教不改,后悔莫及。因此,家庭教育是孩子参与社会竞争的起跑线。搞好家庭教育会得到事半功倍的效果。

家庭教育的关键是陪伴。父母(包括祖父亲)和孩子在一起吃饭,在一起说话,在一起交流,无时无刻不是在进行着交流和学习。孩子一岁以后,有了初步的认知能力,就要给孩子"阅读"。现在,供孩子阅读的材料很多,有图

---

① 国家统计局:中国统计年鉴——2015[M].北京:中国统计出版社,2016:697-699.

书、卡片,还有许许多多音像制品。给孩子看看卡片、图书,听听儿童音乐,看看早教视频,讲讲小故事,做做小游戏,带着孩子逛公园、参观博览会,教孩子穿衣叠被、刷牙洗脸、生活自理,朗读、背诵唐诗宋词、三字经、弟子规,等等,都为孩子养成良好的品行和学习习惯打下了基础。如果家长一到家,除了做饭、洗刷,就去看电视、看手机、玩游戏、打麻将,对孩子不管不顾,放任自流,将来就会自尝苦果。

家风是影响家庭教育的关键。夫妻恩爱、尊老爱幼、团结邻里、助人为乐、廉洁自律,这样的家风熏陶,必将对孩子的成长产生巨大的影响。反之,如果家长酗酒闹事,夫妻争吵,虐待老人,打骂孩子,那么就会产生两种后果:一种是孩子不想回家、不敢回家,甚至离家出走;另一种是有其父(母)必有其子(女),把孩子带坏了,难以教育成才,家长必然会自尝恶果。

(四)促进教育公平,减轻学生负担

义务教育的公平是指每一位适龄公民都能够享受同质、同量的义务教育,不因经济、地域、身份等因素而导致机会受限或资源的差异性分配。[①] 但是,恰恰是由于经济、地域和身份等因素的影响,在我国教育不公平的现象相当严重。义务教育不公平导致学生和家长负担过重,是家长不愿意生育第二个孩子的重要原因。

在城镇,由于校际之间的差距,为了能让孩子能进入教学设备条件好、师资队伍强的学校(含初中、小学),家长不惜购买"天价学区房",或者缴纳昂贵的"择校费",还要加上送礼行贿,如此重负真要把家长"逼疯"了;学生为了在"小升初"、"初升高"和高考中取得好成绩,不得不起早贪黑、死记硬背,在书堆中挣扎,在题海中苦熬,真是苦不堪言。

北京市促进教育公平采取了三大措施:一是整合教育资源,全方位加大对薄弱学校的扶持力度,促进义务教育均衡发展,降低择校需求。二是深化干部教师交流,缩小城乡、校际之间师资水平差异,带动提升每一所学校的办学质量,让学生在家门口上好学校,缓解盲目择校焦虑。三是完善入学政策,指导区教委在热点区域试行多校划片,降低学区房的择校功能,巩固义务教育就近入学成果。[②] 北京市的三大措施,很有参考价值。笔者认为还应该加上一条,就是加强师德教育,严厉查处教育部门、学校领导、教师在招生、择校等环节

[①] 陈俐帆. 我国义务教育公平现状与发展探究[J]. 学园:教育科研,2011(10):14-15.

[②] 牛伟坤. 促进教育公平是基础教育的发展方向[EB/OL]. 百灵环保网,2017-03-19.

的收礼、受贿行为；端正社会风气，促进教育公平。

农村办学条件更差，教学设备陈旧，交通不便，家庭生活困难，缺少安心执教的优秀教师。农村教学质量差，学生的升学率低，大部分孩子初中毕业就进城打工，干的是技能不高的体力劳动，或者家政服务、钟点工等。从全社会来看，劳动人口增加了，劳动生产率却不能提高。要提高农村学校的教育质量，关键是提高农村中小学教师待遇，吸引大学毕业生到农村任教。全国政协委员俞敏洪认为："在农村和城市的教育公平上有一个比较简单也许是一个粗暴的建议，我认为凡是在农村中小学教书的老师，在薪酬体系上应该比城市老师有 20%～30% 的上升。""中国农村老师的待遇一定要超过城市老师的待遇。"①

俞洪敏的建议真有点粗暴。其实，只要农村中小学、幼儿园教师的待遇达到当地省会城市的教师水平，就能吸引一部分大学毕业生，尤其来自本乡本土的大学毕业生到农村执教，逐步提高教学质量，改变城乡教育不公平的现状。

国家已经要求对中西部地区的考生、农业大省的考生、农村孩子提高名牌高校的录取比例。这是解决我国城乡教育公平问题的重要举措，受到广大农村孩子和家长的拥戴和欢迎。如果再前进一步，要求全国所有的公办普通高等学校、优质中学，每年都要招收一定比例的农村孩子（包括进城务工人员的随迁子女），那将为农村孩子拓宽了升学渠道，为他们施展才华创造了机会。

为落实中央提出的"全面两孩"政策，围绕群众中生不起、养不起、不愿生，育龄女性就业歧视等问题，湖北省政府协调计生工作相关部门，尽快出台相关惠普性配套政策，鼓励群众依法按政策生育。湖北省各级政府和相关部门应加大投入，落实好均等化服务，包括医疗服务体系、教育服务体系、卫生服务体系。要解决小学、幼儿园的超大班等问题。通过增加政府有效共给，切实解决人民群众养育孩子的隐形负担。

经过全省上下的共同努力，湖北省 2016 年度，共出生人口 76.97 万人，比上年增加 8.68 万人。其中，二孩出生 34.05 万人，比上年增加 8.44 万人，二孩增幅 32.96%。全省二孩出生人数逐月增长，并出现加快增长趋势，全面二孩政策成效开始显现。

---

① 俞敏洪. 教育公平首先是中国城乡教育公平问题[EB/OL]. 央广网，2015-03-11.

第二节　加强城镇化进程，促进区际间人口流动

改革开放以来，中国出现最大的新生事物就是涌现了一支宏大的进城务工人员队伍。国家统计局发布的统计公报显示，2016年，中国进城务工人员总量28 171万人，比上年增长1.5%。这支越来越大的进城务工人员队伍，活跃在各条战线上，从城市到乡村，从国内到国外，处处都能看到广大进城务工人员辛勤劳动的身影和艰难跋涉的足迹。进城务工人员为中国改革开放的伟大事业，做出了杰出的贡献。

农民进城打工取得了一举四得的效果：一是增加了城镇的有效劳动力。人口老龄化的最大危机是劳动年龄人口减少，老年人抚养比增加。放开全面二孩政策，可以多生孩子，但是这些孩子要到20年后才能成为劳动力进入社会。而更多的青壮年农民进城打工，能够直接挑起振兴经济的大梁。二是农民进城打工，有工资收入，提高了全家的生活水平。三是加快了城镇建设的步伐。四是加速了农村的土地向种田大户流转，促进了农业现代化建设。

一、农民进城打工，挑起了振兴经济的大梁

改革伊始，一大批农民走进城市，有千家万户的保姆，有走街串巷的商贩，他(她)们活跃了市场，方便了人民生活。随着乡镇企业的崛起，农民办起了工厂，数十万户中小企业在华夏大地蓬勃发展。开放初期，沿海省份产生了一大批出口加工的外资企业，这些企业的员工绝大部分是从农村来的打工仔、外来妹。他(她)们用低价劳动力，支撑了出口产品的低价位竞争。进城务工人员用自己创造的产品和价值，打遍了世界的各个角落，奠定了中国世界工厂的地位。现在，许多农民把企业办到了欧美，办到了非洲，办到了东南亚，办到了世界各地。

进城务工人员从事的行业主要是劳动密集型行业，集中在脏、累、险、差、难、苦的岗位上。环卫工作最脏，那里进城务工人员最多；矿井下作业最险，进城务工人员是井下矿工的主力军；建筑工作最苦最累，很多进城务工人员就苦战在建筑工地上……

进城务工人员在脏险艰苦的岗位上，流了最多的汗水，承担了最大的风险。但是，①他(她)们的工资很低，国家统计局发布的统计公报显示，2016年我国进城务工人员平均工资3275元，比城镇就业人员低2101元。②劳动时

间很长，2011年进城务工人员月均工作25.4天，每天工作8.8小时。每周工作时间超过《劳动法》规定的44小时的进城务工人员高达84.5%。③居住条件很差，建设部调研显示，在沿海发达地区城市，进城务工人员人均住房面积不足7平方米，居住集体宿舍的只有5平方米。④劳保福利很差，还有拖欠工资的现象。①

尽管这样，进城务工人员还是任劳任怨，埋头苦干。他（她）们建设了一幢幢插入云端的高楼大厦，一片片风光秀丽的旅游景区，一条条四通八达的高速铁（公）路，一座座跨江越海的钢铁大桥。现在，在"一带一路"沿线的国家里，中国企业建设的铁路、车站、港口、工厂，处处都凝注着进城务工人员的心血和汗水。

勤劳善良的进城务工人员，克难奋进的进城务工人员，含辛茹苦的进城务工人员，是振兴中华的顶梁柱，为中国经济腾飞做出了卓越的贡献。国家统计局的统计公报显示，2016年，中国GDP达到744127亿元，是1978年3679亿元的202倍。与世界主要大国相比，2016年，中国GDP达到122182.81亿美元，仅次于美国，居世界第二，分别是日本的2.23倍、德国的3.24倍、英国的4.44倍、法国的4.55倍和印度的5.26倍。中国经济腾飞创造了世界奇迹，进城务工人员功不可没。

二、进城务工人员有工资收入，提高了农家的生活水平

国家统计局发布的统计公报显示，2016年，全国进城务工人员总量为28171万人，平均工资为3275元/月，年薪就是39300元。全国进城务工人员年收入为110713.03亿元，占全国GDP总量的14.88%。当年全国农村户籍人口为81303万人，人均进城务工人员工资收入为13617元，是农村居民可支配收入12363元的1.08倍。湖北省2016年进城务工人员总量为1046.73万人，按平均工资3275元/月计算，全省进城务工人员年收入为4114.71亿元，占全省GDP总量的12.74%。

三、加快了全国城市化建设步伐

城市化是指人口和产业活动在空间上集聚，乡村地区转变为城市地区的过程。城市化是人类社会生产力发展进步的产物，工业化、城市化、市场化、现

---

① 刘唐宇，罗丹. 我国进城务工人员就业歧视：现状、原因及政策建议[J]. 四川理工学院学报（社会科学版），2016(6)：1-4.

代化往往相随相伴而生。西方发达国家,从18世纪中叶开始,经过200多年的努力,到20世纪中叶基本实现了城市化。发达国家各国城市人口所占比例(亦称为城市化率)都在70%以上。

中国是古老的农业大国,人均资源很低,城市化难度很大,城市化进程不仅落后于西方发达国家,也落后于世界平均水平。1980年,全世界城市化率为41.3%,而中国内地仅为19.4%。改革开放以来,大量农民进城打工,促进中国经济快速发展,加快了城市化建设进程。

进城务工人员是城镇建设的主力军。建筑工作最苦最累,还有风险,建筑工地上的工人绝大部分是进城务工人员。许多进城务工人员在建筑行业工作多年,积累了丰富的经验,成为带领农民转战全国建筑工地的包工头。还有人成为建筑公司的大老板,在国际建筑市场上,叱咤风云,建功立业。进城务工人员节衣缩食、栉风沐雨、筚路蓝缕,在相当恶劣的环境中辛苦劳作,在城市中盖起了一片片住宅小区,建起了一座座高楼大厦,加快了城镇建设的步伐。进城务工农民通过多年的劳动和原始积累,增加了收入,提高了生活水平,不少人在城市购买了自己的住房,也用自己的辛勤汗水支持了城市房地产事业的发展,形成了独特的"购房一族",为城市化建设做出了贡献。没有进城务工人员的辛苦劳作,就没有改革开放后我国城镇建设的高速发展。国家统计局统计公报显示,2016年,我国城镇常住人口为79298万人,常住人口城镇化率为57.35%;户籍人口城镇化率为41.2%,比1980年提高了21.8个百分点,这就是进城务工人员为中国的进步与发展做出的又一突出贡献。湖北省常住人口城镇化率为58.1%,比全国常住人口城镇化率高0.85个百分点。

四、助推了农业现代化进程

中国特色的农业现代化是在在中国特定的条件下,运用现代科技、现代管理,合理开发、配置、使用各种农业要素资源,优化市场和生态环境,实现中国农业可持续发展的过程。中国特色的农业现代化,是由传统中国农业向现代中国农业转化的过程,最大的障碍是户均耕地面积太小。

2016年全国耕地为20亿亩,农民户均8.7亩,约为世界平均水平的1/6,约为美国的1/360。在联产承包的历史背景下,土地被承包到农户家中。农民户均8.7亩耕地的"小规模"经营,无法实施农业现代化。大批青壮年农民进城打工,留下承包土地无人耕种,为实施土地规模化经营提供了契机。党中央国务院及时出台土地所有权、承包权和经营权三权分置的政策,为农村土地流转、实现规模化经营揭开了序幕。

浙江省，市场化改革起步早、经济社会发展活力强、农业经营体制改革创新成效明显。浙江较早就探索推行三权分离，流转机制也比较灵活。2015年，浙江93.7%的涉农县(市、区)、乡(镇)建立了土地流转服务机构，20多个县(市、区)开展土地经营权抵押担保试点，促进土地经营权的资本价值实现。全省土地流转承包面积达915万亩，占家庭承包总面积的48%，高于全国20个百分点。①

湖北省各地积极探索推广转包、出租、转让、入股、互换等土地流转模式，至2015年3月，农村土地流转面积达1475万亩，占全省承包面积的32.6%，超过全国平均水平4个百分点。沙洋是农业大县，2015年，该县在成功试点的基础上，首开全国先河，整县推行"按户连片耕种"模式，是继家庭联产承包责任制后我国农村改革的又一重大制度创新，为全国农村土地改革提供了一个鲜活的样本，开启了农业供给侧结构性改革的新篇章。沙洋县按户连片耕种面积为86.96万亩，总体连片率已达91%，亩均生产成本降低300元，土地流转价格由400元/亩升至700元/亩以上，甚至有的地方超过了千元。沙洋整县推进"按户连片耕种"，农民种田不用东奔西跑，加快了规模化机械作业、农村土地流转及产权制度改革进程。沙洋县首创的"按户连片耕种"模式，2016年、2017年连续两年被写入中央一号文件，在全国推广。②

日本农户的耕地平均约为100亩，已经实现了农业现代化。而我国目前农地经营规模达到50亩以上的农户，只有350万个，共经营了3.5亿亩土地。全国流转面积仅占全部承包土地面积的三分之一。若全国农村达到每户100亩的规模经营水平，需要把现有90%农户的土地转移到10%的农户手里，这无疑是一个极其艰巨又必须完成的战略转移。也就是说，需要更多的农民进城务工，才能把更多的耕地流转给种地大户，才能加快实现农业现代化。

进城务工人员进城打工，开阔了眼界，增长了技能和才干。湖北省出台支持进城务工人员返乡创业的政策。开发农业农村资源支持返乡创业行动计划，就是将返乡创业与发展县域经济结合起来，培育新型农业经营主体，发展农林产品加工、休闲农业、林下经济、乡村旅游、农村服务业等产业项目，促进农村一、二、三产业融合；对少数民族传统手工艺品、绿色农产品和地方特色农产品挖掘、升级、品牌化。近年来，湖北省许多市县不少外出务工经商的进城

---

① 谢盼盼. 浙江农村土地流转承包面积达915万亩[EB/OL]. 中国新闻网，2015-04-23.21:29

② 全省农村土地流转承包面积达1475万亩[N]. 湖北日报，2015-03-26.

务工人员陆续带着信息、技术、资金、项目等返回家乡创业，带动农村富余劳动力就地转移、增加农民收入、优化产业结构和布局、促进城乡和区域协调发展、大力推进了社会主义新农村建设。

第三节 实施创新驱动发展战略，提高全员劳动生产率

实施创新驱动发展战略，提高全员劳动生产率，推动经济发展，是应对人口老龄化危机的重要举措之一。

科学技术是生产力是马克思主义的基本观点。早在 100 多年前，马克思说："生产力中也包括科学。"①"劳动生产力，是随着科学和技术的不断进步而不断完善的"②。20 世纪 70—80 年代，以信息技术为代表的世界新技术革命蓬勃兴起，新技术、新材料、新产品不断涌现，直接影响着生产方式、产业结构和人类生活。邓小平同志根据世界变化的新形势，提出了"科学技术是第一生产力"③的著名论断，这是对马克思主义科技观的重大发展。在邓小平理论的指引下，党中央、国务院相继提出了科教兴国、技术创新和建设创新型国家的发展战略，领导全国人民取得了举世瞩目的伟大成就。

马克思、邓小平的经典论述和世界科技经济社会发展的历史证明，影响区域劳动生产率的要素主要有：科学技术水平、劳动者的受教育程度和管理体制。我们从这三个方面对湖北省的劳动生产率进行分析研究。

湖北是科教大省，科教实力居全国前列。湖北依托雄厚的科教资源，积极发展经济，取得了很大的成绩。但与全国其他省市自治区相比，仍处于中等水平。2016 年，湖北省全员劳动生产率为 8.86 万元/人，比上年提高 8.7%。全国全员劳动生产率为 94825 元/人，是湖北的 1.07 倍。江苏、浙江的科教实力与湖北旗鼓相当，但是，江苏的全员劳动生产率是湖北的 1.81 倍，浙江的全员劳动生产率是湖北的 1.40 倍。

湖北经济落后于东部地区的原因：①中国改革开放从沿海向内地推进，东

---

① [德]马克思，恩格斯．马克思恩格斯全集：第 46 卷下册[M]．北京：人民出版社，1980：211.
② [德]马克思，恩格斯．马克思恩格斯全集：第 46 卷下册[M]．北京：人民出版社，1980：287.
③ 邓小平．邓小平文选(第三卷)[M]．北京：人民出版社，1993：274.

部得益地缘优势和国家优惠政策之利，成了先富起来的区域。②湖北科教资源配置不当，也影响了科教优势的发挥。本文将分析湖北科教优势之所在，和湖北科教资源配置中存在的突出矛盾和问题，提出实施创新驱动战略，推动经济跨越式发展，实现科教强省的目标。

一、湖北的科教优势

在 20 世纪五六十年代，由于湖北省有居中独厚、九省通衢的地理位置，国家为了适应战备要求和全国经济发展的格局，在湖北投资建设了一批重点大学、重要科研机构和大型国有企业。改革开放以来，在党中央的正确领导和大力支持下，经过全省人民的共同努力，湖北的经济科技社会迅速发展，科教优势尤为凸显。

（1）在办学规模方面。2015 年，湖北有普通高等学校 126 所，在校大学生 141.11 万人。每 10 万人口中平均在校大学生人数为 3038 人，居全国第七，高于东部的所有省份。

（2）在学科建设方面。湖北"985 工程"高校有武汉大学和华中科技大学两所，"211 工程"重点建设高校有 7 所，居全国第四；有一级学科国家重点学科 17 个，二级学科国家重点学科 125 个，国家重点学科数居全国第四。

（3）在科研设备方面。湖北有国家实验室一个，国家重点实验室 18 个，仅次于北京，居全国第二。

（4）在科技成果方面。2013 年，湖北理工农医类高校发表科技论文 45308 篇，居全国第四；出版科技著作 771 种，居全国第四；有效发明专利 5820 件，居全国第七。人文社科类高校发表科技论文 19804 篇，居全国第四；出版科技著作 1558 种，居全国第四。湖北在国外主要检索工具收录科技论文 16786 篇，居全国第五。以上数据表明，湖北理论研究成果，不论数量还是质量均居全国前列。

二、湖北省科教资源配置中存在的突出矛盾和问题

技术创新是新技术或新知识产生、流动、更新和转化的全过程。有了雄厚的科教资源，如果合理配置，并创造良好的环境，就能有效地促进新技术的产生、流动和转化，提高全员劳动生产率，产生巨大的经济效益。反之，如果创新资源配置不当，就会造成资源的闲置、浪费、流失和内耗，难以提高技术创新的能力和功效。因此，有必要对湖北省区域创新资源配置状况进行认真分析。湖北在科技资源配置方面，主要存在以下突出的矛盾和问题。

1. 湖北高教实力雄厚,但缺乏吸引人才的环境,人才大量流失

武汉地区有 82 所高校,100 多万在校生。武汉高等院校和科研院所实力,在全国各大城市中,名列第三。像这样教学科研实力雄厚的大城市,却面临着人才严重流失的窘境。武汉市人社局发布的武汉地区高校毕业生就业报告显示,从 2007 年开始,毕业生留汉就业比例逐年递减,2007 年为 55.3%,2011 下降为 47.04%。武汉地区"211 大学"毕业生留汉比例下降趋势更严重。2010 年,"211 大学"留汉就业的比例为 38.4%;2011 年,仅为 26.45%。同是教育大省的广东、浙江,其毕业生留在本省的比例分别高达 85% 和 80%。

俗话说:"人往高处走,水往低处流。"湖北经济发展一般,工资待遇偏低,不仅低于东南沿海发达地区,还低于中西部的许多省区,自然就形成了"一江春水向东流","孔雀东南飞"的局面。

从工资水平来看,2014 年城镇单位就业人员年平均工资,湖北为 54367 元,居全国第 20 位。全国平均 62029 元,是湖北的 1.14 倍。北京、上海、天津、浙江、贵州、四川分别是湖北的 2.05 倍、2.01 倍、1.41 倍、1.23 倍、1.10 倍、1.08 倍。

由于人才大量流失,在湖北省人口中受过高等教育的比例低于全国平均水平。《中国劳动统计年鉴(2015)》显示,2014 年,全国受过大学本科教育的人口比例为 6.2%,而湖北为 5.5%,比全国平均水平低 0.7 个百分点,居全国第 17 位。

2. 湖北总体科技实力较强,但企业科技实力较弱

企业是技术创新的主体,企业拥有较强的科技实力,才能有效地将科技成果转化为产品(或服务),实现其市场价值。湖北总体科技实力较强,但企业科技实力较弱。

在工业企业领域,2015 年,湖北规模以上工业企业有研究与发展人员 14.04 万人年,居全国第六;研究与发展经费为 407.27 亿元,居全国第五。技术改造经费支出为 88.60 亿元,居全国第 12 位。江苏、湖南、广西、河南、四川分别是湖北的 5.72 倍、3.02 倍、1.94 倍、1.19 倍、1.08 倍。引进技术经费支出为 16.51 亿元,居全国第八,广东、上海、江苏、重庆分别是湖北的 5.29 倍、3.05 倍、2.19 倍、2.18 倍。

以上数据表明,湖北工业企业的研究与发展人员和经费较多,但技术改造和引进技术的经费太少,不仅少于经济发达的东部地区,比中西部的河南、四川、重庆还要少,这样对湖北这个老工业基地非常不利,产生的后果就是营业收入和利润减少。2015 年,湖北省规模以上工业企业主营业务收入为

73725.14亿元，居全国第11位。江苏、山东、广东，分别是湖北的1.45倍、1.37倍、1.29倍。

在高技术产业方面，湖北省行动最早：我国第一个孵化器在湖北建立，武汉东湖高新技术开发区是我国最早设立的高新区之一，在武汉还建立中国光谷产学研基地。2015年，湖北高技术产业主营业务收入为2445.3亿元，居全国第12位。不仅低于东南沿海的广东、江苏，还低于中西部的四川、河南、重庆、湖南，上述六省市的高技术产业主营业务收入分别是湖北的11.40倍、10.16倍、1.75倍、1.07倍、1.05倍。

3. 湖北科研实力较强，但主要集中在部属大学和科研院所，地方科研实力较弱

2015年，湖北研究与开发机构人员为32032人，经费为644.42亿元，均居全国第六。湖北高校研究与开发人员为34086人，居全国第十；研究与开发经费为54.52亿元，居全国第七。说明部属高校、科研机构的实力较强，均居全国前列。2015年，湖北地方部门属研究与开发机构人员为2371人，居全国第20位，不仅少于东部省市，还少于中西部的湖南、四川、云南、广西、重庆、甘肃、江西、安徽、新疆等省市区。湖北地方部门属研究与开发经费为5.04亿元，居全国第18位，广东、北京、广西、云南、重庆分别是湖北的6.28倍、3.69倍、2.89倍、2.18倍、2.11倍。这说明湖北总体科技实力较强，但主要集中在部属大学和科研院所，地方科技实力较弱。

中央政府将一批重点大学和科研院所构建在湖北，这是对湖北的支持。但是，部属大学和科研院所的科技活动，主要是围绕国家科技经济发展计划和学科建设进行的，科研成果的特点是理论成果多、应用成果少；研究成果流动性强，向着创新环境好的地区流动。

《中国科技统计年鉴(2016)》显示，2015年，湖北在国外主要检索工具收录科技论文23470篇，居全国第五，表明湖北理论研究成果，位居全国前列。湖北国内专利授权数为38781件，位居全国第13位，不仅低于东部省市，还低于中西部部分省市，江苏、四川、河南的国内专利授权量分别是湖北的6.45倍、1.67倍、1.23倍。这说明湖北应用研究成果居全国中等水平。湖北技术市场技术输出地域合同金额为789.34亿元，仅次于北京，居全国第二。湖北技术市场技术流向地域合同金额为494.95亿元，居全国第五。表明湖北技术成果流出大于流入，对全国经济发展支持较大，对当地支持较小。科教实力与湖北旗鼓相当的江苏、广东技术流入的合同金额分别是湖北的2.05倍、1.32倍。

三、实施科技创新发展战略,促进科教与经济深度融合,把科教实力转化为发展竞争力

纵观人类发展历史,创新始终是推动一个国家、一个民族向前发展的重要力量,也是推动整个人类社会向前发展的重要力量。习近平总书记指出:实施创新驱动发展战略,是加快转变经济发展方式、提高我国综合国力和国际竞争力的必然要求和战略举措。① 湖北省整体科技水平较高,科教实力较强,但劳动生产率在全国仍处于中等水平,关键在于资源配置不当,管理机制不灵,必须改革创新。

湖北科技资源配置中存在的突出矛盾和问题是,科教实力集中在部属大学和科研院所,地方和企业的科技实力都比较薄弱。这种结构不仅不能改变,而且还要积极争取国家重大科技基础设施、重要科研机构和重大创新项目落户湖北,争取中央更多的支持,在此基础上加强地方和企业的科技实力。问题的关键是要把部属大学、科研机构的研究方向与地方经济社会发展结合起来。必须实施创新驱动战略,大力建设科教强省,促进科技教育与经济社会发展的深度融合,把科教实力转化为发展竞争力。

(一)创新人才工作机制,聚集优秀人才

人才资源是科技进步和经济社会发展的第一资源。人才竞争是知识经济时代竞争的焦点。要聚集优秀人才,就要创新人才工作机制,完善人才创新的环境。用直白的话来讲,吸引优秀人才,就要有房子住,有较高的薪酬,有实习实训的基地和创新创业的环境。

湖北省委省政府于 2017 年 3 月出台《关于深化人才引进人才评价机制改革推动创新,驱动发展的若干意见》,聚焦人才引进机制、人才评价机制两个方面改革,明确了六个方面的 20 条措施。为落实湖北省委省政府的人才新规,省人力资源和社会保障厅公布了《关于实施"我选湖北"计划大力促进大学生在鄂就业创业的意见》,立足湖北,面向全国,放眼全球,"我选湖北"计划全方位揽才。具体行动有:

(1)搭建全方位揽才平台。"我选湖北"计划要求全方位推介湖北。对湖北省高校大学生,将宣介活动延伸到自进校起的"全时期";建立巡回推介制度,到全国一流高校举办"我选湖北"活动周;通过专场招聘、网站展示、海外设

---

① 中共中央宣传部.习近平总书记重要讲话读本(2016 年版)[M].北京:学习出版社、人民出版社,2016:151.

站等途径开展"海外揽才"行动。

(2)建实习实训基地5000家。着力打造全省域实习实训基地,接纳省内和全国优秀大学生在鄂实习实训。实习实训补贴每月不少于500元/人。还将建立一批大学生实习实训生活基地。争取五年内,大学生在鄂实习实训超过200万人,就业创业超过180万人;建立覆盖各市、县(市、区)的功能完善、服务优质的大学生实习实训基地5000家。许多地方提出了具体的优惠政策,武汉市蔡甸区政府提供2亿元创业就业扶持资金,免费提供200套创业人才公寓。在蔡甸就业的本科及以上学历的毕业生,可获得为期两年,每年1万元/年的生活补贴。

(3)成就更多的"创业之星"。鼓励各类市场主体,建立要素全、开放式的大学生创业孵化器,加大创业补贴和担保贷款等支持;与国家部委合作,在市州建立海外留学生中国国情体验基地和创业实践基地;在创业园区和省级孵化基地,普遍建立人才创新创业超市,提供证照办理、税务经办等服务;鼓励各地与高校、大型企业共建"创业学院";多层次举办大学生创新创业大赛,每年确定一批"创业之星"。争取5年内,建立省级创业孵化示范基地300家;建立人才创新创业超市500家。

(二)把企业创新机制建设放在突出的位置

企业是以盈利为目标的经济组织,是创造物质财富的社会细胞。企业办好了,盈利增加了,整个社会财富就会丰富起来,就会出现经济繁荣、国家兴旺、人民幸福的大好局面。湖北经济发展落后于东部地区,其根本原因就是企业科技资源薄弱、创新动力不足、市场机制不健全。湖北要把企业的创新机制建设放在突出的位置。

湖北发展出路就在于将科技资源与企业资源密切结合起来,凝聚区域内科技、经贸、金融等方面的力量,组织产学研联合攻关,实施技术整合,将多门类的知识(技术知识、经济知识和管理知识)、多门类技术(产品技术、材料技术、管理及控制技术)有效地整合在一起、开发出具有战略意义的新产品,研制出规模化生产的产品制造方案和工艺流程,从而提升湖北主要行业的大规模生产的技术能力和管理能力。

要建立大学、科研院所地方的战略联盟,为区域经济发展和产业升级提供科技支撑,建立科技成果就地转化的激励机制。搭建科技成果转化平台,在高校、科研院所科研成果与湖北企业需求之间建设一道桥梁。

要鼓励高校和科研院所与本地企业合作,将科技成果在企业转化为现实的生产力;提倡大学教师和科研院所科技人员停薪留职创办高技术企业;支持高校和科研院所的科技人员兼职参与企业的技术工作和经营管理,所得报酬全部归个人所有;组织高校和科研院所的退休科技人员到企业工作,鼓励他们为建设小康社会做出新贡献。

营造企业竞争的环境,培养和造就一大批能组织企业不断创新发展的企业家。企业家是创新的发动机和灵魂,是社会稀缺的宝贵财富。要牢固树立"产业第一、企业家老大"的理念,以打造一流企业家队伍为核心,以优秀企业家和职业经理人为重点,大力推进企业经营管理人才队伍建设。积极推行企业经营管理人才跨地区、公开选聘制度,培育高素质职业化的企业经营管理人才。大型国有企业,要面向全球招聘经理人才,拓宽企业家产生的渠道。要爱护企业家,成功者奖励,失败者挽救,不要形成"枪打出头鸟""墙倒众人推"的局面。

(三)加强职业技术教育,建设一支宏大的高素质产业工人队伍

1. 加强职业技术教育

现代化建设的各行各业都需要大量爱岗敬业、吃苦耐劳,技术(业务)熟练、勤学苦练的劳动者。劳动者的技能主要靠基础教育、中等教育和中等职业学校培养。湖北基础教育、中等教育质量好,每年高考录取分数线在全国最高。但是,湖北中等职业教育却不尽如人意。《中国统计年鉴(2016)》显示:2015年,湖北有中等职业学校289所,在校学生数为36.49万人(大学在校学生数是中专在校学生数的3.87倍),居全国第16位,广东、河南、四川、安徽分别是湖北的3.21倍、2.85倍、2.71倍、2.30倍。

湖北有56所高等职业技术学院,在校学生为30多万人。这些高职高专大部分是从原有的中专升格而来的,他们师资队伍强,实训条件好,教学经验丰富,是职业技术教育的生力军。要发挥高职高专的龙头作用和中职学校的基础作用。要组织办学质量好的高等职业学院对口支持县级职业教育中心,提升整体办学质量和办学水平,更好地为县域经济和社会发展服务,系统地培养技术技能型人才。有的高职高专拼凑材料,要求升格为本科院校,政府要严加控制。

2. 做好职工培训工作

随着经济发展和产业结构变化,劳动力市场上的就业岗位对劳动力的知识和技术需求也随之变化,需要继续学习新知识,掌握新技能,需要培训。求职的新员工要培训,在职的员工也要培训。

由政府、企业、学校和民间来组织职工培训。湖北政府主办的培训工作做得较好。《中国劳动统计年鉴(2015)》显示:2014年,湖北省公办培训机构有

117 个，在职教职工 2035 人。共培训 41.73 万人，就业 29.20 万人，均居全国第三。湖北有职业技能鉴定机构 765 个，考评人员 302 人，2014 年鉴定考核 60.15 万人，有 58.22 万人获取专业资格证书，居全国第六。湖北省民办职业培训机构则相当落后。湖北有民办职业培训机构 613 个，在职教职工 29084 人，2014 年，共培训 29.75 万人，居全国第 16 位；就业 14.05 万人，居全国第 15 位。

3. 启动"湖北工匠"选拔行动

现代化建设需要技术熟练的劳动者，更需要一大批技术高超的"大国工匠"。中国载人航天工程胜利推进，自制的航空母舰下水，中国高铁世界第一，长江三峡大坝、西气东输、南水北调等一系列重大工程都凝聚着无数"大国工匠"的智慧、技能、心血和汗水。

为了从整体上提高劳动者的技能水平，选择"湖北工匠"全面启动。要求全民知晓，全员参与。健全以世界、中国技能大赛为龙头，以"湖北工匠"技能大赛为主体，以企业岗位比武为基础的技能竞赛体系。面向全省，竞赛选拔万名"湖北工匠"，形成尊重劳动、崇尚技能、鼓励创造的良好社会氛围，提高全省劳动者的技能水平。

（四）成立在汉高校校友总会联盟，支持百万校友回汉创新创业

2017 年 5 月 26 日，在汉高校校友总会联盟成立，主要职责包括建立武汉市与在汉高校之间的沟通协调、合作共赢机制，谋划推进百万校友"资智回汉"，支持校友在汉创新创业。2017 年 5 月 29 日，百万校友招才引智暨华中科技大学第十届企业家论坛开幕，500 位与会校友总身家超万亿。当日，35 家华科校友企业与相关合作单位集中签约，投资总额达 989.7 亿元。2017 年 5 月 27 日，一批企业家相聚长江产业基金 2017 年合伙人大会，联想集团董事长杨元庆"约战"小米科技集团董事长雷军："五年以后，看看谁对湖北的贡献大。"武汉大学校友雷军接招："作为湖北人，非常感谢联想在我的家乡做这么大的投资(联想已在汉投资 35 亿元)，也希望所有湖北籍企业家加大对家乡的投资。"2017 年 8 月 26 日，第二批"资智回汉"，武汉大学专场在国博洲际酒店举行，泰康集团、小米科技、融创中国等"珞珈商帮"企业家投资武汉，现场签下 1576.7 亿元的"豪单"。到 2017 年 11 月 26 日，第一波"资智回汉"收官，在不到半年的时间内，已有 8 所高等学校的校友与武汉市相关单位签订了投资协议，总签约金额超过 13014 亿元，占武汉市 2017 年招商引资总额的一半，是 2016 年武汉市全年全社会固定资产投资的 1.83 倍。武汉百万校友竞相在湖北投资，创新创业，必将推动湖北经济发展。

第四节　逐步延迟退休年龄，发挥低龄退休老人的积极作用

党的十八届三中全会通过的《中共中央关于深化改革若干重大问题的决定》提出："研究制定渐进式延迟退休年龄政策。"这是党中央应对人口老龄化社会的重要决策。认真贯彻落实党中央的方针政策，积极谨慎地做好延迟退休年龄工作，对于促进经济社会稳定和谐发展，有十分重要的意义。

一、外国延迟退休年龄的特点[①]

人口老龄化是世界各国共同面对的难题。延迟退休年龄是各国应对人口老龄化的普遍做法。借鉴国际做法和经验，对于有序推进我国延迟退休年龄政策具有重要意义。

自1989年以来，世界上有170个国家延迟了退休年龄，并且男、女平均退休年龄均有上升，只有少数国家降低了退休年龄。据统计，在OECD（即经合组织）的34个国家中，退休年龄都在65岁以上，冰岛的退休年龄自1958年以来就是67岁，芬兰、墨西哥、荷兰、西班牙、英国等国家自20世纪40年代至今一直是65岁。大多数发达国家实行男女同龄退休。各国延迟退休年龄的变迁具有五大特点。

1. 在较长的时间段内逐步提高

各国或地区在延迟退休年龄时并不是一步到位，而是用较长的时间实现既定目标。如美国在1983年修订《社会保障法案》时提出到2025年将职工的正常退休年龄从65岁提高到67岁，直到20年后的2003年才正式开始实施，并明确提出计划用22年的时间完成从65岁提高到67岁的目标。

2. 谨慎实施，小步慢行

各国对延迟退休年龄政策都采取了十分谨慎的态度，主要措施之一就是小步慢行，逐步过渡。如德国2006年通过法律，从2012年到2029年之间逐步将退休年龄延长至67岁，采取的办法是前12年每年延长一个月，后6年每年延长两个月。

3. 循序渐进，分步实施

如日本计划将退休年龄从55岁延长至65岁，采取了分步实施策略：1986

[①] 人社部专家. 延迟退休年龄宜小步慢走[EB/OL]. 人民网，2015-11-17. 05：25：00.

年，日本《老年劳动法修正案》正式确定60岁的退休目标，1994年将女性退休年龄从58岁延迟到60岁；2000年又提出将退休年龄从60岁逐步提高到65岁，并且采取男性从2013年开始到2025年完成，女性从2018年开始到2030年完成。

4. 政策较为缓和柔性

如意大利在1995年和2004年采取弹性延迟退休年龄政策。主要是通过提高养老保险缴费年限来提高退休年龄：1995年的政策规定，参保人员只要缴费满35年，则可选择在57岁至65岁间的任一年龄提前退休，选择有效期截至2035年；2004年提出男职工提前退休须同时具备两个条件：养老保险缴费满35年并且达到最低年龄标准（2008年的最低年龄标准为60岁、2010年为61岁、2014年为62岁）。

5. 打出组合拳，形成确保延迟退休年龄的合力

许多国家在出台延迟退休年龄政策的同时，出台相应配套政策。如严格控制提前退休，对提前退休者只能领取部分养老金等，如西班牙2009年1月通过的养老保险改革议案规定：年满65岁并且已缴纳养老保险38.5年者，或年满67岁已缴纳养老保险37年者才能获得全额养老金。

二、我国延迟退休年龄的利与弊

我国已于2000年进入老龄化社会，2015年老年人口比重上升为15.2%，劳动年龄人口比重下降为66.0%，总供养比达到51.6%。劳动力资源减少，对我国经济和社会带来巨大压力。湖北省是我国的人口大省。从老年人人口总数来看，根据2015年人口抽样调查资料，湖北省65岁以上人口总数为646万人，比2010年全国第六次人口普查时老年人总数（520.41万人）增加了125.59万人，增长24%。从人口老龄化率来看，2010年全国第六次人口普查结果表明，湖北省65岁及以上的人口占总人口的9.09%，即人口老龄化率为9.09%。根据2015年1%人口抽样调查数据，65岁以上人口占比11.04%，比2010年上升1.95个百分点，提升幅度比全国平均水平要高。正确认识湖北省人口老龄化发展趋势，客观把握湖北省人口老龄化的特征，对统筹解决人口问题、实现人口与经济社会协调发展长远战略具有重大的意义。延迟退休年龄是缓减人口老龄化危机的举措之一。

1. 延迟退休年龄有三大好处

（1）有利于国家。人口老龄化时期，劳动年龄人口减少，老年人抚养比增加，国家财力不堪重负。延迟退休年龄，增加了一批技术熟练的劳动力，国

家增加了财政收入。

（2）有利于退休人员。延迟退休年龄，退休人员在经济上增加了收入，在精神上有了更多的奉献才智的机会，心情舒畅，有利于身体健康。

（3）有利于培养年轻人。老年人，特别是高知高技高管老人，他们除了有丰富的技术经验外，还有在长期的工作过程中积累的威望和信誉，能够从事年轻劳动者难以胜任的工作。他们延迟退休，对于培养年轻一代劳动者，将发挥积极作用。

2. 潜在退休者的五种不同情况

目前我国退休年龄规定是，男性60周岁，女性干部55周岁，女性工人50周岁。这个规定是基于我国20世纪50年代的状况制定的。那时候，我国整体健康水平不高，50年代初期，我国人口平均寿命为39岁。到20世纪七八十年代，大批下乡知青返城，迫切要求就业，迫使家长提前退休。现在，人民的健康水平提高，全国第六次人口普查数据显示，2010年平均寿命为77.7岁，平均受教育程度提高，开始就业年龄较大。继续按原来规定的年龄退休，就使得很大一部分劳动力资源被浪费。根据实际情况，适当延迟退休年龄，就能够充分利用劳动力资源，让低龄老年人在力所能及时，为经济建设贡献力量。

潜在的退休者有五种不同的情况：第一种人有工作能力又有工作愿望，这种人应该延迟退休。第二种人有工作能力没有工作愿望，这种人应该劝说他们延迟退休，如果劝说无效，就让他们退休。第三种人没有工作能力却有工作愿望。第四种人既没有工作能力又没有工作愿望。对第三和第四两种人就应该让他们提前退休，至于生活中的困难，可以采取其他方式予以照顾。第五种人就是高知高技和高管人群。高知就是高级知识分子，退休年龄阶段，正是收获研究成果的黄金时期，他们还有许多的能量要释放，许多的精力来做出更大的贡献；高技就是高级技能人才，有着几十年的技术积累，是大国工匠，国之瑰宝，还有很大的发挥空间；高管就是高级管理人员，这部分人有市场资源、专业技能、人脉关系、管理权威，这些都是国家亟须的宝贵财富。这三种人都是人力资源可替代性极低的人群，延迟退休年龄有利于经济发展和社会进步。

3. 延迟退休年龄的弊端

延迟退休年龄也有很大的阻力。我国城镇每年有1000多万人新增就业，有700多万大学毕业生在寻找工作机会，还有两亿多进城务工人员为饭碗发愁。延迟退休年龄，势必加剧就业竞争矛盾。中国青年报曾经发表一篇文章，标题是《万人民调：94.5%受访者反对延迟退休》，仅3.2%的受访者表示支持，2.3%的受访者表示中立或未表明态度。受访者中60后占19.1%，70后占39.4%，80后占32.9%。在国外，曾经发生过由于延迟退休引发了大规模骚乱。2010年10月17日，法国300万人参加示威游行，抗议萨科齐政府计划把退休年龄从60岁提高到62岁。2013年9月14日，波兰首都10万人举行示威抗议政府提高退休年龄。目前，我国各种社会矛盾很多，各种利益交织在一起形成各种纷争。因此，要防范由于延迟退休引发的社会矛盾，防止政策出台矛盾激化的现象发生。

三、我国退休年龄调整宜小步慢走

我国面临经济增长放缓、人口老龄化日益加剧等问题，延迟退休年龄是大势所趋。但是，我国人口众多，就业矛盾相当突出。为了在延迟退休年龄的同时，保持社会和谐稳定，必须借鉴外国的经验，小步慢走，做好政策引导，稳步实施。

1. 做好政策引导

各国在延迟退休年龄中，因退休年龄调整涉及各方利益，都曾遇到来自方方面面的阻力。绝大多数国家采取先将改革草案公之于众，广泛征求意见，经反复修改完善后形成正式法案。同时，通过积极的政策引导，增强政策实施的社会认可度和适应性，以给民众和相关利益群体留下调整和转换的适当适应期。

2. 小步慢走

这是国外提高法定退休年龄的普遍做法，即用较长的时间来逐步达到提高法定退休年龄的目标。尽管节奏有快有慢，但总体上是逐步推进。我国也应参照每年延迟几个月的办法，用较长的时期逐步达到目标。同时，宜从目前退休年龄较低的群体（如女职工）起步。女性寿命长于男性。到50岁时，子女已经成人了，家务负担大大减轻，完全有能力继续工作。因此，要把延迟女职工的退休年龄放在首要位置。国家人社部经过调查研究，已确定，从2018年开始，女性职工退休年龄每三年延迟一岁，男性职工每六年延迟一岁，到2045年，男女退休年龄同步达到65岁。

3. 提前谋划

提高法定退休年龄政策是一项复杂的系统工程，涉及方案制定、舆论宣传、沟通协调、公布方案、应急预案、择机实施、评估反馈、修正完善等多个环节，应尽早规划具体方案，综合考虑劳动力供求和老龄化程度等因素，兼顾企业职工、个体工商户、灵活就业人员、机关事业单位职工以及城乡居民的情况，择机实施。同时，还应考虑部分特殊群体，如工作和生活在自然条件艰苦地区预期寿命较低的人群，可考虑有差别的政策。

4. 利益引导

如通过税收调节提前退休人员返聘的收入；养老金的待遇水平与退休年龄挂钩，即随着退休年龄的延迟，待遇水平有相应的提高等措施，鼓励人们自愿选择延迟退休等。人社部规定，从2022年开始，根据职工身体状况和工作需要，职工可以提前退休，也可以延迟退休。提前一年退休，基本养老金比正常退休下降1%；提前五年退休，基本养老金比正常退休下降5%。延迟退休一年，基本养老金比正常退休上升0.8%；延迟五年退休，基本养老金比正常退休上升4%。

四、充分发挥低龄退休人员的作用

退休老人，在低龄阶段即55~75岁期间，只要身体健康，还能够做一些力所能及的工作。高知高技高管老人，更能够发挥重要的作用。课题组对武汉大学退休教师的教学科研创业活动进行了调查，看到大部分退休教师在教学科研和经济建设主战场上，发挥余热，为实现中华民族伟大复兴的中国梦做出了贡献。

2015年，我国有公办普通高校1800所，专任教师124万人，按在职专任教师与退休教师之比为1∶0.7计算，我国有87万名退休教师。其中55~75岁年龄段退休教师约占80%，低龄退休教师有70万人。民办大学的老教师绝大部分是公办大学的退休教师，在近10年内不会有大量教师退休。在计算大学退休教师人数时只计算公办大学。大学退休教师是一支宏大的老年人才队伍。

《中国劳动统计年鉴》显示，2000年我国城市60岁以上老年人再就业率为10.1%，到2005年这一比例下降为9.7%。而同期日本的老年人再就业率为60%，印度的老年人再就业率为58%。我国老年人再就业率为什么低呢？老年人才市场落后是重要原因之一。

《城市低龄老年人再就业促进研究——基于上海调查》显示，在76人对于"再就业途径"进行了回答的老年人中，"熟人介绍"是老年人再就业的主渠道，占57.84%，"原单位返聘"的占22.38%，"自主创业"的占13.19%，而通过"社会招聘"找到工作的仅占6.59%。在上海这样发达的大城市，老年人才市场尚且如此滞后，其他地方就可想而知了。① 该文调查的情况与湖北省的状况基本相同。课题组对武汉大学退休教师的教学科研创业活动进行了调查，发现该校的退休教师能够发挥余热做大量的工作，就因为他（她）们在几十年的学习和工作中，积累了丰富的经验，广泛的人脉，在同行中有较高的声望，所以就有"熟人介绍"，有"原单位返聘"，有"自主创业"的能力。湖北省成立了"老教授协会"，在组织退休教师为振兴湖北经济做了大量的工作。在网络上，我们还看到广州、郑州、杭州、济南、长沙、南昌等地专门招聘退休工程师的信息。

上述信息表明，老教授、老专家退休以后还是大有可为的，再就业的渠道比较畅通。其他退休老人的境遇就不可相比了。年龄大是阻碍退休老人再就业的主要因素。河南省委书记卢展工59岁在人力资源市场应聘"媒体推广员"一职，企业并没有设定年龄要求，但是当职业介绍中心电话推荐给该公司时，立即遭到公司的拒绝，其理由是"对方年龄太大"。

为了开拓老年劳动力市场，经济合作组织国家做了大量工作。美国1967年通过了《就业年龄歧视法案》，将一大批60岁左右的老年人留在了劳动力市场上。美国政府在20世纪90年代开展针对公共就业服务大检查，建立了融合就业与培训的"一站式职业中心"。美国建立了老年社区服务就业项目，为低收入老年人提供公共部门或非营利组织的就业岗位。此外，社区大学为潜在的老年劳动力提供技能培训。据统计，50～64岁老年劳动力，参加与工作相关的培训的人口占25.1%，接受成人教育的占43.7%。② 日本2015年65岁以上人口已占27%，是全世界人口老龄化程度最严重的国家。为缓解人口老龄化压力，日本政府主要从雇佣政策和雇佣保险两个方面加强老年人就业。1966年的《雇佣对策法》明确规定对老人雇佣率、老人再就业的促进、老人兼职支付金等。1971年的《中高龄者雇佣促进特别措施法》规定55岁以上老人的雇佣率应为人口总数的6%以上。政府通过向企业提供连续雇佣援助金和高龄者雇佣环境改善金的方式，鼓励企业雇佣老年人就业。③

借鉴美国、日本等发达国家的成功经验，结合中国实际，我国在促进老年

---

① 万芊. 城市低龄老年人再就业促进研究——基于上海市的调查［J］. 社会科学研究，2013，6：114-117.

② 国家应对人口老龄化战略研究 国际应对人口老龄化战略研究课题组著. 国际应对人口老龄化战略研究［M］. 北京：华龄出版社，2014：457-458.

③ 田香兰. 日本老年社会保障模式的解析［J］. 日本研究，2008（3）：48.

人就业方面主要从五个方面努力：①立法保障。要建立促进老年人就业的法规，明确规定企业招聘人才不得有年龄歧视，并规定企业劳动力中，老年人所占的比率。②提供岗位。在社区公共部门和非营利组织为低收入老人提供就业岗位。③沟通信息。在人力资源市场，要建立老年人就业专区，为老年人就业沟通信息。④提供培训。在企业和现有的培训机构中，都要制定培训老年人的计划，使老年人适应科技进步和社会发展的要求。⑤资金支持。对于聘用老年人达到国家规定比率的，给予税收优惠，超过国家比率的，给予资金奖励。

第五节　开发老龄产业，完善老年人服务体系

老龄产业是指专门或主要为老年人生产商品或提供服务的行业、部门或企业、单位。主要包括老龄房地产业、老龄服务业、老龄用品业和老龄金融业。

2015年，湖北省有60岁及以上老年人口1042.35万人，占总人口的17.81%。预计到2020年，全省60岁及以上老年人口将达到1243.56万人左右，占总人口的比重将达到20.76%。平均每年增加40.24万60岁及以上的老年人，所占比重平均每年增加0.59个百分点。随着老年人口的增加和人民生活水平的提高，老年人的消费也将增加，老龄产业也将逐步发展。

一、支持民办养老机构，开发老龄房地产业

老龄房地产业主要包括养老院、敬老院、福利院、干休所、军休所、老年公寓、托老所等养老机构的固定资产投资建设。随着人口老龄化社会的来临和老龄程度的加深，空巢老人、高龄老人和失能老人必将增多，他们要求在养老机构养老，以期在生活、医疗、健身和娱乐等方面，得到全面周到的照顾。

国家把养老床位数作为统计养老机构建设状况的依据。湖北省2015年全省城乡养老机构达到2496个，养老床位总数29.8万张，每千名老年人拥有养老床位数30张。街道（社区）养老服务中心（站）1047个，基本实现了城乡"五保"及"三无"对象自愿条件下集中供养的目标。随着老年人口的增加，养老条件也要改善，养老机构建设将增加。湖北省计划在"十三五"计划期间内，改扩建养老床位12万张以上，建各类养老床位数达到每千名老年人35张以上，护理型养老床位占机构养老床位数的30%以上。根据湖北省老龄办联合调查组的测算，公办养老机构每张床位的平均固定资产投入在20万元以上。建设12万张养老床位，至少要投资240亿元。平均每年至少要投资

50亿元。

对于这样巨额的固定资产投资，完全由政府来承担，湖北省财政是难以承受的。出路就在于支持民办养老机构，发展老龄房地产业。据湖北省老龄办联合调查组统计，截至2012年年底，全省有民办养老机构297家，床位总数为3.4万张。另有8家投资过亿，总床位数约为5万张的民办养老机构正在兴建之中。目前全省投资养老地产比较大的项目有33个，已建和在建的总资金达446.5亿元，建设面积达268万平方米。

目前湖北省民办养老机构主要有三种类型：①集养老、医疗、文体娱乐于一体的安享型养老机构，所占比例为3%；②提供生活照料、精神慰藉和简单医疗服务的安度型养老机构，所占比例为82%；③以生活照料、延续老人生命为主的维持性养老机构，所占比例为15%。①

与公办养老机构相比，民办养老机构组织管理机制灵活，能满足多样化、多层次的养老服务需求。政府应该在"保基本、兜底线"的基础上，改革创新，推动社会力量成为发展养老产业的"主角"。措施主要有：公办养老机构只能收养"三无"老人和低收入的失能、半失能老人，发挥政府的兜底作用；采取公建民营等模式，推动公办养老机构转换经营机制，提高服务质量，降低运营成本；发挥市场在资源配置中的基础性作用，支持民办养老机构做大做强。

值得注意的是，湖北省的养老机构主要集中在大中城市，县市很少。武汉市集中了一半以上的养老机构和养老床位。大中城市交通方便，医疗水平高，老年人的经济基础较好，这是养老机构集中建在大中城市的主要原因。其实，在湖北省还有一些适合建设养老机构的地方。如钟祥市，2015年5月20日，被国际人口老龄化专家委员会、联合国老龄所评为"世界长寿之乡"，是继海南澄迈、海南万宁之后中国第三个"世界长寿之乡"。这里环境优美，空气清新，水质富含有利于长寿的微量元素。海南澄迈、海南万宁，已以其"世界长寿之乡"之美名，吸引了国内外的关注，到此投资的纷至沓来。而湖北钟祥呢？深在闺中无人识，至今罕见投资人。湖北省恩施市是我国迄今为止发现的第一高硒区，有利于人类健康长寿。恩施市气候宜人，民风淳朴，资源丰富，自然景观壮美绮丽，是湖北省政府组织建设的"鄂西北生态文化旅游圈"。相对于酷暑难耐的大城市而言，这里是建设避暑养老机构、老年公寓的

---

① 刘长斗，孙西克，尹本武，等. 老有所依：且看民办养老机构崛起——湖北省民办养老机构调查与思考[J]. 政策，2014（1）：69-72.

理想之地。

二、加强队伍建设，提高照料护理服务质量

中国老龄委发布的数据显示，我国 65 岁以上老年人生活不能自理率约为 10.7%。这些老人有的需要在养老院生活，居家养老的需要请专人照顾。湖北省 2015 年有 65 岁及以上的老人 657.18 万人，按生活不能自理的老人占 10% 计，则有 65.72 万人。按照每位老人每天需要 5 小时生活和照料服务计算，共需 328.6 万小时，按 8 小时工作制计算，共需 41.8 万名护工。护工按月薪 2000 元计，每月共需支付照料和护理费 8.22 亿元，一年全省老人照料和护理消费 98.58 亿元。从经济的角度讲，为老人照料和护理服务在 2015 年就有 40 多万名劳动力就业，取得收入近 100 亿元；在近 5 年内，每年将增加 65 岁及以上的老人 27.37 万人，这就需要增加 1.71 万名照料和护理人员就业，增加收入 4 亿多元。

对老人的照料服务有多种方式。有的为居家老人做一般家务，如制作三餐、家居保洁、衣物洗涤、养殖园艺动物等，照料生活不能自理或半自理的老人；有的为居家老人做钟点工，买菜、做饭、家居清洁整理等；有的在家庭或医院照料、看护病人等；有的在养老机构照料老人的生活，护理生病的老人。不管采取何种形式为老人服务，都要有良好的职业道德和合格的专业水准。

在专业水准方面，做一般家务的，要有专业的家居清洁、洗衣熨烫、配菜及烹饪技能，提供专业的家庭服务；做医院陪护、家庭陪护的，要经过系统的陪护知识与技能培训，取得劳动技能鉴定部门签发的护工证。

据湖北省老龄办调查统计，湖北省民办养老机构的护理人员以农村中老年妇女为主体，城镇下岗职工约占 30%。小学及以下文化程度的占 75%，具有初中以上文化程度的基本上是下岗工人。经过专业培训、持证上岗的仅占 30%，其他都没有经过岗前培训。为居家养老服务的护理人员的文化程度更低、专业素质更差。

针对这种情况，湖北省应加强照料和护理人员的职业道德教育和专业技能培训。要加强队伍建设，提高照料和护理服务水平。将养老护理人员培训纳入城市再就业人员、进城务工人员及家政服务人员培训范围，做到岗前培训、考试合格、执证上岗。在职业技术学院、技工学校、职业中学开设养老护理专业，毕业后从事护理工作 5 年以上的，除享有国家相关优惠政策外，还给予学费返还、职级评定等待遇。

三、以社区为依托，建设老人宜居社区

社区（在农村是村）是居民集中居住的地方。居民衣食住行、休养生息、生老病死，主要在社区进行。社区党组织、居委会是加强党的领导、实施行政管理的基础单位。以社区为依托，建立养老服务体系，就是必然的选择。

社区一般有几千户人家，一两万人口，其中老年人有一两千左右。大家来自五湖四海，不同的单位，互不相识，如果没有一个坚强的领导，就是一盘散沙，什么事也办不成，更谈不上建立老人服务体系。有了社区的坚强领导，就能够将居委会、业委会、物业公司、辖区单位、社会组织、群众团体的力量凝聚在一起，开展多元共治，协商解决居民群众中突出问题。

在环境建设方面，社区对房屋道路进行统一规划，使无障碍率达标，方便老人行走，还要安装卫生间扶手、楼道座椅、坐便器等。种植好树木、花草，优化环境。让老人在安全舒适优美的环境中生活。

在社区建立卫生服务中心、老年公寓、医养结合养老服务中心、公共食堂，为社区老人提供全方位的居家养老服务。

社区实行网格化管理，一个社区分成几个或几十个网格，网格员（由居委会人员担任）负责采集信息、发现问题、为居民（特别是老人）提供精准服务。网格员每天都要到网格巡查，对群众情况，尤其是老人情况非常熟悉。目前正努力将网格化管理，改进成网络化管理，建设智慧社区。

在文化建设方面，社区创办老年学校，建立包括图书馆、演出舞台、健身场地的文化活动中心。老年学校开设课程既有传统的诗词歌舞、琴棋书画、梨园戏曲、武林太极，也有现代时尚的英语电脑、摄影图像、时装模特、交谊舞等。社区组织歌舞队、乒乓球队、门球队等。老年人在这里学习锻炼、演奏演唱，或者填词赋诗，或者对弈棋盘、球场竞技……过着丰富多彩、高雅时尚、老有所乐的生活。有时候登台演出、参加比赛，显示出老年人积极向上的精神风采。

社区居住着几千户人家，做好居家养老工作，除了搞好环境设施建设、生活照料、医疗服务、娱乐活动外，还要搞好尊老崇孝的宣传教育，评选模范家庭，在节日、生日组织老少同乐、全家同乐、邻里同乐的餐饮活动、游戏活动、旅游活动，形成家庭幸福、邻里和睦的氛围。

依据社区建设养老服务体系要做的工作很多，但居委会只有十几个工作人员，如何做好这些工作呢？办法有三条：①要求物业公司、辖区百货、家政、餐饮、电信、律师、医疗卫生等单位各司其职，提高服务质量，让居民不出社

区就可以得到全方位的温馨服务；②依靠社区内外的相关单位，如学校、文艺体育团体等，借助他们的力量支持社区工作，组织志愿者为老人服务；③发挥低龄老人在文艺体育等娱乐活动中的骨干作用，组织健康老人帮助高龄老人和失能老人，形成老年人互相帮助、互相尊重的风气。

四、开发老龄用品业，谨防商业欺诈

老龄用品业，是指那些专门为老年人生产或经营商品的行业或企业。老年专用的生活用品，如手杖、老花镜、放大镜、助听器、扶手、轮椅、坐便椅等产品；适合老年人特色的服装、鞋帽、装饰品等；老年人专用的健身、娱乐器材，如按摩椅、按摩床等；老年人保健品等。凡是生产这些产品的工厂，经营这些商品的商店或专柜，都属于老龄用品业。

随着人民生活水平的提高，老人数量增多，老年人特有的需求也将增长，为老龄人用品业提供了发展的空间。在老年专用的生活用品方面，湖北省现有专门的生产企业200多家，专营老年用品商店120家，且品牌少、产值小，老年人"消费难，难消费"的矛盾突出。在各地的大型商场设置一个老人专用生活品柜台，媒体适当做一点公益广告，这个问题就解决了。在老年人服饰鞋帽方面，不少生产企业正在调研、设计和生产，已经初见成效，如果在各大商场的服饰门面，开辟老龄服饰专柜，再加上媒体网络的宣传，老龄服饰业将大有发展前景。

在老年健康产业方面存在着十分尖锐的矛盾，一方面老人有健康生活延年益寿的需求，为健康产业的发展提供了广阔的空间。湖北省保健品产业现有企业近80家，品种达150种。一批像红桃K、千果花口服液、核苷酸胶囊、雪之平等优势品牌企业已走向全国，一批像天天好生物制品雄踞亚洲销售榜首，保健劲酒等知名品牌享誉海内外。这些知名企业面向大众服务，老年人是重要的消费群体。这些企业还可以开发出更好的适用于老年人的保健品，在老年保健品行业起领军作用。另一方面，在老年保健品产业中，也存在十分突出的问题。一是缺乏规范化管理，没有统一规范的可操作性的生产标准和管理审核标准，导致市场无序；二是广告宣传浮夸，导致保健品信誉危机；三是商业欺诈行为愈演愈烈，严重侵犯了老年人的权益。

不良商家欺诈老年人惯用的手段是大做广告，夸大宣传商品的保健功能，铺天盖地地长时段滚动播出，潜移默化地为老年消费者"洗脑"，强化对商品的认知。黑心商家还有许多欺诈老人的招数：给老人发送礼品，如购物车、床单、无油烟锅、土鸡蛋、节能灯、领书卡、免费旅游等，吸引老人去参加推销

商品的会议。在会上，主讲人声情并茂地讲述商品的神奇功效，吸引老人激动地抢购；有的让老人在治疗机上体验，称该机对失眠、便秘、神经衰弱都有很好的治疗作用；有的让老人做免费体检，一检查就是百病丛生，不得不在他们那里买药、治疗。

防止老年人被坏人欺诈应做到以下几个方面：

（1）要明确没有天上掉馅饼的好事。凡是向你赠送礼品的，承诺高息报酬高利分红的，找你免费检查身体的，请你体验什么产品神奇功效的，绝不是真心诚意为你服务的，而是看准了你的钱包和财产。要购买商品就上正规商店，要看病就去正规医院，要理财就上正规银行。不要被那些游走街头的不良商贩忽悠，搞得劳民伤财，后悔莫及。

（2）政府工商、质检、公安等部门加强对市场的监管。新闻媒体增加对欺诈行为的揭露和报道。社区居委会设专人专管商业欺诈行为。老人受到欺诈要及时报警；收到有关人员的邀请（或礼品）要向居委会报告，居委会派员一起去参加相关会议，发现欺诈行为就当场当众拆穿。像这样政府、新闻机构和老人们都行动起来，商业欺诈就成了过街老鼠，人人喊打。

（3）加强法制建设，规范行业秩序。按照国家的《保健品管理办法》，制定省级执行细则，健全生产流通环节的法制化轨道，确保保健品产业在生产流通、经营管理、广告宣传、执法、质检等环节健康发展。

五、发展银发旅游，丰富老年生活

（1）银发旅游市场大有开发前景。在职员工和学生群体都是节假日旅游，双休日、旅游黄金周，旅游景点都是人山人海，十分拥挤。老年人退休了，有时间，只要身体健康，没有照料孙辈的牵挂，都把旅游当做晚年生活的重要内容。有的坐豪华游轮沿江观光，有的乘飞机周游世界，有的为躲寒避暑像候鸟一样南北纷飞，有的把全国的主要景点都一一观赏，有的把世界五大洲都个个浏览……

（2）旅游经济是湖北省的支柱产业。据统计，2017年上半年，全省共接待游客3.03亿人次，实现旅游综合收入2547.4亿元，同比分别增长16.0%和16.8%。旅游综合收入相当于上半年全省GDP的16.05%。对服务业增加值的综合贡献率达到43.38%。银发旅游是整个旅游经济的组成部分。

（3）老年人身体功能逐渐衰退，有的还患有慢性病，不宜参加攀爬、危险项目，也不宜过度奔波劳累，健康风险较大。银发旅游的最大优势是老年人时间充裕，可以在旅游淡季组团旅游，既不与在职在校的中青少年争挤，又可使旅游事业均衡发展。老年人有时间，既可以参加走马观花式的旅游，也可以参加体验式的闲适旅游。每年夏季，大城市骄阳似火，多地呈现了"烧烤模式"，但到神农架、利川、英山、九宫山等地纳凉的游客络绎不绝，一房难求。前来避暑的大部分是老年游客。地处湖北西南边角的利川市已成为武汉市民的避暑胜地，当地的谋道镇以创建湖北旅游名镇为突破口，建设有伊甸园之称的苏马荡风情小镇，把一个高山偏僻乡村建成了现代休闲小镇。

（4）湖北省的旅游事业发展很快，但老年旅游相对滞后。目前全省共有1011家旅行社，专做老年旅游的只有5家。从整体上看，湖北老年旅游仍处在有市场缺服务的起步阶段。为促进银发旅游的发展，应根据老人的生理特点，组织老人专团旅游，并选派医护人员参加，确保健康平安。老人不宜过度劳累，可以组织在市区内和周边的短期旅游。老人时间充裕，可以组织时间为一周、一个月、或者时间更长的休闲式旅游。即便是出境游，如果是老人专团，节奏要慢一些，一次不要景点过多、时间过长，导致老人过度劳累，影响身体健康。

六、加强老年人金融理财引导

近年来，金融机构针对老年人理财的产品逐渐增多，主要分为三大块：

（1）养老服务。2011年11月，中信银行在湖北发行中老年客户专属借记卡——"信福年华"卡。其中的"养老按揭"服务成为一大亮点，老年客户或法定赡养人以住房抵押贷款养老，贷款年限不超过10年，贷款额不超过抵押住房评估价的60%。

（2）理财服务。招商银行推出"养老"理财产品"金颐养老1号"、"金颐养老2号"。针对个人客户的长期限分段计息产品，以91天为一个投资周期，到期资金可选择赎回或自动进入下一投资周期，预计第1期年收益为5.15%。华夏银行推出两款老年客户专属产品。兴业银行针对50岁以上储户，推出"安愉人生"综合性金融服务产品。

（3）保险服务。武汉、黄石市相关部门与保险公司合作，为规避养老机构和入住老人风险，共同推出了意外伤害险。在保险期限内，入住养老机构的老人，意外事故导致伤残的，由保险公司按比例进行理赔，最高赔付额为6000元。因不可抗力引起意外事故或导致死亡的，保险公司赔付丧葬费5000元和约定的身故保险金。

习近平总书记指出："要积极发展养老服务业，推进养老服务业制度、标准、设施、人才队伍建设，构建居家为基础、社区为依托、机构为补充、医养相结合的养老服务体系，更好满足老年人养老服务需求。"① 湖北省深入贯彻习近平总书记系列重要讲话精神，加强老年人民生保障和服务供给、发挥老年人积极作用，着力健全老龄工作体制机制、完善老龄政策制度、改善老龄事业发展和养老体系建设支撑条件，确保全体老年人共享改革发展和全面建成小康社会新成果，共享幸福的晚年。

---

① 新华社. 习近平：推动老龄事业全面协调持续发展 [EB/OL]. 发布时间：2016-05-29.

参 考 文 献

[1] 国家应对人口老龄化战略研究总课题组. 积极应对人口老龄化战略研讨会文集［M］. 北京：华龄出版社，2014.

[2] 国家应对人口老龄化战略研究、国际应对人口老龄化战略研究课题组. 国际应对人口老龄化战略研究［M］. 北京：华龄出版社，2014.

[3] 姜向群，杜鹏. 中国人口老龄化和老龄事业发展报告2014［M］. 北京：中国人民大学出版社，2015.

[4] 王伟. 中日韩人口老龄化与老年人问题［M］. 北京：中国社会科学出版社，2014.

[5] 陈彦斌. 人口老龄化对中国宏观经济的影响［M］. 北京：科学出版社，2014.

[6] 李军. 人口老龄化与经济可持续发展研究［M］. 北京：华龄出版社，2014.

[7] 杜鹏. 欧盟的老龄问题与老龄政策［M］. 北京：中国人口出版社，2000：8.

[8] 伍新木，周运清. 做一个快乐的逆老族［M］. 武汉：湖北人民出版社，2013.

[9] 邓聚龙. 灰理论基础［M］. 武汉：华中科技大学出版社，2002.

[10] 李晓梅. 人口预测模型研究及应用［M］. 成都：西南财经大学出版社，2011.

[11] 蔡昉，王美艳. "未富先老"对经济增长可持续性的挑战［J］. 宏观经济研究，2006（6）：6-10.

[12] 姜向群，丁志宏. 对我国当前人口老龄化问题研究的概念和理论探析［J］. 人口学刊，2004（5）：10-13.

[13] 王金营，付秀彬. 考虑人口年龄结构变动的中国消费函数计量分析——兼论中国人口老龄化对消费的影响［J］. 人口研究，2006，30（1）：29-36.

[14] 姜向群,万红霞. 人口老龄化对老年社会保障及社会服务提出的挑战 [J]. 人口与发展, 2005, 11 (4): 67-71.

[15] 童玉芬,刘广俊. 北京市人口老龄化及对社会保障支出的影响 [J]. 人口与发展, 2008, 14 (4): 14-20.

[16] 蔡昉. 人口转变、人口红利与刘易斯转折点 [J]. 经济研究, 2010 (4): 4-12.

[17] 奉莹. 我国人口老龄化趋势对劳动力供给的影响 [J]. 西北人口, 2005 (4): 47-49.

[18] 钟水映,李魁. 劳动力抚养负担对居民储蓄率的影响研究 [J]. 中国人口科学, 2009 (1): 42-51.

[19] 钟水映,李魁. 人口红利、空间外溢与省域经济增长 [J]. 管理世界, 2010 (4): 14-23.

[20] 钟水映,李魁. 中国人口红利评价 [J]. 经济理论与经济管理, 2009 (2): 29-34.

[21] 兰永青. 也谈人口老龄化 [J]. 西部人口, 1981 (1): 50.

[22] 王向明. 关于日本人口老龄化 [J]. 人口研究, 1983 (5): 61-63.

[23] 马瀛通. 正确理解人口老龄化并充分认识其作用 [J]. 人口学刊, 1986 (6): 1-7.

[24] 袁志刚,宋铮. 人口年龄结构、养老保险制度与最优储蓄率 [J]. 经济研究, 2000 (11): 24-32.

[25] 张本波. 我国人口老龄化的经济社会后果分析及政策选择 [J]. 宏观经济研究, 2002 (3): 27-33.

[26] 刘清芝. 美国、日本、韩国应对人口老龄化的经验及启示 [J]. 西北人口, 2009, 30 (4): 73-75.

[27] 胡鞍钢,刘生龙,马振国. 人口老龄化、人口增长与经济增长——来自中国省际面板数据的实证证据 [J]. 人口研究, 2012, 36 (3): 14-26.

[28] 莫龙. 中国的人口老龄化经济压力及其调控 [J]. 人口研究, 2011, 35 (6): 27-42.

[29] 穆光宗,张团. 我国人口老龄化的发展趋势及其战略应对 [J]. 华中师范大学学报 (人文社会科学版), 2011, 50 (5): 29-36.

[30] 王志宝,孙铁山,李国平. 近20年来中国人口老龄化的区域差异及其演化 [J]. 人口研究, 2013, 37 (1): 66-76.

[31] 赵儒煜,刘畅,张锋. 中国人口老龄化区域溢出与分布差异的空间计量

经济学研究[J]. 人口研究, 2012, 37（2）: 71-81.

[32] 杨雪, 侯力. 我国人口老龄化对经济社会的宏观和微观影响研究[J]. 人口学刊, 2011（4）: 46-53.

[33] 陈涛. 从人口抚养比到社会抚养比的探索分析[J]. 中国人口科学, 2008（2）: 24-32.

[34] 郭岚, 张祥建, 李远勤. 人口红利效应、产业升级与长三角地区经济发展[J]. 南京社会科学, 2009（7）: 7-14.

[35] 李春琦, 张杰平. 中国人口年龄结构变动对农村居民消费的影响研究[J]. 中国人口科学, 2009（4）: 14-22.

[36] 芦东. 人口结构、经济增长与中国居民储蓄率: 基于迭代模型（OLG）和省级面板数据的实证研究[J]. 上海金融, 2011（1）: 10-16.

[37] 彭秀健. 中国人口老龄化的宏观经济后果[J]. 人口研究, 2006（4）: 12-22.

[38] 汪伟. 经济增长、人口结构变化与中国高储蓄[J]. 经济学（季刊）, 2009（9）: 29-52.

[39] 汪伟. 中国居民储蓄率的决定因素——基于1995—2005年省际动态面板数据的分析[J]. 财经研究, 2008（2）: 53-63.

[40] 张晓晴. 人口年龄结构对区域经济增长的影响研究[J]. 中国人口资源环境, 2009（5）: 100-103.

[41] 张宗坪, 张士强. 经济增长中的"人口红利"探索[J]. 中国人口资源环境, 2009（5）: 88-92.

[42] 罗荣桂, 黄敏镁. 基于BP神经网络的长江流域人口预测研究[J]. 武汉理工大学学报, 2004, 26（10）: 90-93.

[43] 尹春华, 陈雷. 基于BP神经网络人口预测模型的研究与应用[J]. 人口学刊, 2005（2）: 44-48.

[44] 赖红松, 祝国瑞, 董品杰. 基于灰色预测和神经网络的人口预测[J]. 经济地理, 2004, 24（2）: 197-201.

[45] 蒋远营, 王想. 人口发展方程模型在我国人口预测中的应用[J]. 统计与决策, 2011（15）: 52-54.

[46] 李菲雅, 蒋若凡. 基于主成分和支持向量机模型在人口预测中的应用[J]. 西北人口, 2012, 33（1）: 29-32.

[47] 于潇, 黄敦平. 引入迁移人口的人口预测模型构建[J]. 西北人口, 2014（5）: 19-22.

参考文献

[48] 吕俊兴,徐天琛,王辉,等.新二胎政策下基于Leslie矩阵等数学模型的山东省人口预测[J].青岛大学学报(自然科学版),2017,30(1):14-20.

[49] 李文星,徐长生,艾春荣.中国人口年龄结构和居民消费:1989—2004[J].经济研究,2008(7):118-129.

[50] 王森.中国人口老龄化与居民消费之间关系的实证分析——基于1978—2008年的数据[J].西北人口,2010,31(1):22-27.

[51] 王德文,蔡昉,张学辉.人口转变的储蓄效应和增长效应——论中国增长可持续性的人口因素[J].人口研究,2004,28(5):2-11.

[52] 丁怡丹,叶亮军.人口老龄化对黄石市劳动力供给影响的灰色关联分析[J].当代经济,2017(1):71-105.

[53] 沈飞.人口老龄化对中国劳动力供给的影响预测分析[D].南京:南京财经大学,2014.

[54] 童莎莎.湖北省人口老龄化对其居民消费影响研究[D].武汉:华中师范大学,2014.

[55] 刘金玲.湖南省人口老龄化对消费、劳动力供给及储蓄的影响研究[D].长沙:湖南大学,2008.

[56] 薄文.中国人口年龄结构预测[D].大连:东北财经大学,2016.

[57] 韩晓庆.基于Leslie模型中国未来人口策略模拟研究[D].大连:东北财经大学,2012.

[58] 陈剑飞.我国人口老龄化的预测[D].昆明:云南大学,2015.

[59] 韩晓庆.基于Leslie模型中国未来人口策略模拟研究[D].大连:东北财经大学,2012.

[60] 甘蓉蓉,陈娜姿.人口预测的方法比较——以生态足迹法、灰色模型法及回归分析法为例[J].西北人口,2010,31(1):57-60.

[61] 李魁.人口年龄结构变动与经济增长[D].武汉:武汉大学,2010.

[62] 王洪娜.山东省人口迁移流动与区域经济发展研究[D].长春:吉林大学,2015.

[63] 杨雪,侯力.我国人口老龄化对经济社会的宏观和微观影响研究[J].人口学刊,2011(4):46-53.

[64] 王立军,马文秀.人口老龄化与中国劳动力供给变迁[J].中国人口科学,2012(6):23-33.

[65] 郭瑜.人口老龄化对中国劳动力供给的影响[J].经济理论与经济管理,

2013, 33 (11): 49-58.

[66] 王欢, 黄健元, 王薇. 人口结构转变、产业及就业结构调整背景下劳动力供求关系分析 [J]. 人口与经济, 2014 (2): 96-105.

[67] 童玉芬. 人口老龄化过程中我国劳动力供给变化特点及面临的挑战 [J]. 人口研究, 2014, 38 (2): 52-60.

[68] 周浩, 刘平. 中国人口老龄化对劳动力供给和劳动生产率的影响研究 [J]. 理论导刊, 2016 (3): 106-110.

[69] 王婷, 李科宏. 老龄化对人口红利的影响研究——基于供给侧视角 [J]. 云南财经大学学报, 2017, 33 (3): 45-55.

[70] 苏宗敏, 王中昭. 人口老龄化背景下中国基本养老保险支出水平的探析 [J]. 宏观经济研究, 2015 (7): 59-64.

[71] 董克用, 张栋. 高峰还是高原?——中国人口老龄化形态及其对养老金体系影响的再思考 [J]. 人口与经济, 2017 (4): 43-53.

[72] 黄润龙. 人口老龄化与我国社会保障财政支出的关系研究 [J]. 信访与社会矛盾问题研究, 2016 (5): 14-28.

[73] 芮晔平. 发展"银发产业"化解老龄化危机——以上海为例 [J]. 现代经济信息, 2013 (16): 485-487.

[74] 苏长聪. 浙江省老龄产业发展研究报告 [J]. 政策瞭望, 2015 (5): 35-38.

[75] 谢婵娟. 人口老龄化对于医疗保险基金支出的影响与对策研究——以江苏省为例 [J]. 人力资源管理, 2017 (6): 359-361.

[76] 刘金玲. 湖南省人口老龄化对消费、劳动力供给及储蓄的影响研究 [D]. 长沙: 湖南大学, 2008.

[77] 徐妍. 辽宁省人口老龄化对消费水平和结构的影响 [D]. 沈阳: 辽宁大学, 2013.

[78] 杨剑. 江西省人口老龄化对居民消费的影响研究 [D]. 南昌: 江西师范大学, 2014.

[79] 程超. 人口老龄化对我国劳动力供给的影响分析 [D]. 北京: 首都经济贸易大学, 2010.

[80] 王凯. 中国人口老龄化背景下的财政政策研究 [D]. 北京: 中央财经大学, 2015.

参考文献

[81] 黄玉林. 人口老龄化对我国社会养老保险的影响及对策研究 [D]. 重庆：重庆理工大学，2010.

[82] 兰烯. 人口老龄化对医疗费用的影响及其机制的实证研究 [D]. 成都：西南财经大学，2014.

[83] 黄玉敏. 湖北省人口年龄结构对经济增长的影响及对策研究 [D]. 武汉：武汉理工大学，2014.

[84] 李淼. 产权网上"转" 农民得实惠 [N]. 四川日报，2016-06-14.

[85] 林凌. 四川"农民夜校"将开设五类教学内容 突出差异化需求施教 [N]. 四川日报，2017-02-05.

[86] Andrew Mason and Ronald Lee, Reform and Support Systems for the Elderly in Developing Countries: Capturing the Second Demographic Dividend [J]. Genus, 2006, 57 (2): 11-35.

[87] David E. Bloom, David Canning, Does Age Structure Forecast Economic Growth? [J]. International Journal of Forecasting, 2007, 23: 569-585.

[88] David Canning. The Impact of Aging on Asian Development, Seminar on Aging Asia, A New Challenge for the Region [R]. Kyoto, 2007, Japan, May 7.

[89] Joshi S and Schultz P. Family Planning as an Investment in Development: Evaluation of A Program's Consequences in Matlab, Bangladesh, Economic Growth Center Working Paper, 2007, 951.

[90] United Nation. World Population Prospects. The 2002 Revision Volume II: Sex and Age [M]. New York: United Nation, 2003: 77-82.

[91] Lutz, Wlofgang, Brian C. O'Neill, and Sergei Scherbov [J]. Europe's population at a turning point. Science, 2003 (299): 62-65.

[92] Preston, Samuel H. Patrick Heuveline and Michel Guillot [J]. Demography, Measuring and Modeling Population Processes, 2001: 39-51.

[93] Andrews,G., Clark, M. & Luszcz, M. （2001）Successful ageing in the Australian Longitudinal Study of Ageing: applying the MacArthur model cross-nationally. Journal of Social Issues, 2000.

[94] World Population Prospects. The 2000 Revision Volume l: Comprehensive Tables [M]. New York: United Nations, 2001.

[95] YoungJ. Kim, Robert Schoen. Population Momentum Expresses Population

Aging [J]. Demography, 1997 (3): 421-427.

[96] United Nations Population Division World Population Prospects: The 2000 Revision New York: United Nations, 2001.

[97] Tyers, Rod and Shi, Q., Global Demographic Change Policy Responses and Their Economic Implications [J]. The World Economy, 2007 30 (4): 537-566.

[98] Thomas Lindh and Bo Malmberg. Demographically Based Global Income Forecasts up to the Year 2050 [J]. International Journal of Forecasting, 2007, 23 (4): 553-567.

[99] Marek Kupiszewski, International Migration and the Future of Populations and Labour in Europe (The Springer Series on Demographic Methods and Population Analysis), Springer, 2013.

附　录

麻城市<u>乘马岗镇</u>人口老龄化及经济情况现状调查问卷

尊敬的乡政府领导：
　　本人及团队正在进行农村人口老龄化对经济的影响与对策相关研究，选取了贵乡作为调研对象，下面是关于贵乡相关问题的简单调查问卷，还请您抽时间帮忙填写，感谢您的支持！

乘马岗镇人口经济概况表			
户籍总人口数	65921	常住人口数	62098
村民户数	15459	60 岁以上人口数	9702
65 岁以上人口数	6522	80 岁以上人口数	977
外出务工人数	2801	创业人数	975，87 户合作社，1473 个个体户，123 个企业
乡年生产总值	7.2 亿	人均收入	7791
乘马岗镇土地流转及农户经营生产情况			
土地概况	总耕地面积		60066.5 亩
	总林地面积		183315 亩
	总水面面积		5115 亩（养殖面积）
土地流转	户数		2008
	面积		7104 亩

续表

土地荒芜	户数	没有统计
	面积	没有统计

乘马岗镇社会保障情况

农村"五保"		供养人均标准			
集中供养户数	76	6800元/年			
分散供养户数	523	6800元/年			
总养老床位（张）	80	每千位老人_____张			
总学龄儿童人数	2496	入学儿童人数	2496	小学数	6
总学前儿童人数	1700	入托儿童人数	1700	托儿所数	9

乘马岗镇创业情况调查表

民办企业（个体户）名称	地址	主营业务	年营业收入	年利润总额
在另一张表				

附　录

麻城市王福店村人口老龄化及经济情况现状调查问卷

尊敬的乡政府领导：

　　本人及团队正在进行农村人口老龄化对经济的影响与对策相关研究，选取了贵乡作为调研对象，下面是关于贵乡相关问题的简单调查问卷，还请您抽时间帮忙填写，感谢您的支持！

王福店村人口经济概况表			
户籍总人口数	3654	常住人口数	3526
村民户数	935	60岁以上人口数	569
65岁以上人口数	418	80岁以上人口数	26
外出务工人数	387	创业人数	37
乡年生产总值	4236万	人均收入	8226

王福店村土地流转及农户经营生产情况		
土地概况	总耕地面积	3926
	总林地面积	14100
	总水面面积	38
土地流转	户数	86
	面积	404
土地荒芜	户数	0
	面积	0

王福店村社会保障情况		
农村"五保"		供养人均标准
集中供养户数	3	元/年
分散供养户数	15	元/年
总养老床位（张）		每千位老人_____张

续表

总学龄儿童人数	406	入学儿童人数	406	小学数	1
总学前儿童人数	260	入托儿童人数	260	托儿所数	3

王福店村创业情况调查表

民办企业（个体户）名称	地址	主营业务	年营业收入	年利润总额
陶为银	社区二组	养鸡	90万	30万
熊加海	社区二十四组	装修	400万	60万
肖远清	社区二组	建筑	600万	100万
吴联禄	社区六组	石英加工	700万	130万